U0069645

【真理學，輔助深入版 ❷】

生活的大智慧

進入自性佛

大覺悟 著

目錄

簡介

作者簡介

　　大覺悟「自然光明正大，經常自覺的心境」。因此「廣大悲憫，所有的眾生」！如是累劫「無明諸相迷縛的，繼續輪迴」。累劫，往外「迷失無明諸相的，我與法中」！因此累劫無明相應的，迷失其中。找不到「究竟絕對，真實真理的，本身」！

　　如同釋迦佛一樣，「自然深入，究竟禪定。真理其中」的大覺悟心境！因此，見到了「毘盧遮那佛，廣大緣起」的。「放光照明」！

　　當下，就在「廣大自然遍照的，自在照明中」。廣大自然的「見到」！一切萬法，「本來無一物」的。究竟真理！如是。魔考相應中。「本來

無相的自覺，與本來無一物」的絕對。如是。本來「真實的面目」！如是。「究竟無相其中。廣大的，究竟光明體」！

　　所有的萬法，皆是當下，「究竟」其中。「平等好壞諸相的，皈一」！「一，即是。究竟的無相，與無物」！如是。「究竟，深入其中」。廣大的，「放光，轉化」！自然「本來的平等，與究竟中」！只有自在其中，「廣大光明體。無相的，真理」！

　　這個真理，就是「三世諸佛能夠，究竟平等其中的，進入」！如是「究竟，當下，全體」！廣大「究竟光明體」。覺悟「究竟放光的，真實內涵」！

　　不應該「往外無明迷縛的，相應迷縛崇拜」！大覺悟因此「主張」。「不要以大覺悟，為個人崇拜的。主題」！應該「自覺覺悟的，因此回皈」。

「眾生本有的自性佛」！為「自在廣大自覺回皈的，究竟真理」！如是自在真實的。「永恆」涵養！

　　所以，大覺悟希望。如此「究竟真理，回皈自覺覺悟」的，工夫涵養！如是「真實實踐的，工夫」。能讓眾生「深入真正的自覺」！

　　「從現象迷失的，當下中」。從「性相的諸相，迷失中」！當下其中，回皈到「究竟的體性」！如是「自在其中」。「無相光明體。究竟真理」的工夫內涵！以及「絕對其中」。「回皈萬法的，本質中」！

　　從此，在本來「無明迷縛，萬法的迷失中」。自覺找到「當下，回皈究竟的覺悟」！如是。絕對「無相真理的，本質內涵」！以及「究竟光明體，與畢竟空的受用中」！

　　「就在其中，當下其中」。能夠當下的，「覺

悟」！「真實的見到」！如是。「究竟平等其中，萬法的內涵」！「就在其中」？真實見到「平等大覺悟的，自在心境」！如是「同體」其中。見到「三世諸佛，究竟平等」。與「眾生內涵真實祕密」的。絕對「無相的，真理」！

　　這是「大覺悟，一直的希望」！眾生都能夠，「從萬法諸相的迷失中。十一法界，當下無明相應的，迷執中」。回皈「究竟自性佛」，「自在無相其中的，超越」！深入「究竟絕對平等。無相真理的覺悟」！這是本書「真理學」。「當下絕對平等，無相其中」的主旨！

　　所謂萬法的，「簡易、變易、以及不易」！這「三個萬法諸相的，內涵」。也就是「究竟真理，究竟佛經的內涵」！如是「有來亦有去的，現象其中」。「深入其中。無來亦無去」的，真相內涵！

　　如是。真理！「有來亦有去，究竟平等。無

來亦無去」！如是。「萬法究竟無相的，主題內涵」！如是。因此。「無來亦無去」。亦就是「萬法無相的，究竟覺悟」！

如是「萬法的，真理」。所以，「本來無一物的，無來亦無去」的展現！就在「當下中」！見到「遍處，廣大絕對」！「無相平等，真理」的。內涵！如是。三世諸佛。「究竟絕對平等的，進入中」！如是「真理，無相本質」的。廣大放光的成就！

所以，眾生若能「覺悟」這個！「究竟本質的，無相真理」！就能夠，深入完全。同體平等，「究竟三世諸佛，深然的進入」！如是「究竟無相無物的，自然平等」。「光明體中」！如此「自覺」。「自然實踐，究竟的明白」！因此「深入覺悟」。「究竟諸相的。吉祥轉化」！自然「吉凶的。究竟平等」！

就在「當下，與三世諸佛、大覺悟」等。皆因此「深入廣大自在中」！「廣大放光轉化。自在的，廣大平等中」！能夠「因此，自然其中」。「究竟的覺悟」！如是。「真正廣大其中，自性佛的內涵」！這才是，「究竟實質，無相平等」的。「究竟絕對的，真理」！

大覺悟經歷人生「是非善惡，與利害得失的，淬煉」！和生命「深入研究。實踐的，體會」！如是「其中，自然」。當下其中，自在。「真理本質，深入覺悟無相的。進入」！

因此，深入「究竟真理」的真正覺悟！當下，「自覺的覺悟」。如是「廣大的生命界，和現象界」，竟是自然如夢幻的，平等！不應該是，「目前宗教」。所主張的「宗教思想教育，與深研經典」等內涵，無明唯識。學習的以為！如是。所「描述的，唯識無明輪迴，累劫種子相應的以為。

與內涵」！

　　甚而，「大師們、上師們、無上師們，甚至當今法王們等。和世間自認為聖者的，導師們」。唯識所講的！那種「論理的以為。與無明其中，唯識的深入」！與「諸相不思議等，如是自以為，學習攝受生命的論述」！為所謂「理論唯識相應無明，以為的。真理」！

　　因此「究竟自覺」。廣大「諸相無相的，實踐」！如是「真理的，究竟平等的覺悟」！必須「遠離，六道輪迴種子受用的，迷失」！必須「突破種子相應受用的。相應迷縛，與糾纏」！

　　更達到，畢竟空受用。「究竟無相，深入真理的覺悟」！與「深入，完全」。「不糾纏迷縛相應種子受用的，阿羅漢空間」！如是。「四聖等。究竟的突破」！如是。再深契。「實質空中的，破相」。與「畢竟空的，進入」！如是。「自在其

中」。究竟的。「絕對精神，領域中」！

這種「種子相應受用的，不迷失」。更進入到。「完全，無相應種子受用的，完全不迷失中」！如是「其中」。「阿羅漢，識空其中。有餘涅槃的，突破」！再進入到「識空空的，類佛空間」的，超越！

因此，「突破不思議諸相的，內涵」。和「照明」！再因此，「進入空中。與畢竟空的，突破」！

如是「進入。究竟，本來無一物中」！與「究竟，無所得中」！「究竟的真理」其中！

才能因此，見到。「大覺悟，深入其中」！「究竟無所得，與本來無一物」的。真正當下自在。現象其中！如是。「實踐工夫的，體會」。與「了解」！

那裡，都是。「畢竟空的，真實受用」！都

是「究竟的，光明體」！和「廣大緣起的放光」！
那是「究竟無相真理」。與「廣大絕對真實。內涵
的，領域」！

　　自然其中。「因為如此」的，「遍照照明」！
所以，其中。「回看世間，整個人類」等。如是
「人部的，用識無明」。與「輪迴的世間」！幾乎
「百分之九十九點九九九九的人，都是活在，六道
無明迷失的輪迴繼續中」！如是。「無明種子相應
受用的，長久輪迴的迷失」！和「迷縛受用，長久
的，以為相應中」！

　　「出生。從小到大，所見到的感受、觀念、和
現象」等。都「如此。自然無明受用的，累劫種子
相應受用的，自然」！每個人，都「因為，有一個
肉體」。因此，有一個「感受的，自己」！

　　所以，無明受用的，「迷失其中」！如是。
「自然的感受、自然的決定」。與「自以為的判

斷」！如是。「迷縛無明的，自以為其中」！稱為「自己」！

　　也就是因此。「見到人類無明受用，迷縛其中」的，「真相」！就是長久無明，「迷失在自我種子。與相應的感受，和觀念中」！

　　永遠沒有辦法。「離開這個，無明相應感受」的其中！如是「長遠，迷失其中」的。「自然相應。迷失套牢」。與「受用中」！

　　所以，人世間，「有錢人、有權勢的人、命很好的人、有富貴種子的人」。自然其中！就自然的，產生「富貴自然其中的，花果」！

　　而「窮困潦倒」的人。「累生累劫的種子，皆迷失困縛，受用其中」。就自然活在，皆是相應「窮困、夭壽的。迷縛中」！

　　也就是「因為如此，自然無明相應受用的，迷縛其中」！皆是「一直迷失，在人部」？如是「自

  生活的大智慧：進入自性佛【真理學，輔助深入版 2】

然輪迴，繼續無明相應」！「莫明的感受，和迷縛的受用中」！「永遠。無法離開」！亦「無法，明白自己。到底，是怎麼回事」！

　　也「不知道什麼」。是無明累劫「種子受用之自然。與無明迷縛之相應」！因此「無知其中」。「迷失受用的，無明理性以為，種子相應的體會中」！

　　也就是因為如此。大覺悟「看到。這個真相」！所以，「特地寫出，這本真理內涵的書」！希望每個人，「都能進入，究竟捨離十一法界」？如是。「諸相迷縛的，超越自覺中」！不要因此迷失遮障。「自己本有」？「光明自覺自性佛的，真理受用」！

　　因此，「自在的實踐」其中！「不斷的捨離，自己本有的，無明迷失的受用相應，和觀念」！

　　能找到，「真正的自在」！「完全沒有，這

些如夢幻受用、感受、和觀念的迷失」！「究竟深入，無相」的。「畢竟空，受用中」！

　　如此「究竟的，突破」！「從迷縛的思想體」。突破到，「究竟的，精神體」！

　　更在「究竟的精神體中」。找到「畢竟空受用的，答案」！這個就是，「本書的，自然真理事實的，緣起」！如是。「自然其中，所寫」的！皆是「真理之究竟。與真正的意義。和目的」！

緣起

本書緣起，真正的本源。與內涵！

　　大覺悟看到，有些練「氣功」的人，都是以「氣」為導引。如是「調整改變。導引著內在空種的精氣神相應」。甚而，因此深入「無明思想體本源的，累劫種子內涵」！

　　這些，皆是屬於。「無明變化用識，無明阿賴耶識」相應的受用中。因此，「唯識相應，空種內涵。思想導引的受用」！如是自我著，「妄想以為的，改變識變的內涵」！卻還是，「無明其中，唯識輪迴的，迷失無明。在六惡道中」！

　　但是，氣功大師們。他們「卻自我以為」著。「令信者，因此崇拜感恩的，相應導引氣息中。迷

失以為的，皈依」著！更「因此迷失氣息之相應變化」。而「遠離究竟之真理」！迷縛於「相應氣息變化輪迴之其中」！

如是「無明的，自以為」著！雖然，「能導引迷縛信者，於呼吸氣息之應用，今生中」？「活得很好，與健康」！但是，他們「卻沒有真正，找到」。究竟真理之「自覺」？與「超越精氣神的。究竟真理的內涵」！

因此迷縛其中。「無明唯識，諸相不思議。十法界的內涵」！在「無明相應」迷失中。也找不到？如是不能，「深入空中」？如是究竟破相，「一真法界」的，內涵心境中！因此，「未能究竟深入。究竟之真理」，與超越？

很多修行人，都以「氣功師父的稱謂，如是修道的皈依。為主」！如是無明相應的，迷縛其中，更以「不思議的境界追尋」為主！和迷縛「萬法導

引氣息的，知見」為主！

那個「無明迷失氣息諸相的，皈依迷縛」！都是「向外諸相無明迷縛的，迷失」！都是「不究竟」的向外迷失？與「迷縛諸相」！如是。「究竟的不對」！

應該，「回皈。以究竟自在的，真理」為主！都應該「自覺的，皈依」！如是。究竟「自性佛」的，真理回皈！才是！

大覺悟因此。深入「究竟真理實踐的，自覺感觸」！所以，「才大膽而平白的，寫出這套」？如是。平白連續。「十四本。真理描述的內涵」！

像某個功德會。「導引眾生，做善事」。「導引眾生，迷萬法」！如是因此，「導引眾生」。「迷失其中諸相的，再輪迴中」。

在「自以為的假借，釋佛的行持」。與「菩薩道的，應用與修行」！講究人間佛法的回皈。「來

生」再來的，「繼續再來的，修行」！

　　而某位大師，卻迷失於「百年人生的，行善表相人間」！對世人，回皈勸導「人的本善」？「說好話，做好事」的！都在，回皈行持。「今生如夢幻中。如是萬法諸相的，著相。與行善」！都在講求「小乘的修善」。與「累積福報的，再來輪迴的，無明修持方法」！

　　卻能因此，在「無明世間」。「假借佛教的真理」，「壯大組織，與累積財富」！真是「違逆釋佛，究竟真理事實之可笑」！但，卻是今生世間。「無明台灣信仰文化的，迷信常態」！

　　還有「很多大師。都以不思議境界，與禪定為主的」。為「所謂的，皈依法」！卻沒有一個組織。以釋佛「真正實修」，停止輪迴。與「最深禪定所追尋的，究竟真理」為主！真是遺憾？

　　如是「卻缺乏」？真正回皈「究竟實踐」？

「皈依自性佛」的。「真正真理的實踐」！

如是「真理其中。永恆的自在」？深入「無我、無法、無無常」的「究竟實踐」！真正的「深入其中」。「絕對，與無相真理」的，實踐完成。

大覺悟，因此「夢幻其中的現象，當下。深入覺悟」！如是。「究竟無相絕對的，真理」。真諦！所以，「希望當下」今生中。眾生都能「因此進入，回皈涵養。究竟自性佛的。真正覺悟」！

在「當下今生中」。如是。「百年人生，迷幻中」！能真正覺悟。「諸相無明受用的相應」。與「迷縛其中，迷失受用的捨離」！能因此，進入到「當下今生」。深入「其中。究竟的覺悟中」！

因此，「究竟其中」？進入到「完全沒有迷縛種子相應」的受用。深入！如是。「破相深入。四聖道的內涵」！甚至深入「空中」，與「畢竟空」受用的！如是真正「自覺，覺悟的實踐中」！和

「真正無相的，平等」，與「真理工夫的，實踐」
涵養！

在其中，大覺悟「毫不保留」的。「平白的。
述說著真理的事實」！是因為，往昔大覺悟，「曾
經向外迷失，多年」。迷失「向外求法，和尊師重
道」！卻因此，「被老師，騙！被他所教的法，
騙！被他所用的兵法，騙」！

在「長久尊師重道的以為中，迷失三十年」！
卻因此，「被騙。更借支三千萬，十年生活費用的
借支」！

最後「自覺」？「回皈自心的，究竟真理覺
悟」！才「發現」到。原來「昔師所教導的一切，
都是導引夢幻其中，唯識無明迷幻之法」！都是
「迷幻諸相，騙人之術」！

最後「自覺」其中！只有「當下，光明正大
的，真理」！與回皈「自性佛的，皈依」。才是真

正，深入其中。「究竟絕對，無相真理」的正道！

因此餘生中，希望透過「廣大真理，十四本書平白的，敘說內涵」！於「本來百年人生，現象的，迷失中」。展現「究竟真理的，真相」！更希望「留存長遠的真理」，能「利後人」！

大覺悟「因此深入自覺的，覺悟」，這「三十年時光的，浪費」。真是可惜！所以「回皈，真理自覺中」！大覺悟自然因此，「自覺真理的難得」。與廣大自然的，悲心！

希望「所有的眾生」。「不要迷於萬法的輪迴，與迷失」！更因此，「向外迷信、迷失。所謂，錯誤的，尊師重道」！

因此而「誤了」。「究竟真理的發現」！與「回皈自性佛的，進入」！如是。眾生「本有的功德與內涵」？

在往昔「邪師的迷縛中」。「自覺」！這是

一個「違逆真理。導向導引術的，大不是」！如此「長久迷失」。所謂。「尊師重道，長期向外求法」的迷縛？因此「廣大障礙」了。「回皈真理的，自性佛」追尋。與「自在」的實踐！這是「很可悲，可惜的」！浪費今生「寶貴的光陰」？

　　因為，有一個「我的迷失」！所以，就有「無明知見經驗的，迷失」！因此，「長久迷縛」其中。「無明唯識以為」，迷失中！

　　事事皆「因此自覺深入」。「回皈當下其中」。「究竟真理。與畢竟空的，面對中」！如是「緣起其中」。當下，「放光照明的，面對」！如是其中，「當下的，自動緣起智慧的指引。圓融現象的面對」！為「無相其中，因此放光照明。見到絕對之真理」！

　　以「當下的面對。與真理的照明」，為「如夢幻現象」應該的面對！「自然法爾其中，產生圓

融其中的，智慧的正法」！如是其中。「同體，廣大其中。智慧的圓滿」！因此經常「緣起遍照，不思議自然法爾。菩提造化」的指引。任運「往昔諸相，邪師欺騙的顯明」？

如是「自在其中」。「應該，隨順的現象」？「圓融的面對」！和「圓滿其中自然法爾的，處理」！才是「真理」的真相？

所以，事事「當下其中」。「以緣起的菩提法，為主」！這樣「緣起隨順，自然法爾的圓融」。「自然任運無礙，面對的。處理事情中」！這才是「圓融其中，進入自性佛內涵」的。一個「同體智慧的指引」！

如是。當下。無明生生世世。「我、法迷失」的。「自覺實踐的突破」！「如是破相。而究竟無相的，面對」！進入「真理覺悟其中的，圓融」！如是。「自然圓滿，吉祥如意」的，自然法爾現象！

「不斷的，改進圓融圓滿」。更「無相自性佛內涵，不斷的面對」！如是。「自然其中。廣大放光遍照，當下的現象」！如是「圓滿無相，廣大智慧圓融的。處理事情」！經久的「涵養」著？

　　從「真理知見的認知，變成真理實踐的自然種子」！變成「相應真理受用的，作為」！如是「自然智慧，真理現象」的。「行為模式」！

　　漸漸的實踐。「自然廣大智慧的知見」，與「圓融的菩提造化」！就會「自然，圓融放光其中法爾」的。「深入真理」無所得中！「如是遍照，自然廣大同體，其中智慧」的。自然！

實踐

（一）「無明心靈的輪迴」受用。當下自
　　覺。回皈「真實自在，無相真理的
　　自性佛」！因此。廣大涵養「遍照
　　的放光」！緣起「破暗而光明，究
　　竟永恆自在？絕對其中的。吉祥如
　　意」！（上）

　　所謂的「心靈」受用，就是每個人，「從出
生到現在，所碰到世間一切的，現象」，自然相應
有「自己的看法、感受、觀念」等。還有「莫名其
妙，想東想西的。想相」！

　　還有「莫名其妙的哀傷，或快樂、痛苦、與想
相」等受用。那些總和，叫做「無明輪迴心靈」的

相應作用！

　　自然的「相應感受」，叫做「心」的作用。如是。自然其中的，「心靈」。能夠「靈通的相應」，所有現象，與內外受用等。人事地物！包括「自然的看法」等！如是。「從小到大」。就有一個「莫明相應的看法」！

　　一般人，只注意到「今生的心靈相應受用，與看法」。卻不知道「今生的心靈」，是累劫而今生。「同類相聚的相應」，透過「父母的因緣」，而出生！

　　像「楊小弟弟，他是怎麼出生的」？大覺悟今天才講：「你的兒子，是從你的肚子裡面」。相應「同類相聚種子的胎兒，生出來的」！雖然，是「你的兒子」。但，他卻是「獨立靈魂，思想個體的相應輪迴」！

　　都是「往昔，死去的靈魂」。像「貓狗豬牛

羊等，或是不同法界等，往昔死去的靈魂」！因為往昔的「個性」種子。所以每個獨立的思想體，在「同類相聚」因緣中，都有自己獨立相應的「報應」！

如此自然的「報應」，皆是「自己的累劫思想體，投胎到今生」！而今生，卻在「胎兒出生中」。無明其中，「繼續做人」，到現在！

所以，你要問你自己，「今生的命運」！是誰？你的「今生命運」。就是「你自己累劫而今生的，種子相應的受用」！

每個人「往昔前世，死去的思想」。濃縮成為「回皈，今生的種子」！就跟「花草樹木的種子」一樣。在「我們的心中涵藏」！

「碰到現象」。它自然馬上，就「產生無明唯識相應的受用。而反應」！

所以，每個人「累劫而今生的，種子」。是誰

在掌握？是「累劫自己的，昔性種子。在掌握」！

　　「累劫的種子」，是「可以攝藏改變」的！「真正的命運，是掌握在自己手上」。但是，又「不在自己手上」！只有「最終的相應堅持」。在決定？

　　因為，在「無明受用相應的迷失中，運轉」。自己卻「無法明白」！所以，我們要在「今生其中」。「活在生命現象，受用如夢幻的分明」？與「回皈累劫種子，相應的明白中」！

　　像諸位，和大覺悟「見面的意義」！就是要在「今生的有緣中」。然後「緣起照明，自己的自在自性佛。理性的分明」？「明白自己，到底的真理真相，是怎麼一回事」？

　　「肉體卻不是你」？如是。「肉體，就跟動物一樣」，只是個「有形的內涵」。卻是「知見的靈魂。相應在作用」！

「你的肉體，雖是你」。「使用者。卻是你的知見、感受、與觀念」等！所以，「每個人都被累劫過去無明的觀念相應，所套牢」。但是，每個人都無明其中的，「不知道」！

　　所以，「突破自己，要從哪裡著手」？就是「從自己的本來無明，相應種子的受用中。著手」！譬如講，「當碰到現象，或者碰到某人。自然，會有看法」！「這個看法，是從哪裡。相應受用來的」？

　　是從「你的累劫，而今生的種子」相應受用來的！這個「累劫無明，唯識相應的種子」。就是「影響你累生累世命運」的，本源！

　　累劫無明「種子」，相應受用。自然因緣際會中，會自然相應受用的，「開花」！它自然其中，「產生相應受用。什麼的現象」？

　　就像「種下去的，累劫昔性相應種子。就像你

無明的觀念」，展現一樣！「自然相應」的，「無明受用」的流露！

　　就像「當你看到大覺悟時。自然，就有你的觀念」產生。這個，就是「自然相應，開花的形相。與受用」！你「自然就會有，自然相應的感受」相應著！

　　這個，就是「我們每個人，本來無明相應」。今生「命運受用」的來源！所以，「不用去無明迷縛相應的，算命」。「如是無明相應的算命」。是「愈算愈糟」！「真正的算命」。是要「自在其中。靜靜的相應，看自己」！「自然明白」，內在「本有相應」的，受用展現！

　　自然其中，「反看自己」！就能見到，「我累劫而今生的，個性」怎麼樣？「喜歡和討厭」怎麼樣？「觀念」怎麼樣？這是「真正影響我」。「累劫而今生，命運的本源」！

符小姐，真正「會影響你的」。才是「這個
生命中，真正的主題」！所以，「在現象變化的紛
紜迷失。相應中」。「自然受用的，束縛」？經常
「相應著無明受用」。「跟人的交往」展現！

　　因此，在「空間的變化、與因緣際會中」。或
「客觀的交往中」。都要保持著「互相的尊重、和
諧、與圓滿」的，包容內涵！

　　「不管是夫妻，不管是現象，不管是人生」
等。都要「真實。如此的圓融」，「做到這樣」！

　　所以，「真正的命運，是誰」？就是你有一
個，累劫而今生。「個性種子，反應的受用。軟
體」？在主宰著！這個「軟體，卻是今生中。祕密
的涵藏」？在你的「肉體中」！

　　你的肉體，叫「主機」。「碰到現象時，它
就會自然反應」？產生「自然的命運，與相應的變
化」表達！

就像「楊小弟弟，他的現在」。就是他的「前世，在今生，相應其中的展現」！「他的今生命運」。就是他的前世「死的時候。回皈他的種子涵藏」？自然因此。相應今生，投入「母親的胎兒，裡面」！

「這個胎兒，就是自然相應變化」？形成那個，「靈魂同類相聚的，寄託處」！

所以，像「貓狗等動物，其實大都是，人的靈魂，再來出生」？或者「其它法界的因緣，現象相應的。再來」！所以，「累劫無明迷縛相應的。繼續輪迴」著！就是這樣？

所以，「向外迷失的，算命」。「不重要」！真正「能算命的相應。是自己累劫內涵的。展現」？因此「自在其中」。要回皈「相信真理的內涵」？與當下其中。無相「自性佛的表達」！

記住！「每個人的命運，皆是自己相應昔性

種子。受用的展現」？千萬「不要受人影響」？認為，要「向外迷信的，求神拜佛」！這些都是「無明其中，騙人與騙己」的迷失！

其實，真正能夠影響你的，卻是「本來無明昔性」相應受用中。你「自己的無明決定」？和「以為的判斷」！

如是。「你的累劫迷縛相應，無明的想法」等。皆是你自己「無明累劫種子相應的，無明受用」？與「情緒的反應」！

所以，「當沒有辦法處理事情時，最好解決問題的方法」？要「堅信回畈」？「自在的，自性佛」！靠自己的「絕對真理」放光的展現！

如何「靠自己」？在「自在其中的，堅信」？「一切不作為的。自然緣起，廣大的放光中」！

各位會問：「一切不作為！那麼要靠誰」？如是其中。「自在的無相精神體」？內涵著「廣大放

光」的展現？

　　如是。「深入其中」？一切，「肉體不作為，想相不作為、決定不作為」。如是「無相應法中」！自在「絕對」精神。廣大的放光緣起！

　　「如是。靠誰」？當你有一天，「碰到真正的絕望、無法處理」時。你就好好的，「把心回皈到。你自性佛真理的，自在其中」？如是「絕對，廣大無相。放光真理其中」！自在的。真理自己中！

　　就如同大覺悟剛剛所講的。你有「究竟的。本來」？「自在自性佛的，無相的真理事實」！「絕對」。廣大放光的緣起，內涵！

　　「如果。你深陷在無明其中」。「有迷失的相應個性，有迷縛的想法」？自然「無明迷縛」其中！你就「自然相應其中。繼續的，無明輪迴」！如是「相應受用」的。展現「自然的命運」！

什麼是「佛」？就是「完全不受。本來無明相
應的感受和觀念，所影響」！那一個，是真正「無
我、無法、無無常」。繼續「廣大堅固，無相工夫
其中」的，「精神狀態」！就是「究竟自在其中
的，自性佛」！

　　要記住「大覺悟究竟自覺，自在的。究竟實
踐」？如是。「絕對真理自性佛的實踐」！今生其
中。「再怎麼好、怎麼壞」。都是「百年人生的，
一場戲」！不應「執迷的，迷失其中」！

　　世間人。「都不知道自己死後，去哪裡」？都
「不去想這個問題」？也「不去想今生出生前，我
是在哪裡」？

　　所以，「眾生和動物等，都是這樣子無明其
中」。「莫名其妙的，相應同類相聚的，出生」！
如是「自然因緣聚會」時，「相應累劫前世」。
「莫名其妙的，死亡」！

所以，大覺悟「送給各位，一個真理的大紅包」！就是「你本來是佛」！

　　當你「要死了」。「最後真理的覺悟，是什麼？你是究竟真理的佛」！當你想到，「你自己就是佛」。你想到，「那個自在絕對。真理的精神」！

　　自然「當下其中，自然放光其中」！祂自然「放光其中」，就會「救你」！但是。「如此堅固的信仰」，是「不容易堅持」的？

　　譬如講，你的家庭，「好或壞，是或非」。甚至，人家「誤解你」。都「不要去管它」？「心要守住。恆常自在其中」。不要「跟對方辯解」！如是「廣大放光」的。緣起造化「任運中」！

　　自然而然，「莫名其妙」的。「現象，就會吉祥如意」！對方，就會「轉變成和氣」的氣氛！這是真正「光明正大」的命格？只要「信心堅固，不

生活的大智慧：進入自性佛【真理學·輔助深入版 2】

思議自性佛」的信仰？養成習慣。剎那「佛地」展
現。

　　所以，「不要去算命」。也「不要崇拜我」。
要「相信究竟的真理，本來自在的，養成習慣，自
覺光明體的。自己」！

　　如是。深信。「大覺悟的話」！目的，「要
肯定，自在真理的自己」！不是肯定「外表虛幻的
自己」！要肯定「內在真實。有一個廣大智慧，如
同佛一樣，真理的自己」！這才是真正。「光明正
大」的內涵？

　　剛剛李小姐講：「喝完茶以後，就怕睡不
著」！那就是「在乎睡眠」！「喝茶」，就是「自
覺其中的。禮敬自己」！莫明其中，「內心世界
的，自性佛。就起來了」！祂「起來的特性」。就
是「很安定，恆常。精神狀況很好」！

　　如同你「今生的睡眠」。是一個「種子」！展

現「涵藏睡眠的作用」！為今生「出生。做人的種子展現」？所以，「需要睡眠」！「動物，也需要睡眠」！就好像「人需要，吃一樣」！

但是，「究竟精神體」。卻「不用吃」！祂「需要的是，你的重視。和尊敬」！自然其中。「皆是廣大的真理」內涵？與「絕對」的，「無礙內涵」！

當你真正的，體會到「自在」時！你會發現到，在世間的任何人，包括宗教大師們。都「沒有辦法，深入真實的真理」？如是。「無相究竟。內涵」的，「任運。體會」！

大覺悟「現在所講的話，很真實」！因為，大覺悟就是「在究竟真實的，體會中」？「找到自己」！因此，在「大覺悟的心中」。自然其中，皆是「廣大照明。真理思想的流露」！「念念時時，皆緣起造化。展現真理的諸相」？「因此自在其中

的。叫醒大覺悟」！從此展現。「不要再跟昔日邪師」交往的，「分明教誨」！流露「菩提造化」。現象法爾的，「任運」！

所以，當「莫名其妙，有很多想法」時。那「不是別人」？那是「諸相顯發展現的，真理自己」流露！

你有兩個自己。一個是「深然自在，自性佛廣大放光的，真理絕對自己」？另外一個是「無明昔性種子，感受相應。莫明生起的，無明自己」？

就像「眼睛閉起來時，什麼都不要想」時。自然其中。一切皆在「看中的任運無礙，與絕對」！那個叫做「純粹的精神」內涵！

當「眼睛打開」時。自然就有「相應受用你的觀念，和感受」！那個叫做「種子的無明相應受用」！

當下其中。其實深入無礙其中。「張眼、閉

眼」的自在其中任運。皆是「究竟真理絕對」的，本身？

　　大覺悟今天告訴你們的「道理」？就是「當下其中」。要找，自己的「究竟無相真理的自性佛」！如是「純粹的，究竟絕對」的。「精神體」！

　　符小姐，「不要迷縛其中的，守住困難」？也「不要迷失其中的，守住快樂」！這是「迷縛無明，相應的受用」！

　　你就「靜靜的自在」其中！不要「跟著自己的個性、受用。走」？「如是其中，當下廣大的現象中」。自然就會「緣起放光造化的，任運轉變」！如是「破暗而光明」的，「吉祥如意」的絕對無礙轉化？

　　人世間「真正要改變的，不是外表」？而是「究竟心靈的，絕對狀態」！（李小姐：「可是外

表也很重要，會影響別人對自己的觀感」！）

如果「你想要改變外表，不如從內在的改變開始」！那才是，「心相一如」其中。最好的方法！

就好像「一棟大樓會崩倒」。就是「基礎結構，不好」！所以，你的「真正，地基」是什麼？就是你的「內心世界」真正的真理？

如是。「堅強無相的真理，自性佛」！你因此，「不要被自己累劫，無明相應受用的個性」。所玩弄！

如此，「人家一誘惑，你就跟他跑了」！記住！「會騙你的」？「終究，對你有目的。就會想辦法，誘惑你」！

「不會有目的，自然，皆是真誠的」？不會給你「虛偽的臉色」！這才是「真理絕對。無相的精神」，「廣大的光明體」自在！

什麼是「真理」？就像「符小姐，你一定會

死」吧！這是事實。「你終究會死」？所以，「你要守住當下的幸福，和安定」！這樣，你「隨時都可以當下永恆。自在其中的。死了」！卻是「永恆的不死」。如是「絕對的真理」！

如是永恆的「安定」？可以讓你「自在其中」！「永遠的不死」！因此，「死後的空間，仍然還是緣起放光的，安定」！

「生和死，只是一個空間的轉換與差別」而已！而「死後的受用精神狀態。仍然，還是現在受用種子的精神狀態」一樣！

如是「累劫思想體的，繼續輪迴」？卻是「永遠輪迴其中」。如是「無明種子，繼續輪迴受用的。不生死，其中」！

所以，你現在若能保持住，「很安定的精神狀態」！「死」後，你仍然，「自處，很安定的空間」！不管「時空。再怎麼的變化」。你還是「處

  生活的大智慧：進入自性佛【真理學，輔助深入版 2】

在自在的，無相真理的安定中」！

　　就像你的小孩子，再怎麼樣頑皮。你都「不能發脾氣」！（李小姐：這樣，很難做到啊！）「很難」。還是「要做到」！這才是「自在。真理」其中啊！

　　當「脾氣要爆發」之前。要能夠「跑到後方。看自己的脾氣」，和「不發脾氣」！「你若能夠真實的，把它切掉」！做到「真正的看破，不發脾氣」！這即是「福報」？

　　「當累劫種子的花，要開時。你就把它切掉」。不要讓它「開花」！你今天，「相信如此真理的真相」！就是要真正的，「練這個工夫」！進入「絕對」其中？

　　大覺悟今天「給兩位小姐的建議」。是「做到，真正的。不要發脾氣」！第二個，「心靈，永遠保持自在的安定」！第三個，今生「生和死

中」，都是「一樣安定真理的，過程」？如是。
「自覺分明的，覺悟」！

　　你目前的心境，就是包含著「生前和死後」？
所以，當下，「現在的個性和感受」？就仍是，
「生前與死後的。累劫思想體空間」一樣！

　　所以，你要「真正的，調整自己現在的個
性」？這才是，最「真實的道理」！深入「無相應
法中」？與「畢竟空」的「真理絕對中」！

　　因此能「發現」？原來，「今生一切現象過程
等。像往昔中。作一場夢」般！深入「絕對的自在
中」？看著「相對。十一法界的現象變化」！真是
「如夢如幻」啊！

（二）「無明心靈的輪迴」受用。當下自
　　　覺。回皈「真實自在，無相真理的
　　　自性佛」！因此。廣大涵養「遍照
　　　的放光」！緣起「破暗而光明，究
　　　竟永恆自在？絕對其中的。吉祥如
　　　意」！（下）

　　「你出生的時候，是一個人」來。「死的時
候，也是一個人走」！如是「當下今生中」，「你
在空間中」。「運轉思想體」？就好像「作一場夢
一樣」！所以，符小姐，「你以前在家鄉的環境感
受，和現在的環境感受」。「再怎麼變化」。都仍
是總結，「一場空現象」的。變化！

　　要做到永遠「不能躁動」！現在的「當下」。
就包含著「生前和死後」！皆不應，「喜歡就投
入。其中的受用」？如此，就很容易變成。「豬、

狗、貓等動物」的輪迴！

「討厭與忿怒。就因此控制不住的投入受用」？亦很容易「變成如同豬、狗、貓等動物」的無明相應輪迴中！這是「受用躁動」的，無明相應！自然「出生投胎，如此的？事實相應，空間投胎」的來源！

「心靈，永遠都不要躁動」！若「因此深陷，看到動亂的迷失」？就「因此自然的，投入其中」！因此，看到。「地獄、餓鬼、畜生」的三惡道！因緣際會中。「控制不住」的投入！

若看到「你當總統，或是看到你是首富」。「你的心，都能因此，不動」？那才是「真正不迷失相應。不動其中」的，「不相應法中」。「究竟自在，絕對真理的佛」！

「道」不用苦修。是要「靠自覺的，覺悟」！若能做到，「不要發脾氣」，就好了！自然「不相

應法的，受用中」。自在「不動如如的，真理絕對中」！

　　要知道「發脾氣」，就等於「投入阿賴耶識的無明相應受用中」？「苦海無邊中」！等於「衝動的。迷縛。跳水中」！

　　你有如此「累劫無明迷縛的種子」？自然其中，才會「相應無明的，發脾氣」！

　　所以，每個人。幾乎都活在「自己無明迷縛相應的輪迴受用。以為中」！你會「怎麼做，都是自己的以為」！都「不是深入，究竟絕對真理」的事實？

　　「世間所有的信仰、所有的宗教大師」等。都是「迷縛夢幻、虛假的，唯識學習的，自以為中」！因為，他們「教導學習。要每個人，相信他」！皆因此，「長久迷失在，夢幻唯識相應種子受用的。教導以為中」！如是「六道迷縛的，輪迴

導引」受用中。迷失！

　　只有「深信尊敬，真理不動」的，「你自己」？才是「真正的絕對真實」！要自己「自覺的覺悟」？什麼是「生命的真相」！到底「宇宙生命的究竟真理結構。到底？是怎麼無相絕對的。一回事」？

　　以及「釋迦佛，如何進入」？「最深的禪定」？是什麼「真理絕對」的狀況？祂最後所得到的，「究竟真實的真理」？到底，是「什麼無相絕對的狀況」？究竟「無所得」的真理堅固！

　　（符小姐：當「碰到不能處理的事情時，不去迷縛的糾纏，與想念它」！自然「自在其中」？就能「自然的。放光其中」？自然緣起廣大？「放光破暗的。化解障礙」！）

　　這個，就是「大覺悟所講」的。自然的「自在其中」！因此，自己。「廣大光明，緣起。無相自

性佛」的展現！「能因此廣大放光」的？「出來。幫忙你」。你要因此，真誠的。「謝謝祂」！

你有「兩個你」？一個是「種子相應，無明煩惱受用的你」！一個是「沒有種子相應的，那個廣大自在的。放光絕對精神空間」！如是。全體。「廣大光明體，絕對精神」的空間！

所以，「你的真正貴人」。就是「自在其中的。廣大絕對的光明體」？你「自己的，自在」！就是「你的貴人」。「無形無相。廣大光明體其中」。祂是「究竟真理的，精神狀態」！但是，「祂展現在現象中」！就產生「自然十一法界緣起。廣大菩提造化佛法的。貴人！出現在「現象緣起的。自然法爾的。任運無礙中」！

所以，你「不要再迷失」？「向外迷縛。外面的上師、大師、和鬼神」等？「真正能夠救你」的。只有「究竟真理的。絕對光明體」。你自在

的，自己！

李小姐，「你要永遠，不要再使用。無明迷失其中。你自己無明相應的感受」！把它「突破不迷」？如是。光明。「自覺破相的。推出去」！

因為「這個，累劫無明輪迴相應。受用的迷失」？就是你今生「投胎，變成你的原因」！這個是，「累劫無明輪迴。思想體繼續今生輪迴。成為你」的原因！

不僅是，「肉體是你」？真正的「思想體，無明的相應」。渡過「生老病死」的，廣大內涵的你！

當「遇到困難，與不如意」時？不要「被現象迷縛的，迷失相應的苦惱受用」套牢！守住自己「回皈自覺。安靜放光、自在」的。那個「本有自性佛」的內涵！

如是「自覺其中」？「自在心中」？完全的，

「不要迷失的。動亂中」！住在「理性光明的，絕對精神內涵。與安定究竟的，無相自在精神中」！

　　大覺悟今天「沒有給你們什麼好話」？而是「真正突破，世間禁忌」的。「新觀念」！當你們，在自心中。「真正的做到」時！自然，「就比那些大師、法王們」等。還要偉大！因為「深入其中」的自覺？「你們，本來就是佛」！「自覺其中的，自在中。就能發現」？

　　現在「不要被世間的觀念」，所迷惑。「眼睛看到的」，並不是真理！「真正的真理。卻是在心中」，「無相絕對的內涵」！卻不是「你無明相應其中受用的，以為」？

　　所以，不要「被世間的以為、文化、觀念」等。「所影響」！你要相信，「宇宙生命中，有個究竟的真理」。在你心中！那是「無相應法中。自在其中，畢竟空受用？究竟永恆的，絕對精神」！

袮是「不生不死」的！「出生和死亡」的。過程變化！「永遠套牢，不了袮」！袮是「永恆其中，當下絕對的究竟」！真實畢竟空中。「如如不動」的！「無相的真理」內涵。

　　當你做到真正「如如不動」時？你雖是人，但你卻能夠「活在不是人的，真理心境中」！而且是。一個「光明正大。自在真理，絕對的人」。

　　心中「坦蕩蕩的。不愧於天、不愧於地、不愧於人」！只怕「愧於心中，那個自在不動真理」的，如是絕對。究竟的精神？自然其中，「自在的心，究竟不動」！就是「絕對真理其中的，光明正大」！「內外一如」的。「絕對中」！

　　到最後，你們會發現到。原來「百年人生。竟是人生一場空的，現象受用。相應」！「三餐溫飽，錢夠用」？「心平氣和的。活在其中」？如是「不偷，不搶，不騙」。才是「光明正大其中。

最高的幸福」！亦是「無相真理」。「究竟的絕對」。展現！

「欲望很多，不滿足」。卻「迷縛無明其中，一直在迷失的想相中」！「一直迷縛，幻想其中」？希望「怎麼樣」的無明相應受用的迷失。這個是，「最窮困的人」！

所以，「不要有妄想其中的，欲望迷失」。「一天過一天」！「好好面對，每天的生活」！如是。「真實的。面對中」？

即使「在最困逆、最惡劣的環境中」。你仍能「守住這個知足的安定」！「自然光明的，安定中」？

「空間現象，自然其中」？就會「莫明其中。廣大的吉祥如意」的，「轉變」！

郭女士，「大覺悟給你一個建議」！「像你的兒子拿了，分完家產的錢」後！「過年就不回家。

甚至連一通電話都沒打」！

　　他的目的，就是「要痛苦你的心，要殺死你，糾纏關懷的心」？要「讓你繼續痛苦的，目的」？就是「還要，用此手段？逼出父母的錢」！

　　所以，你「不要再被，愛子的心。所迷」了？當初，大覺悟「叫你不要分家，不要給他錢」！你就「偏偏要堅持既有的觀念。分家。給他錢」？那就是你「溺愛的，愚笨」！本有「累劫觀念種子，受用」的迷失！

　　你「愛小孩」！結果「有愛，就會有恨」？這叫「愛恨不分明」的，無明「傻瓜的父母」！

　　人啊！「心中的以為。受用」？要能「真正做到，真實的。不動心境」！「心能真正不迷失的，不動」？這才是。「分明自見。自己本來，無知、無明的。大智慧者」！

　　「心能自在分明的，不動。才是真正的佛」！

如是「心要不動」！如是。「痛苦忍耐的，不動」！「快樂忍耐的，不動」！「真正的心靈。不動亂」！

如是「愛你，也不動！迷失你，也不動」！如是「你的心，永遠都忍耐不動中」？如是。「自在其中」？才是「真正的吉祥如意」！才是做到「深入其中，真正的佛」心境！

像你「喜歡求神問佛」。「迷信，哪個神佛多靈驗」！但是，「靈驗，不是佛」？

真正的深入。「超越靈驗，與真正的心靈不動」！才是「光明正大，一切當下。明白其中」！「真正的佛」！

你看「真正的佛，有沒有心靈動盪」？與「胡思亂想的，計畫與安排」？祂都是，「永恆自在其中」？「靜靜的。涵養中」！

所以，你「不要被自己，對子女的溺愛」。

「無明迷失其中的，給騙了」！要「忍得住」？

　　最後，你兒子的結局。「一定會沒錢，一定會窮困潦倒」？這是「貪得無厭」，必然命運的事實！你就「靜靜的看」！

　　「再怎麼樣。你都不要救他」！你要「狠下心。讓他在痛苦，和失敗中」！「自己爬起來」？你要「深入其中，忍耐得住」的！「靜靜的看」！

　　像你的兒子，「在肉體胎兒的出生上，確實，是你的兒子」！但是，「他的靈魂，不知道是從哪裡相應來的」？所以，「不要把，無明迷失」的兒子相應受用中？當成是「你溺愛迷失的。兒子」？

　　你要「光明正大的，不要溺愛他」！所以，你要「長期的忍耐？你要忍得住」！

　　如果「你繼續溺愛的。助他」？你就是「累劫輪迴。無明迷失自己本來命運的，無明凡人」！若能「忍得住」的？看著他。「自己爬起來」！叫做

「真正自覺，覺悟的。忍」！

　　大覺悟跟黃小姐講，什麼是「佛」？就是能夠「自在其中」。「地獄、餓鬼、畜生等，十法界」裡面？不論「好壞、利害、得失」裡面。都能「深入十一法界其中」的？「自在心。不動亂」！

　　不論「極大的痛苦中。祂都能夠忍得住」！「心都能恆常自覺」的。深入「自覺分明的。不會動亂中」！

　　如果你要「真正的，作佛」！就和你的先生，應好好「研究」。大覺悟，「剛剛所講的話」？一定，要做到「忍得住」！

　　「這個忍，有個程度」！要深入其中，「看著他失敗」！因為「貪得無厭。他必定失敗」！因為「愛錢的人，會無所不用其極」？「到頭來」。仍是「一場空」的結局！

　　「真理」而言？他「不是你的兒子，他只是投

胎你兒子肉體的，外表靈魂」！「真正的兒子，會感恩的。孝順父母」？長期「有責任」的，「作守分寸」的。兒子！

不知道是「從哪裡，跑出來的，乞丐」！你「養他這麼久了，你還看不懂，他是乞丐」嗎？

你的「兒子會這樣，皆是父母的溺愛，所造成的」！造成他，「變成他，一生皆在伸手的，真正乞丐」！

「你的溺愛，是你心中的毒蛇」？你「被它纏住」了！好好「覺悟」吧！要真實「忍得住」？終久，「必定看到真實的殘酷」？整個生命界，累劫輪迴「無明其中」。「真理的事實」！

好好「忍耐的。看下去」！在「終久兒子的，失敗中」？讓「無明的兒子，看到累劫而今生」。本來「無明受用其中的，本來命運」？

因此「自覺的，覺悟中」。看到「其中真理必

然的真相」。事實！

　　郭女士，不是說「所有人都要像你一樣，不要給兒子分家產」？是因為你這個兒子，生生世世就是「這樣的個性。他有貪得無厭的心」！

　　所以，「大覺悟才在一年前，勸你不要分家產」？「不是每個人都一樣」？「每個人的命運，都是不一樣的」！每個人累劫的，「種性，還有昔性」？都是「不一樣」的！你要「分明」啊！

　　大覺悟「所講的一切，是針對你兒子的累劫種性，與昔性」而言？希望郭女士「不要誤解大覺悟，所講的意思」！所以，對於你的兒子，「你要真實進入，昔性變化現象的，忍耐中」？

　　除非「他自己能在今生的現象中。覺悟，與體會」？因為「他自己今生的。個性」？「原來，是這樣」！累劫「生生世世的個性」，亦是這樣！只有自覺，自見的自明中？他才能夠因此，「自覺的

覺悟，與改變」！

　　等你兒子「能夠覺悟，與改變」的時候。他的「自我累劫的種子，與累劫的昔性受用」？才會因此「命運與個性。自覺的改變」！

　　他「往後的人生、命運、與種子受用」？也才能因此失敗。「真實的改變」！

　　真正「忍耐」的意思，對於每個人是「不同」的？希望郭女士「能夠體會自己本來長久。迷失之無明受用」？與其中。「累劫各自個性的。不同」？和「因此。真實自覺的。覺悟」？

（三）以愚公移山的精神，長久涵養「不
　　　迷失的相應受用」？與「現象，不
　　　思議境相」的「不迷縛」！因此自
　　　覺。緣起深入！「畢竟空，絕對自
　　　在」的，精神體中！

　　「從出生以來，跟台灣有著密切的關係」！甚
而「今生因緣中，跟自己的家人，有著長久因緣」
的關係！如是「現象變化中」。因此今生因緣的變
化。相應？

　　然而，到最後，「真正死時」。卻只有跟自
己累劫無明相關的，相應，累劫「繼續輪迴的思想
體」。與「自以為的相應」等！與「自在絕對的，
究竟精神受用空間」？有關係！

　　若能夠，因此「自覺」。「不迷失，糾纏受
用的相應」？守住這個「突破的相應法，與不相應

法。空中，與畢竟空。究竟自在」的。絕對精神體領域！自然「死後的空間」。就「不會處在累劫無明相應受用中」？如是。「莫明其中？迷縛相應無明的。受用中」！

所以，「自覺分明中」？能夠「進入自己，究竟自覺」？如是「如如自在的，絕對真理。覺悟中」。才是主題！

如是「自在的覺悟，自然死時」。只有「跟自己的自性佛，與如如自在的自覺」？有著「真正無相真理覺悟」的關係！

否則，仍是處在「無明相應輪迴」的迷失中？相應與不相應其中。「廣大法界，同類相聚的，無明空間」！

古先生因此，「覺悟到自己」？應該「平常生活中」？就要養成「自覺，自在其中」精神領域的？「究竟絕對真理。實踐的涵養」！

人世間，百年人生，「本來現象的變化相應」。皆是「回皈」累劫思想體繼續輪迴的，「一場空的，現象變化中」？如果「不能自覺的，絕對真理。自在其中」！就會「無明其中」的？跟「自己累劫的種子相應」，與「自己的無明累劫思想體的，相應以為」有關！

　　如是。「無明其中的，迷失茫然」。「受用的相應中」！在那邊。「糾纏不清」？如是「相應法中」？自覺「不相應法其中」！深入「畢竟空」的實踐？

　　所以，「最後自覺」？今生「茫然因緣無明相應中，跟任何人」。都沒有關係！只有跟「自在與無明」的自己有關？

　　要隨時「回皈？住在自己，自覺的突破」？如是。「自在的。永恆獨自」？「絕對真理的空間中」！

若能夠因此，「自覺分明」的。不迷失「受用現象因緣，與不思議境相之迷縛」？直入「畢竟空」。「絕對真理」的。實踐中！

　　如是回皈「畢竟空中」，「回到究竟無相真理的。自在」！因此「涵養其中。當下」？「自覺其中的，絕對真理發展」？就是「涵養其中。真正永恆不動的，自在」！

　　大覺悟教陳小姐，要時常處於「自在的無相自覺。緣起中」？「守住如如」。究竟無相「相應法與不相應法」其中。涵養「空中，與畢竟空。究竟真實真理」的內涵！不要用「想相，相應的」。以為！

　　就像「講話。相應時」？碰到「現象和狀況」等，突變的變化時！卻不是，她「本來。預先想相」？要「怎麼講」！

　　皆是「自在其中，畢竟空的涵養。與放光照明

的緣起」？自然「隨順，圓融」。「任運」其中！
「照明的，緣起菩提造化」。與「自然法爾現象
的，任運無礙」。絕對的展現！

今生，無明其中？「死的時候。獨自的，處
在無明的，輪迴相應中」？「跟任何人，都沒有關
係」！到那時候，「無明迷失。死亡的空間中」？
如果，還是「昔性般的，使用自己無明相應。累劫
種子的受用」？

自然會「相應莫明的空間，與因緣中」？很
「害怕」的！因此「深陷，茫然不知所措中」？

「若能自覺深入。畢竟空的，自在自性佛
中」？自然「其中，空間中」。都是「廣大的光
明」！如是。「養成自覺的，不迷失」！與「畢竟
空受用的，自在」！

葉女士，「你的家人，目前怎麼樣」相應？
你都「不要去跟他們，無明迷失以為的，糾纏」在

一起！你把它自覺的處在「不相應法」其中？「完全不迷失相應其中」的。「迷縛糾纏。無明的排除」！要「自在自覺其中」？「完全不迷失」的？活在「回皈自己畢竟空的，如如」涵養緣起照明中！

「自然其中」？你就會自然的，「廣大遍照自在」的。放光緣起！如是。「放光」遍照中？自然就會「緣起」？「照明」的造化！

就像「大覺悟教古先生」的。「不去想相空間」？「不去跟空間中的任何現象，相應」糾纏？

「一切自然」其中，「自然見到」？廣大的「緣起」！如是。「菩提造化之現象」，自然任運的「來皈」？

所以葉女士，你要「緣起諸相的。菩提造化佛法？渡化他們」！首先要「解決自我無明累劫？種子相應法」的迷縛！而「自在其中」無相應法

中？當下，「畢竟空。如如」的內涵？深入！如是。「真正做到」。「自在其中的，廣大放光和緣起」？與「自在，無相真理。如如的內涵中」！

　　能分明的，把「種子的相應」受用內涵？都能「當下分明的，排除出去」！深入「無相應法中。自在的自覺」？與「畢竟空」？究竟絕對真理的受用中！

　　當古先生「迷縛其中，自我迷失的相應」？「有所想相」？就會「深陷受用相應其中，六道輪迴中。有所糾纏」！當「死後。就會因此無明相應？受用在無明糾纏中」！

　　如果你現在，「能深然自在不相應法的。習慣中？自覺分明的做到」？完全「不想相，與不糾纏中」！死後，「自然其中。仍是自在其中」的。「繼續不糾纏，與不迷縛中」！還是「真正深入，無相應法與畢竟空自在的。如如不動涵養。與緣起

中」！

　　「當下主題」？講的很「重要」！就是真正做到。「畢竟空中。如如的自在」！如是「當下其中，緣起廣大菩提造化現象中」？能「真正做到。遠離世間一切的因緣，與現象的相應，與造化」！究竟「無所得」的，絕對中！

　　如是不相應法中？「相應遠離」。「所有的利害得失因緣，與朋友親人」等。遠離「所有今生相應的關係」？到最後？也「遠離出生與死亡，迷失相應之困擾」！

　　而「生與死」中間。這一段「百年人生」。「莫明其中的，茫然相應的現象變化。因緣與迷失」等？完全是回昄。「無明累劫。種子繼續今生？無明其中的輪迴相應」！

　　若能「自覺分明的，離開了。相應」！就能因此「自覺分明」的，「進入到完全不相應法」的？

「緣起」！與照明受用中！如此「完全不迷失的，畢竟空。自覺深入」？完全的「當下其中，不相應與畢竟空中」！

就是「活在自在的，廣大緣起」其中？究竟自在。絕對真理「真正的實踐」！回皈「究竟無所得」的。絕對真理！

人類「無明其中」？皆「活在茫然的，繼續如此無明的輪迴相應受用，生活中」？若能因此。「自覺分明的，不迷失回皈。累劫無明種子相應的，繼續輪迴的。迷失受用中」！

不「茫然其中」。就是「不無明其中。相應之受用，迷失」？如是「累劫輪迴繼續的，思想體」？無明的「相應」？

像「花蓮大地震中」，「死去的人，死後的空間」。都是「無明茫然其中」？「相應迷失，繼續輪迴困縛的累劫種子受用」！都迷失在「可憐、痛

苦。莫明、茫然的相應中」？與空間中！

　　方才自覺「自己，已經死亡」了！卻因此，在「另一空間中」？「茫然的隨著，自己的業風。飄盪」？「不自主的，相應流動」著！真是「自然相應繼續無明輪迴的。無常」其中？「可憐的茫然」！

　　而「真正的自覺」者。在這個「變異的，相應空間中」？卻能「獨自的安定」。不相應法其中！「不活在茫然、相應、與種子受用的展現中」！從他們「無明，與無常相應的遭遇」上？卻能覺悟到？「當下，自覺的自在」？與「永恆不動其中的，可貴」！

　　所以，若能深入「完全無受用相應的觀念、與現象迷縛的業力空間。無相應中」。自然「自在其中」！完全「沒有種子相應受用的，空間」！那是真正「無相應法」。「阿羅漢」的心境，叫做「有

餘涅槃」的心境！

　　他是「真正安定，無相應法」的，內涵心境！他是已經深入「沒有種子相應迷失」的，「空中與畢竟空中。自在精神的空間」！

　　如是。「沒有累劫迷縛種子，無相應法的安定空間」。「有餘涅槃的精神狀態」再突破！就是沒有「種子相應不思議識，光明造化的空中空間」。也突破！

　　因此，「再深入的突破」？深入真正「空中」的，內涵中！也「自覺的再突破」，如是。「畢竟空中」的受用內涵中！進入到真正緣起，「廣大無相實相，如如自在」的，真理內涵！

　　所以，所講的「自覺，自在」涵養？「就在今生中、就在當下，緣起照明中」！

　　不論在「人部中、在六道中、在十法界中」？如是「當下」，緣起。「所有的因緣，利害得失相

應現象」等。「全部，畢竟空中。究竟自覺的，無相真理的突破」！

包括深入其中，「一真法界」的內涵。也突破！如是。當下「十一法界中」。轉換的突破！「活在緣起放光」的造化菩提！這叫「自覺緣起。涵養」的。「絕對自在中」！無相真理中！

所以任何時候。「都活在這個世間中。本來跟世間的其他人，應該的相應？都一樣」！但實際上，「若能深入。緣起的造化」。卻都「不一樣」！究竟「無所得中」，「絕對的真理」內涵！

都完全「深入自覺」其中？「完全不迷失糾纏相應的，沒有關係中。如是無相應法中」！只跟「自在緣起放光」的，畢竟空內涵。「有關係」！

就像本來「這個世間」。「應該跟因緣相應，有關係」？但是「活在，無相應法與畢竟空中。如是自然的自在。廣大緣起放光中」！

「該來的緣起造化，就會來？完全的不強求」！這叫「深入自在，畢竟空中。自然放光的。緣起菩提造化中」！

　　在「自覺，覺悟中」，深入「畢竟空，如如自在」的涵養！是怎麼，緣起菩提造化的，「過日子」？而「無明其中，無相應法中？相應累劫的種子受用」？到底，是怎麼「無相其中的。過日子」？

　　如是。「無明出生以來，自然感受中」。「相應種子受用的，變化」？皆是「茫然，受用相應中」。生活其中！也就是「莫明自我，以為」相應的，「無明迷失的，活在其中」？「不知其中以為的相應。卻茫然其中」！

　　而「深入自覺」的。「活在無相應法的，自在」？卻是「活在其中，自在照明。緣起的其中」！恆常「自覺分明其中」的。「畢竟空的。不

動其中」！這是「多麼高貴，廣大如如緣起。隨順圓融，任運無礙造化的放光」內涵！

葉女士，你要「真誠的，告訴你兒子」？「當下的，感受和觀念」相應受用等？皆是，「從小到大，無明受用相應的。以為」！都是「無明受用，自我無明種子？相應時空變化受用的。累劫輪迴相應的，廣大受用的迷失」！

因此，要在「無明其中」的。「感受、觀念、現象」相應中？找到「自覺分明」。無相應法的覺悟！如何真正「無明相應受用的，停止輪迴」！「深入畢竟空中。真正受用觀念作為的，緣起。不動的放光中」！

也就是說，當「相應感受起來了，自然觀念起來了。莫明現象起來了」。甚而「賺了很多錢」？如是廣大「現象的相應」等！都要「完全停止使用！完全無相應法的決定與使用」！

「自覺分明的，進入到畢竟空的，不動」！如是。「不動其中」！就是深入「無相應法中。無明相應受用的不迷，與不用」？如是「深入畢竟空其中」？「自在的不動」涵養。深入「緣起照明的，廣大圓融中」！

　　如是「自在不動的畢竟空，涵養」其中？祂有一個，「永恆的真理」？「跟三世一切諸佛，所進入的覺悟」。「緣起的無相內涵」？如是。究竟「平等一樣的」！祂會「永恆自在絕對其中的。緣起造化的，廣大放光」！

　　而凡夫們，卻「無明其中的，相應，與自受用」？叫做「無明迷失輪迴其中的，永恆輪迴中」！如是。「無明其中」的相應？「長期的迷縛。與深陷中」？

　　這個「自我無明迷縛。相應受用的，監獄」！根本找不到「究竟真理的自在」？若能「自覺分

明，究竟真理畢竟空的內涵」。真正「絕對的實踐」？「當下究竟突破。緣起自覺的，放光照明的。工夫」？「不受這個。無明相應受用的，迷失監獄」。所套牢！則「廣大，遍一切處」。都是緣起？「廣大究竟真理，緣起光明自然法爾的，任運造化」！

葉女士，你還要「跟你的兒子講：大覺悟很替你。可惜」！因為，「已經能看到，累劫而今生。無明相應的受用」？卻仍是「無明其中，累劫種子的無明相應中」！一直活在「仍在。自我以為？迷失的感受，和觀念相應中」！

這叫做「受用其中，無明相應」？「當下本來的，累劫無明」？如是。今生「人部，本來無明」的。「輪迴受用中」！若沒有「分明」的。「離開這個無明的，受用」？就會永遠「輪迴繼續，堅持如此的相應受用個性」？繼續「做人」！甚至，可

能「不慎，更迷失其中」？「更深無明。執著的受用中」？有可能「深陷輪迴之人部」以下，「相應法界中」！

大覺悟「一直勸你」。就是「希望你能夠離開自已，本來相應迷縛的無明受用」？「離開自我」！得到「自覺」？如是。何謂。「本有其中」的？「究竟緣起的，光明自在」！

所以葉女士，「世間的命運因緣等。沒有一定」！「有一定」的，卻是「自我無明迷執其中」的！「累劫無明迷失相應的種子」！

就像有些人，「前世的種子，本來是很善良的」？但是，來到「這一世。受到他父母，朋友親人的影響」。造成他「累劫觀念的種子。深陷長期世間環境的現實」！「所影響，因此攝藏累積種子性質的，改變」？

因此自然中。「他的種子、他的觀念、他的

現象」等。皆因此，會有「莫明邪惡或富貴命運。而廣大突破相應的變化」！因為，「累劫不同異類種子的涵攝，會改變不同的造化」？如是「重大影響，涵攝長養不同的適應變化」故！

　　所以葉女士，在如此「迷縛，困逆現象的環境中」？要堅強向著，「究竟無相自性佛」的真實？與「真理涵養」的堅固。而努力！不要「被周圍的現象環境相應，所影響」？

　　整個「自在明白的自覺」。能「堅固分明自覺」的突破？「如夢如幻的。無明相應迷縛」！

　　只有「向著真理」。與真實「自在的永恆」無相？涵養的堅固！才是「真實無相其中的緣起。與究竟的實踐」！

　　有的「佛教與其它宗教團體」等？「用很美好的言語。外表很亮麗整齊的服裝」等。來「因此影響，迷信很多人」！

生活的大智慧：進入自性佛【真理學，輔助深入版2】

台灣的文化，亦因而莫明其中的改變。因此影響每個人？就「因為傳統宗教。自以為教育般的迷信」？而「誤以為」？「釋迦佛所講的，究竟真理的自在」？就是這一些「傳統的，思想教育」！

　　卻不知道「我們每個人，都像釋迦佛一樣」？有著「高貴永恆，真理的價值」？和真實自在，當下其中？「真理自性佛的，真正內涵」！

　　大覺悟為什麼說「有些佛教界大師，皆是阿賴耶迷失無明」？其中的「迷縛者」！或許「過分」？但是，「真實的傳統，佛教」？卻是「迷失教育今生」的，「賴耶」以為的。傳承！

　　沒有「教人家找到」？「如同釋佛，深入究竟禪定。自性佛真理的，內涵」！卻是「形式？與傳統的知見」而已？

　　因為，還在迷失「無明傳統佛教？無明其中教育的傳承」！所以「迷縛」其中？「阿賴耶

識種」。「唯識相應累劫種子，無明受用的迷失中」！還在「研習佛教概念般」的。迷失無明其中？「阿賴耶識知見的，以為中」！與「因此無明迷縛相應，六道的輪迴中」！與「不相應法」的四聖道中？

如是。還希望「每個人今生做善事，來世再來做人的，無明繼續輪迴」，迷信「受用以為的迷失中」？真是「可笑」？如此，怎是釋佛「停止輪迴」的，究竟真義！如是經由「相應法，不相應法。空中，畢竟空」過程的究竟超越？

釋迦佛不是教人家「再來做人」？祂是教人家，進入「真正真實的真理」其中？以及如何「自覺分明」？累劫「輪迴無明種子的相應，真正受用的停止」！「實質進入」到，真實「究竟精神的涵養」？與「究竟真理」追尋的，真實實踐！

大覺悟「不是要組織，廣大信眾」？卻是希

望每個人？因為，「大覺悟究竟真理的文章。和思想」？能夠因此，影響人類！「找到真正真實的，究竟真理」進入？能「真正的實踐完成。自己的自性佛」！

　　在今生「百年人生的利用中，不要因此，迷失沉淪其中」？「迷失無明自我，累劫種子相應的無明輪迴中」！這才是「如同釋佛究竟真理。精神的，無相絕對的重點中」！

論理

（一）「識種相應」自然受用，邪法。迷
　　　失之學習？與「無相精神體，緣
　　　起」。菩提造化「自然法爾，正
　　　法」之異？

　　一般上師、無上師所講的「法、祕法，黑法、
白法」等。所有自以為「無明用識，相應」神通的
一切法！包括「定身法、定心法、定相法，詛咒
法」等。這一些法「在釋迦佛的定義，叫做其人行
邪道」！「邪道的法，都是用識想，積極思維的
法」！

　　真正的佛法，是「無我、無法、無無常」的實
踐？就是深入「自在，畢竟空中的內涵」！也就是

釋迦佛所講的，「最深禪定」內涵的法！它是「真理真實的法」！叫做「緣起菩提造化的法」！它是究竟緣起，「廣大的神通」正法？它是「一真法界以上的法」。那叫「真正佛法，緣起的正法」！

　　正法跟邪法，是不同的？邪法是「阿賴耶識的法」！阿賴耶識的法，如果「不是用想」的？那個就是「四聖道的法」！如果是「用想的迷失，就叫做六道輪迴的法」！

　　「定身法，就是定心法」。也是「定想法」！所謂「定，不是定？而是，控制」！「控制」什麼？就是「在無明阿賴耶識的，想中」，如是「體性相的，作用中」。深入「無明的想，識的想」？而產生了「識變控制，與積極思維的。作用」！

　　如是「導引無知的信者？深入無明其中的受用」？受到，「控制識種」的影響！如是。因此。「無明相應，識變的導引」！「自然無明其中？控

生活的大智慧：進入自性佛【真理學，輔助深入版 2】

制法」的出現！

所以，「真正佛的正法？是緣起的，菩提造化法」。是「真實的放光，廣大遍照法」。完全「深入畢竟空中」！「無我、無法、無無常」，深入其中。究竟的實踐。「緣起菩提造化的，放光」正法！

而一般「自以為所謂，神通的法」，包括「大師所講的法」。甚至，很多的「祕法」？「唸什麼咒法」等。都是「積極思維」，與意識專注的。相應種子的「灌輸」？

還有「積極觀想等祕念」！如是。「識想的，應用」！雖然，有的是「助人的善法」？但是，「內涵的使用」。皆仍是「損人利己的應用」？都仍是「惡法的內涵」！都是「無明識種的，相應作用」！

就像「密勒日巴，年輕時修的」，是「黑

法」。「專門害人」的，「用識相應的，法」！所以，「練法、修法」。「害人得利」等？雖然，能「阿賴耶識，相應的咒法」，展現！到最後，仍是。沒有辦法「達到究竟」？仍在「無明相應的迷失中」！

而「大覺悟所講的法」，是要深入「究竟自覺」？「無我、無法、無無常」，深入的「究竟實踐」！是要「緣起菩提造化，放光的法」！

如是。因此，「緣起菩提的法」？都是「廣大自然平等，絕對同體智慧的慈悲」？和「廣大光明體，遍照放光。真實的法」！

如是。自在「廣大的造化中」，「廣大緣起的渡眾中」，它是「自然法爾任運的，正法」！

釋迦佛講，「無我、無人、無眾生、無壽者」。如是究竟「無識種，相應的相」？這個叫「真正如來，放光緣起的？自性佛正法」！如果

「不是行這個正法？則是其人行邪道」！「不能見如來」。

「邪道，就是邪法」？所以，「一般的大師、上師、昔日邪師」等。都是「用不思議的識種，相應法？用想的法」等！這一些「想的法、識變的法」。都是邪法！

如是「無明識種，相應法」？「相對，其中無明」的研討等。都是「利用累劫種子的，相應」！

如是「無明相應的法」！這是「大覺悟不願意提及」？但是，「曾經經歷過」的，「往昔無明向外求道的，迷失」！

卻是，「當下因此。自覺的實踐」？回皈「絕對真實內涵的，無相中」！

所以，大覺悟「捨離這些用識的法。無明的法」！進入到釋迦佛所講的，「無我、無法、無無常」的。「最高內涵的，實踐裡面」！如是「究竟

絕對。真實的法」！這個「真實緣起，菩提造化的法？才是最高放光照明，遍照的佛正法」！

釋迦佛已經不在了，「祂當時講的，而緣起的佛法」？卻不是「祂講的教義」？而是「自然緣起的。釋迦佛講的法」？有「不同程度應化，緣起的法」？

是「因應不同程度的人，而講出要實踐，無我、無法、無無常的內涵」！才是「真正能夠放光，緣起的內涵」！

如是。因此說「祂能放光」的內涵？都是「不對」的！如是。要「緣起放光的造化？皆要因緣際會的緣起」！如是。「自然平等」？究竟「造化的緣起，現象中」！

「廣大無我法」究竟的。「不思議的三菩提」？「廣大不同，菩提造化的，展現」！那才是「真正緣起的佛法」！

很多「行邪道的人」？都是「研究這個法的知見」！「如何控制」。而「如何祕心，為識種相」？「控制的本身」！「不知不覺中，相應布種」？「相應法，受用其中」。他就能「控制每一個人的心」！所以「信入者，跟他交往中」？都因此，「無明其中的，受用中」？被他「控制」了！

但是，「研究這個法的人」？都「不知道。自己無明其中」？已經深入。「唯識知見，用識種子的，相應」使用中？

真正的正法，是「無我、無法、無無常。自然緣起的法」！那才是「真正的佛法」？所以，「不在想中」！

「若有想，若有法的迷執」。就是「其人行邪道」！「真正的無相想。是深入不想其中」！

「真正的法，是自然法爾」的？「緣起遍照放光的，菩提造化」展現！

「真正的修道者」？應該「對於正法的內涵」，應該要「有所研究」。「自覺的深入其中」？深入「絕對其中」的了解！才是「自在真理其中」的。真正內涵中！

　　所謂的，「定的使用。就是控制」？就是「透過溝通的交往。控制體性」！而如是的，「控制法」？

　　產生的結果。「皆有一個我，在相對的控制」！在釋迦佛的定義。是「其人行邪道」？就「不是佛的弟子」？

　　真正佛的弟子，是「實踐自在其中」？當下「無我、無法、無無常」！進入到「大智慧無相的，同體自性佛的，內涵中」！

　　如是。自在「廣大光明正大」的，內涵！他完全。「不控制人，不控制思想」！皆自在其中？「無相精神，畢竟空的內涵中」！

但是,「行邪道的人,他是研修用識種子。相應法的,控制法」。專注「用識,識變」的?控制人!就跟密勒日巴年輕時,所學的「黑法」一樣!能因此。「控制天氣,控制一切」等!

　　這是「很邪惡,用法」的迷縛!到最後,都有「法應用的,因果報應」!

　　雖然「不講」的。相應?但是,卻能「祕密的,思想控制信徒」!

　　「用思想在控制」?這個「念力專注」應用的,功力很強!但是,「報應,也很大」!

　　其相應「用識的,受用」?皆在「六道識種受用」的,「無明用識,相應中」!

　　「觀想法,也不是真正的正法」!「積極思維,就是唯識相應識種的,迷相」其中啊!

　　因此,很多的「祕法」。都不是真正緣起照明的,佛法!看起來「很莊嚴、神祕」?其實,不是

真正的佛法！

　　「無相，才是真正的莊嚴」！所以，《金剛經》講，「若有相，則是虛妄？不應執迷」！就是「這樣的意思」！

　　我們「不應諸相的，執迷其中」？因為「執迷故。所以產生涵藏相應，迷縛的，種子」！如是。有「涵藏無明的種子？就有自然相應，阿賴耶十法界的內涵」！

　　釋迦佛「六年苦修」時？是在「自見十法界的內涵中」？更研修，他的老師給他的。「非想非非想天」的內涵！那是「深入完全的，不想中」！但是，「還有不想其中。存有的識」？

　　那個「種子的空」？還要再深入。超越「諸相的不思議」！達到「空空至極」的。究竟「無我、無法、無無常」的實踐內涵！

　　才有「真正無相，畢竟空」的展現！達到「阿

  生活的大智慧：進入自性佛【真理學，輔助深入版 2】

賴耶識，原始無明」，究竟的，突破！更而，「畢竟空中」。內涵的深入？如是「究竟自在的，絕對中」！

「很多的祕法，都是依存佛教」？依存「釋迦佛所講的經典」！其實，「釋迦佛真正所講的祕法？不是這樣」！釋迦佛所講的「祕法」。還是「無我、無法、無無常」以後？「自然產生。如是緣起佛法的。菩提造化的顯相」！

這個，還是「菩提造化相的內涵」？因為「所顯相的，是法界的安立」。因此，他們稱為「祕法」！如是「《大日經》，內涵」的，展現？

而「觀想的祕法，如是觀想的本身」？也是「觀而想的，相應」？也是「進入。無明唯識的，相應其中」！不能達到，「回皈，真正的究竟」！

雖然，「其人行邪道」？這一些「觀想」？還是屬於。「回皈深入正法的？內涵過程」！

因為，他「相應正法，想相正法」？但是，他「必須回皈」，「究竟無所得？無相精神內涵的，突破」！如是。「究竟真理？自在其中」的，涵養！

　　佛經裡面，有「准許祕法壇城的，安立」？這一些，「不能說它不對」。這個叫做「思維正法，涵藏正法」？在「自印心中」？回皈無所得其中，「法界安立自印的，模仿」！

　　但是，對於釋迦佛「究竟的佛法」來講？它是「緣起照明，而見到」？產生「祕法壇城的安立」！

　　實際上，「三世一切諸佛，所進入」的？卻是「究竟無相平等的，精神體」！那個就是《心經》所說的，「三世一切諸佛，以般若波羅蜜多」。得「無上阿耨多羅三藐三菩提」？如是「那種緣起的過程」！所產生的，「自然，祕法壇城」？如是

「回皈無所得」的，「中間過程」！

　　這個「祕法，跟一般所講的祕法。不一樣」！他們「修祕法，修法術」？就是「希望深入其中？成佛究竟的目的，和意義」！真正的「修持祕法？必須要回皈，自性佛」！

　　「回皈究竟無相的，突破」！這才是「究竟深入絕對。真正究竟光明體的內涵」！

　　很多人「假借祕法」？所修的，卻是「祕咒種子的思維法」！像「昔日邪師就是這樣。相應諸相的識變，布種」？「回皈種子相應的，思維法輸入」！

　　他是在「思維上，他是本尊」？如是。因此。「每個人都以他，為主」的皈依！

　　那是「用相應種子，信入思維中」？涵藏「識變導引的，信入種子相應受用的，建立」！如是。「受其控制，無明相應識變的，內涵」！建立「種

子涵藏相應的，安立」？

這個就是「真正的，邪法」！如是建立，「邪惡無明，相應輪迴，思想體」？「繼續輪迴」的，安立！

真正的正法，不是這樣！「真正的正法」，是「無我、無法、無無常的進入」！它「不作一切主」！「不自我以為」其中！

如果，你「有一個我，在修觀想」？在修「行持刺繡或繪畫壇城的圖案」等！自以為，「進入那個空間」？你「就有一個我」啊！那還是「自我種子相應的，建立」啊！

那仍是「六道輪迴的，無明相應法」？卻「不是真正放光照明佛法」的？緣起法！

「真正的正法，他是積極行入壇城」其中？如是「同體智慧」的，「行入壇城」？就是「自在其中。行入真正緣起菩提造化的，內涵」！

在「菩提造化的內涵中，仍要回眅一場空」的正覺？如是「行持這個，叫有部內涵的，圓融同體」！仍要「回眅無所得，無相的？絕對其中」！

「有部，你若用阿賴耶識的無明去修」？就變成「執法」了！「執著法的，迷法」？如是「行邪道」的。迷失「想法」了！

昔日邪師，就是在「搞祕法想的，相應種子受用的建立」！他是「用想的」！但，「卻不是用觀想的？進入」。

「觀想進入的法？是緣起的菩提法」！「壇城的進入，是屬於菩提法造化的，圓融」！

「識變法，是屬於無明種子。相應受用的，進入」！還是屬於「無明法的，深入相應」？屬於「無明相應阿賴耶識的法」！還是「屬於六道的，輪迴空間」！這是，「不一樣」的！

大覺悟只講「出發心？如是根本的，來源」！

若是「種子的相應，則是迷縛想中」！而另一個來源？則是深入。「無我、無法、無無常的，真實進入」！

如是「進入菩提造化的相」！「菩提造化相的緣起來源？卻是廣大遍照的，放光緣起」啊！來源卻是？釋迦佛「所講的壇城法」！就是《大日經》所講的「內涵」！

大覺悟是「經歷過一切法的，過程」！從「無明，到無無明盡」。到達「整個光明體」的，「同體中」！這些都是，「自覺究竟，覺悟的過程」！

很多大師，都是在「講種子的相應」！這個「種子的相應，卻是無明種子，相應的累劫，輪迴法」！只是增加「無明知見種子」的？「涵藏」而已！

所以，「萬法唯心？相應諸法的無明？跟相應法」等。就叫做「唯心」！「真正的佛法，卻是菩

提法」？叫做「緣起」！

而「輪迴的法？叫做六道輪迴種子，無明相應受用。其中的受用」！「四聖道等，還不是究竟」！還仍在「阿賴耶識的空間中」！

「真正的大覺悟」？就是「究竟自覺的，覺悟這個」？「究竟真理其中的，過程」！

有很多人的一生，都在「努力的修法」？「修法回皈？觀照的功能」。就是「成佛過程」？回皈「究竟無所得的運用」！他的目的，仍是「無相真理的，回皈」！回皈什麼？「回皈究竟的無相，與無所得的自在自性佛」！

他是「用菩提造化，來進入」？「菩提，是釋迦佛講的？緣起照明的，菩提相」！他「進入這個菩提相，而回皈究竟無所得，放光」的本源！就是所謂的，《大日經》內涵！

而《大日經》。就是大覺悟所講的？「究竟光

明體的，遍照放光」？仍要回皈「絕對、無相」？與「無所得的自在」覺悟中！

　　真正的法，是「無我、無法、無無常」的實踐！進入到「究竟的真理」！它才產生「菩提造化的法，才有佛法的緣起」！如是「佛法的緣起？就是世間法的，現象自然」！

　　如是。「法爾的，造化緣起」！就是「法報應化四身佛，在世間的佛法」，展現的內涵作為！

　　大覺悟的道，是修「究竟的真理」！而一般世人，與大師、法王等，修的是「無明唯識相應學習的，輪迴法」！屬於「無明種子的相應輪迴法。是阿賴耶，相應的識法」！

　　包括「阿羅漢、辟支佛、類菩薩、類佛」四聖者。都是「屬於阿賴耶識的，無明空」的行持？所產生「不思議放光」的法！

　　「萬法唯心，就是整個諸相的空間」？都是

「生命的造化」！「十一法界。當下即是，廣大究竟的真理」！這兩個法，是不同的？卻是「當下，平等」的！

昔日邪師，「以兵法玩弄大覺悟，與其他的信徒」？如果「大覺悟去跟他吵，跟他鬥爭，甚至打官司，或找人報復他」？這些「反應」？就叫做「唯識無明的，相應」！

而「緣起，卻是面對現象」？自在心？卻是「進入畢竟空中的，如如不動中」！如是。「緣起，放光照明的廣大現象」！這個，就是「進入無我、無法、無無常」的實踐中！

如果「以相應法，去面對現象」，則「仍是無明其中」的，進入了「繼續無明相應的，輪迴中」！

像釋迦佛「見到了毘盧遮那佛的，放光」？因此，「自覺我見」的無明？開始「三天三夜的魔

考」！

「魔考」。它來了！釋迦佛，就「堅持一切法，無所有？畢竟空」的，「真理內涵」！用「畢竟空，去面對」！

然後，自然其中？「見到緣起菩提造化？平等其中的轉化」！

用「兵法的鬥爭」！如是「鬥爭法。是無明相應的輪迴法」？是「無明種子，相應的輪迴法」！昔日邪師，都是「用鬥爭法、種子法、煩惱法，去迷縛相應」！所以昔日邪師，「經常在祕心受用的？煩惱爭鬥中」！

而大覺悟「卻在如如不動的，面對中」！見到「緣起圓融的，菩提造化」！這兩個態度，是完全「不一樣」的！改天必「自見。其中不同奧妙因果報應」的，造化！

  生活的大智慧：進入自性佛【真理學，輔助深入版2】

（二）因緣現象的巨變？「累劫種子的昔性與相應」！仍是回皈，「無明思想體」的，迷縛與套牢？在人生「仍是皈空，一場夢的，現實中」。終究「仍是回皈累劫輪迴種子的，思想體」繼續！

什麼叫做「輪迴」？你用你的「累劫思想體，與種子的相應想相」？叫輪迴！所以，「什麼都不要想相」！這個叫「自覺，自在其中精神，無相其中的自性佛」？這個叫「畢竟空」！

像張女士這一次「土地賣了。但是，張女士內藏累劫的種子？還是沒有改變」！只是「多一個錢的，現象變化而已」？就好像「多一個，天上掉下來的金塊，進來」！

張女士跟她的家族，「每個人的累劫思想種

子，都還沒有改變」！就好像「現象變好了」？但是，累劫的種子相應？卻「仍輪迴本來的命運中。沒有改變」一樣！

像「某個演員賺了很多錢？對她的小孩非常的好」！但是，「沒有用」！因為她的小孩，「累劫的種子，從小到大。都沒有改變」！有些人「得到了錢，就災禍重重」？那個叫做「累劫的種子沒有改變」！

當富貴的現象下來。產生「累劫種子的相應」！我們人「從出生到現在」？「個人的種子」，從來「沒有改變」？

就像黃小姐，碰到一個人「因緣際會，來了」？她的「累劫迷失的種子相應」！「亂如麻」其中！

每天「莫明其中的，都在想」。該如何做？所以，「黃小姐的累劫種子？都沒有自覺的改變」！

這仍是「無明相應其中的，迷縛往昔的。命運」？

　　蔣先生的種子，也「沒有改變」？有了錢，「馬上對他的媽媽，產生了想法」？「逼迫她的媽媽」？因為，張女士「累劫的種子，沒有改變」？就「自然湧現出生生世世，愛子孫的，傳統的思想」！甚至「失望傷心的，想死」？

　　「養了那麼多的小孩，卻沒有一個聽話」的！所以，「很傷心」啊！但是？這只是「短暫相應，各自種子的展現」！感覺人世間「建立了一大堆事業、成就」？以為「將來家族？會很好」！這叫「累劫種子相應，迷縛受用的觀念」！

　　葉女士也是，「內心中對小孩、先生，都充滿著愛戀」？只是葉女士「不敢面對」而已！要「看得破這些？相當不簡單」！就像「陳小姐一樣，看不破自己」？一直展現「她生生世世的無明自己」？

一個「今生再有錢，再有名」？就像台灣「前幾大企業主」一樣。當你「死的時候，一切帶不走？只有業種隨行？很公平」啊！就像蔣先生這次，「有錢進來，種子卻從來沒有改」！「他的哥哥，也有錢進來」？但是，「種子從來，也沒有改」！只有「平靜其心」的，「不做任何改變」？仍是「平凡的生活」！才是真理？

　　「種子沒有改」的意思，就是「種子，還是本來的思想體」？「繼續的無明輪迴」！「同樣的種子，再繼續今生相應的展現」？在「死後，下一個空間的繼續相應」！

　　陳A先生也是啊！被大覺悟「緣起照明」了以後。他「突然醒來」？他的心眼看到一個畫面，「有一根柱子立在海邊」？大覺悟問他，「一根柱子立在海邊幹嘛！狂風暴雨吹你，也吹不倒」？仍是「一根柱子」的，「無明堅固」？

  生活的大智慧：進入自性佛【真理學，輔助深入版2】

你「一根柱子，立在海邊」？就是說「你在任何變化的空間中」，「靜靜的，堅持本有的觀念？看著整個空間的一切變化」！但是，「你是柱子」？也就是說「你無明相應的，自我以為」？你雖能夠「堅固，但是卻，很固執不通」？仍是「一成不變」的，「本來命運」？

什麼叫做「畢竟空」？就是說「完全沒有自己的感受，沒有自己的觀念，沒有自己的現象迷失」？因為，今生「所有一切現象的變化」？都「不是主題」！

真正的主題，卻是「累劫思想體，種子」無明的，迷失相應？

這一次「金錢現象的變化」？突然「讓家庭成員，爭執其中」？張女士，好像因此「茫然的迷失，失序」了！她的員工「很緊張的打電話，給她的小孩」？那個員工，代表「他的判斷」！所以

「這個緣起，不是自然安排的」！不是「員工，所想相的」。但卻是「因此緣起」，新的現象變化？

在「產生變化中」。張女士的女兒，「種子相應的展現」？就是還有「愛媽媽」的內涵！她接到電話後，「就很緊張的，趕快連絡上班的公司，找同事換班」？為的就是，「要趕過去，看自己的媽媽」！

大覺悟因此，告訴她的女兒。「沒有事？只是緣起造化的一個現象，一個變化」而已？

蔣女士「經過這一次的變化，整個人脫胎換骨」？她「經過世間的現象困擾相應，世間的破壞」！因此展現了，她「生生世世相應種子的，個性、想法、與以為」的莫明展現！

陳小姐經常「陪著她的媽媽」？蔣女士。等於是她「亦在困縛其中」一樣？因此「同體其中」的？「回看到，自己累劫今生的種子。相應在現象

中」的迷失！

　　大覺悟「一直告訴陳小姐」？「這個累劫的種子，不要迷」？你看到「自己累劫的種子相應，是可憐的命」！跟「爸爸、與弟弟」是一樣的！所以，「不要再跟著自己累劫種子，相應的無明感受」，走！

　　陳A先生終於看到，自己是「一根柱子，在海邊」？還在「無明唯識的以為，堅固相應的迷失中」！一直看著「自己廣大的變化、不變、與不動的感受空間」？完全仍在「無明」其中的，「輪迴迷失」？沒有用啊！

　　所以，「葉女士也是因此自覺的，看到自己累劫相應迷縛？微細的種子」！是這麼的「強大」？這麼的「相應無明中」！長久的，無明其中？迷失「自我相應」的。遮蓋了「自己無明今生的以為，和看法」！

張女士，看到「現象怎麼變化」？但是，她仍然無明其中的？繼續「使用自己的想法？一直在以為」！那個也是「累劫種子的相應」！

　　雖然「以後死了，大覺悟會渡她」！但，如是「累劫的種子」！客觀來看，仍在相應？「無明的迷失，動盪中」？

　　張女士的家族，雖然「因此得到錢」了？不管是「媳婦也好，兒子也好，孫子也好」？但是，那個各自「累劫的種子」？「永遠沒有改變」！等於在現象變化中？「打一針顯相劑」。讓「每個人因此現象，看到自己」？但是，「每個人都仍不明白」？「命運變化的主因」？其實，「主題是張女士，累劫命運中的，福報」？展現！

　　蔣先生「有錢，有什麼用」！「錢，死的時候，帶不走」啊！但是「蔣先生，累劫而今生，思想體的種子」？仍然「繼續跟著他今生的相應現

象？無明的走」！蔣先生的哥哥，也是一樣？現象給他們的是，「一大堆財富現象」？「每個人的累劫思想體的，種子」？卻都是「依然沒有變」？

　　但是「現象其中」？卻是「無常的巨變」。可能的相應，發生？

　　像葉女士，她兩個兒子的「累劫種子，都沒有變」？若「真正愛你的兒子」。就是「要改變他們死後，累劫思想體相應，自受用的空間」啊！他們死後，「累劫而今生的種子昔性等？仍然沒有改變」！「可惜」啊！

　　像黃小姐，這幾天「大覺悟對她講話，都很不客氣」？因為，「黃小姐累劫相應的種子，在現象表達中？都沒有改變」！她跟大覺悟講話，「囉哩囉嗦」的！大覺悟告訴她，「不要囉嗦、不要糾纏」？不要「迷失相應的問」？

　　張女士「累劫種子相應，自然表現出來」！就

是「你的感受、觀念、現象」等！「有錢，就囂張自大」！「沒有錢，就唉聲嘆氣」！真是「無明相應迷失」的，可憐！

什麼叫做「緣起自性佛」？就是你深入，「完全沒有想法」的時候？祂「自然照明中。緣起菩提的造化」？如同，會緣起的，「故意製造現象」等？這個，叫做「緣起菩提，造化」的自然法爾展現！

張女士前幾天「身體，略感不舒服」？送去醫院急診室檢查？結果「根本都沒有病」！卻無明因緣的，造成「以為有病」！因為張女士沒有「平常心」的，自覺故！

「給你錢，好像黃金」？「給你病，好像重病般」？張女士的家族。看起來「好像都很孝順」？實際上，都是「相應種子」的流露？如是累劫「生生世世種子的，展現」！

在「種子，沒有改變中」？看到現象變化的不如意。而「感到非常的傷心」！那個就是張女士？「生生世世的種子」。「相應今生現象」的，自然前世的，展現！原來。自己本來「無明相應的前世」命運？竟然「尚未自覺的，改變」！

張女士看到累劫相應的種子？「依然故我」，無法改變！而那位演員「去救她的小孩，那是累劫愛子的種子展現」？

那位演員「花了一億多，去救她的小孩」？她的「存款幾乎都花光了。為了，救她的小孩」？「回台灣以後，她的小孩能做什麼」？「那個累劫無明，不能更改的種子。仍是種子的昔性」？不能更改的，迷縛啊！

陳A先生的心眼，看到「昔日邪師，像冬天的雪花，當整個太陽出來後，雪花就融成雪水」？從「山上流下來，整座山的泥土，都崩爛掉了，變成

爛泥巴」！

看起來「本來境相的，不動如山」！改天，卻變成「爛泥巴」的慘境？「無明的累劫業報」？真可怕啊！

「昔日邪師無明昔性種子相應的，可憐」？「從小無明的，偷搶騙」？他卻「無明的，看不到自己」！自以為其中。「利用導引術」？他的「累劫種子的相應，卻能擁有巨大騙來的財富」？但是，「累劫種子的迷縛」？都「沒有改變」啊！

葉女士，「知見很充足」？但是卻「沒有真實，深入的做」！仍在「自我相應」的，無明受用中！

陳小姐，這一次「在醫院照顧媽媽，她看到自己很多累劫無明思想體的，貧賤骨頭」！張女士「卻因此看到自己的孩子？累劫思想體的昔性」！這一些都是，「累劫愛子愛孫的祕心」？「迷縛其

中。無奈」啊！該如何「看破不迷」呢？

張女士現在看到自己，「累劫無明迷縛相應的，種子」？相應的展現？所有因緣際會其中？「感受發生了，現象發生了」！

張女士的心，「能否真正的不動」？就是自在其中？真正的「無我、無法、無無常中」？「自然其中的。進入到不動的，精神體裡面」！這個就是「廣大放光的，自性佛」內涵！

大覺悟問陳A先生，「一根柱子立在海岸邊，看著海浪」？「你在幹嘛」？「堅固的行持？那個唯識相應的，種子受用」！他要學「種子相應的，不迷」？「究竟不動」！

應該「不是種子相應，唯識以為的不動」？而是要真正做到，深入「畢竟空」的？「緣起放光」的，如如不動中！

蔣女士，你現在「愈來愈突破？自我累劫種子

相應的受用」！「心境，就會愈來愈好」！你要跟劉小姐一樣？「要突破」！

陳Ａ先生心眼看到，「劉小姐在彈鋼琴，很逍遙，很快樂」！她這個叫做「進入如如，不迷以後的感受」！

但是，劉小姐，她還是「迷於好，迷於相」！還要「再深入不迷的，性相其中」？進入「究竟」？到「畢竟空，完全不迷」的內涵中！

「不用因此彈鋼琴」的？「如此的作為」！仍表示，她「還在執著，性相的迷失」！應「無相其中」？才是「究竟的真理」！

「沒有種子相應」以外，還要「沒有種子相應以後的，空中」！「空中也要無相的深入？叫畢竟空中，無相的精神體中」！「自然自在的心。就很安定」！「標準答案」？則是。「碰到任何現象，你的心，都無相其中的，不動中」！

張女士，你看到了？當大筆財富。「分配給自己的小孩以後」？自然「家族親戚」等？剎那間，都好像「喝酒醉」一樣！

黃小姐，「碰到一個上課的學員。就一直在想相」！因為，「有一個現象出現？就會觸動了黃小姐的無明糾纏性」！想要「了解未來真相的發生」？而產生「相應的疑惑性」！

對於「現象的未來，想要知道，該如何面對的」？那個，就是黃小姐「生生世世累劫種子？無明迷失相應的，糾纏」迷失！應「突破，深入完全不迷失中」？

葉女士，「自尊心，很強」？認為「兒子不能講，先生也不能講」，要「順自然」！但，「不是這樣呆板的，以為的，順自然」啊！

「如如不動法爾現象的，緣起順自然」？是有一個「緣起的菩提造化啟動」！它「有一個造化

菩提現象的，帶動」！「你要分明的，跟它交往圓融的，講話」！你「要跟它交往」？這個叫「大智慧」的內涵！

葉女士，都是「迷於知見種子的相應，自己累劫相應的自我觀念」？都是「無明相應，自己的以為」！她的「以為，還是種子？還是知見」？卻不是見到？「緣起照明的，菩提造化」！

張女士，「給小孩子錢，對累劫小孩子的本有種子，沒有利益」！只有「來來去去，一切自然的現象」？最後，「都皈空」？「錢的現象，到最後。都一場空」！

但是張女士，卻有一個「很有趣的累劫種子」？就是她「對老師尊敬，這叫福報種子」！但是張女士，「愛子愛孫的種子？卻一直迷」！張女士，這一次能夠「土地賣成」？要「感恩自己的，自性佛」造化啊！這是「緣起菩提造化」的，福報

展現？

　　什麼叫做「自性佛」？就是「完全沒有種子的相應？深入無相其中？畢竟空的內涵」！而張女士「愛子愛孫的觀念，這是累劫的傳統？無明的前世種子，在相應」！而葉女士「認為家裡平安，就好」！她「害怕家裡亂，會受不了」！葉女士的「內心，有一個怕亂的種子？在那邊相應」啊！每一個人，皆「不同前世」的種子！

　　她「害怕面對，自心的痛苦」啊！葉女士「唯一的好處」？就是「還有尊師重道的心」！但，那也是「累劫種子的相應」！葉女士，應該「把種子的相應，化成緣起？隨緣的，圓融其中」！

　　圓融什麼？「圓融隨順，現象中。緣起？誰在講話」？是「自性佛製造緣起的，菩提造化？自然法爾現象的，任運」！隨順的，圓融？

　　「自性佛會緣起？出現病痛」！也會給你的

小孩。「很多莫明的變化？不一定是災禍」！到最後，「讓他們覺悟，累劫昔性種子的展現」。「一場空的事實」！但是，它會「因此，改變他們」。真正「佛的慈悲，是要破壞你」？由「累劫無明種子的，輪迴相應」。停止？化成永恆其中？「緣起菩提的，造化」！

　　世間的「大師、上師、無上師、導師、法王」等。都是在講「阿賴耶識種的，相應」！用「佛教的教義、觀念」。在唯識相應的，「教育眾生」！如是「教育」，卻是「累劫相應輪迴種子之間的增加」。卻沒有「實踐行持，沒有種子相應的無明輪迴，停止？工夫」！就「不可能，累劫無明種子的，轉化」？

　　所以，「來世間，白來一場」？「在世間，白迷失一場的？「繼續累劫思想體的，無明輪迴」！

　　像世間的「大企業主，來世間，他們的福報。

是累劫的種子迸放出來？讓他們有富貴」！這也是「累劫種子，自然相應的表現」！不能說「種子不好？但它卻是累劫的，相應福報」！

釋迦佛有「累劫的福報，祂卻把它拋開」？這叫「現象的拋開」！然後，「在六年苦修中，祂進入，得到什麼」？「覺悟累劫種子，相應的不迷」？就因此，見到「十法界的出生」！在「種子相應不迷中。到阿羅漢」！再「不迷不思議，與一切因緣的不迷中？進入到辟支佛」！然後，「不思議，再不迷，到類菩薩」等！「再不迷，到類佛」！

這「一切的不迷？都是相應累劫，細微種子的，再不迷」？再「突破」！

「十一法界，當下超越」！直接進入到，「當下，畢竟空」！就是自在的，「緣起」照明中！

像張女士「不知不覺，進入到緣起」！但是，

「她的種子，卻依舊」！葉女士的「種子依舊」？「愛子愛孫，愛先生」！「怕痛苦，怕亂」！如果，要因此。「緣起自性佛，由自在其中。作主」！不是「自己的相應以為。在作主」！

　　大覺悟問陳A先生，「看釋迦佛的種子，看到什麼」？他說看到「三個金黃色的字」。叫做「再來佛」？

　　「再來佛，就是過去的佛？再來」！「再生，就是過去已經成就了，如如不動的佛」？分化一個「精神體」？「再來出生」！在「當下現象變化中？自覺生出」？「如何不要相應迷失的，當下？與累劫無明種子相應的，受用中」！當下其中？「無相真理」的，展現！

　　「再來與再生」不一樣？「再來，就是祂的位置，本來就是佛」。祂「依然是佛」！所以，祂「修道的時間很短」！

「再生，就是從頭到尾？要把十法界翻過來」！就「在現象中？讓大覺悟吃盡苦頭」的，「當下覺悟」？「究竟絕對真理的，成就」！

　　所以說，張女士「他們家族，這一次有錢」了？雖是，「不見得好」？卻是「好現象中」？累劫種子，自覺的相應。「其中受用，無相真理深入的，淬煉」？惟「大智者，能見緣起」造化的？展現與因緣！豈非？

　　張女士「現在覺悟了？原來自己的受用？是自性佛安排的假相」？來「淬煉，勾引」？自己的「兒子與女兒」等淬煉！但，有的是「真心？有的是假心」！

　　他們心裡想？「無明其中的，想相」？都在「內心中，盤算」！所以，「不要聽人家，怎麼講」？要「看人家，真實怎麼做」！一切「皆是，自然的造化」？

「大覺悟的財富」？是要「經過眾生的昇華」？與作佛的過程啊！大覺悟「以後的財富」？仍是「一場空」的，世間因緣！會「自覺本來空幻」的？「不知道怎麼用」啊！

　　但，大覺悟要「幫忙很多人」！所以，以後會「成立財團法人，基金會」？「護持正法的？印書送人」等！與「廣大的布施」？

　　「今生，一切帶不走」！但是，「大覺悟的書，仍然要繼續，流傳世間」？「廣大的，幫忙很多人的究竟覺悟」啊！

　　重點結論。「眾生今生所有的造化，包括身分、地位、財富」等？包括「今生的不好」等？這些都叫「現象」的變化！「來源」，是什麼？皆是「累劫思想體的種子，在相應的受用中運轉」！

　　今生「百年人生，很快就過去」！「時好，時壞」？就好像「做一場夢一樣」！但是，「累劫種

子，而今生的相應」？卻沒有改變！生生世世「皆注定，繼續迷縛。無明相應的。繼續輪迴中」！

所以，釋迦佛「講停止輪迴，是對的」！「停止種子迷縛相應的，運作」？但是，祂卻沒有「講得很清楚」？

所以葉女士，如果「真正愛你的小孩、先生」！在緣起製造機會中？你就「運用，緣起的造化？叫圓融順勢的大智慧」！

張女士應該高興，她看到了。「原來，她給她的家族，廣大現象的改變」？「大家的累劫種子，卻還在無明相應的，迷失中」！

真正要給他們的是？「讓他們累劫的無明種子相應」？「全部無相的，超越其中。死光光」！這才是張女士「要給他們，最高破相究竟的，慈悲和愛」！

大覺悟過去，已經「幫忙渡化張女士的先

生、大女兒」等？還有她的「爸爸、媽媽，以及弟弟」等！但是，今生中，「兄弟姊妹，都是迷失今生」！世間的「錢？都帶不走」的！那卻是「累劫無明種子相應，今生的自然命運展現」！

今生的「愛恨情仇，帶不走」？今生的「好壞現象，帶不走」？但是，每個人「都在迷戀自己，累劫思想體的輪迴種子」？如是無明的，「繼續輪迴」其中！

蔣女士，就因此看到了。「今生的身體，只是一時的現象」而已？你的自覺，「累劫的無明種子，相應的受用」？現在覺悟了！完全，不要其中？「不要所有的感受、觀念、哀怨」等！那就是「真正沒有種子的，迷失相應」！

陳小姐「在這種現象中」？也是「在這受用的相應裡面？把自己累劫的種子」。完全的淨化！

葉女士，以為自己「今生這樣，很好啊！那是

無明的知見」啊！只是「累劫無明種子相應的，繼續」！怎麼「會是，真正的佛」呢？

劉小姐，「連自己是什麼？都不明」！只是「自己在那邊彈鋼琴」而已！就是說「很快樂，很逍遙」！但是，「還沒有究竟其中」的，「無相廣大光明體中」！

「很多大師，所表現的一切法」？都是「種子相應法」！這叫做「無明相應的，輪迴法」！「繼續無明的輪迴」？「永遠出不了，三界的迷失」！

世間的人，如果「不能真正，覺悟這樣」？不如在家吃喝玩樂！很多「大師都是自己，騙自己」！都不知道「生命，到底的真理。是怎麼一回事」？

釋迦佛的「究竟精神？不是三藏十二部經典」！三藏十二部經典，是「相應祂弟子們的程度，與問題。而回答」的！

真正的是，釋迦佛「內心的覺悟」？如是其中。到底的「真理」！是什麼？就是「畢竟空中。絕對自性佛的，無相精神」內涵！

　　什麼叫做「無相的精神」？就是「一切感受、觀念、現象」等。一切「十一法界，皆是完全無所得的，一場空」！我不應該「執著、迷失、相應」其中？我應該「當下其中。看到它的緣起」？如是。「當下的，緣起」！這個「很重要」！

　　葉女士，你沒有「當下緣起」其中？你都「只見到，自己無明相應的以為」！你只見到「自己累劫種子，自然相應的無明」而已！

　　黃小姐，遇到「現象出現，有上課的學員」？她累劫迷失的種子、好奇的種子？就一直「起來勾引黃小姐，跟它走」！

　　黃小姐的「昔性就是這樣」？「很糾纏，很會想相」！自己都「搞不清楚，自己在幹」嘛！怎麼

會夠格？「跟別人明白的交往。與處理事情」？

　　蔣女士，你的「身體，就是一個相」？就像「蔣先生的財富」。只是一個相？是一個「迷失」！蔣先生的兄弟，「完全在迷失現象中」？那個「累劫種子的相應，完全沒有改變」！「死了」。「繼續累劫思想體的，輪迴」！應「突破，究竟無相」。才是「真理」的實踐？

　　大覺悟發現，「要渡人？能渡到累劫種子相應的自覺」？就已經很好了！達到「天部的淨居天」，就已經很好了！

　　大覺悟「寧可渡那些，主動跟著大覺悟走的，貓狗」！大覺悟卻都「渡牠們到，無餘涅槃而滅度之。佛部」！

　　昔日邪師「所有的一切法，到最後？還是在累劫迷縛相應的種子中」！這叫「相應輪迴法」！

　　包括當前的「法王等。也是在相應種子法

中」！還是「迷縛知見種子，相應的傳道」啊！

「明白種子的，因緣受用」之後。才會「離開種子相應的迷縛，而自覺」！然後，覺悟其中。「才會緣起自性佛」！

葉女士，「你的現象，有時候會主動找你。甚至跟你對立」！那個「對立的本身出生」？「不見得是，壞事」！有可能是「好事」？

你若能夠「跟它面對，圓融」？這是「很高的自覺，與工夫」！

「有錢，不見得比沒有錢幸福」啊！只是「以為你好像有錢」！那個「累劫相應的種子，才是關鍵」啊！不要「以為世間好，才是一切好」？「錯誤」！

你的「累劫種子，沒有改變」？還是「貧賤的內涵」！在「自我迷失中，活在其中，不知其中，還迷在其中」？真是「無明思想體」的，「迷縛，

輪迴」啊！

「本來無一物」。就是「本來沒有，無明累劫種子的相應，與糾纏」！連這個，都「沒有辦法講出來」？「那些大師，真的是迷縛，無明其中」？在「著相、迷相」其中！可憐啊！

難怪「世間宗教，都在唯識知見之教育其中。迷失每個人」？關鍵是「種子的相應，知見的以為」？不僅僅是「知見理論」的，迷失啊！也不僅僅是《瑜伽師地論》所講的，迷失「相應」啊！那些都在「無明其中的迷失」啊！

「論啊！如是唯識」。「論種子。叫相應法」！它在「論阿賴耶識，有多麼強大的，相應力」？即是「唯識的無明」其中！

張女士，認為自己「有錢了」！但是，這個「累劫種子的相應。碰到有錢？就自然生出這種不同的感受」！「沒有錢的時候，自然就唉唉叫」！

這一個「累劫生生世世，自然帶來的。累劫迷縛相應種子的，劣根性」！卻「依然長久以來。沒有改變」啊！

「給你錢，跟不給你錢」，都是「一樣的，變化現象」！但是，你「生生世世到今生的，累劫種子」？仍都是「無明其中，相應輪迴的，展現那個個性」！如是無明其中？「累劫的輪迴」！

大覺悟的道，就是告訴蔣先生？你一直在「累劫種子相應的，迷失中」！「迷失在自以為的，感受中」！你一直在「詛咒大覺悟怎麼樣」？但是。「大覺悟，仍還是大覺悟」啊！

蔣先生的「無明累劫，相應種子的以為」？就仍是「蔣先生的詛咒無明」？與「因果報應」其中？看不到「真正的佛」啊！因此。永遠「沉淪自心，迷縛無明相應種子」？「地獄的受用中」！

張女士「看不到自己的個性」，是怎麼出來

的？她連「自己的本性受用，都看不懂」？如何「看得懂自己的子孫」！所以「大覺悟，一直叫張女士」？「不要動」！「有錢沒錢，都不要相應迷失的，動」！「累劫的種子。沒有改變？沒有用」！「種子要改變，無相其中」？要「作佛其中？才真正有用」！

古先生，發現天上天下。這個世間？從來沒有聽過，「有人講出這麼，真實的話」！這麼「簡單扼要」？他從「自心自覺中？真正的佩服」！

蔣女士，你現在發現到，「自己的種子無明相應受用？有問題」！才產生你「現在身體的毛病」啊！像「劉小姐已經沒有那個種子的，相應迷縛」了？因此，「還會彈鋼琴的，很快樂」啊！享受「沒有那個種子，無明相應的，快樂」！

大覺悟就是「要在大家的面前，不給黃小姐面子」？她才會「自覺的改」！因為「要很謙虛，客

氣」的？才能。「無相自覺」其中！

　　蔣女士要覺悟「自己的身體，本來就這樣」？今生能夠「透過生生世世累劫的，種子相應。展現生生世世的，病痛」？在「從此不迷中」！我「自覺的，覺悟」！把「累劫迷縛相應受用的，種子」？究竟的。「掃光光」！

　　本來「不好的身體，透過現今的醫學。要把它變成好的身體」！劉小姐就是一個例子？她的身體，「本來還在病痛中？但是，她覺悟了。不要種子的迷失相應」！因此，自然。「身體，就自然相應其中？改變，而健康」了！就是「這樣真理的，原因」！

　　張女士，現在知道了。「給她的子孫與家族，錢」。自然，給他們。「一時現象的，變化」一樣！人都是因此這樣？「一時，在得意中」！

　　你能夠因此。「真正的覺悟」？「有錢沒錢，

都一樣」。皆是「現象一時的，變化」而已。唯有「種子，有沒有自覺不迷的，相應」？

　　如是。自然緣起？（陳小姐：一開始講張女士家裡的事情時。我「好想睡覺」！我的眼睛雖然閉起來。但是，「我的精神，仍然有聽大覺悟說話」！可是，我一直很想睡覺。）「很想睡覺？那是你「自然相應無明其中」的，「阿賴耶識種子的現象」！

　　當「大覺悟在講，張女士的家人時？那是一個現象」！勾引出你「生生世世累劫無明種子的，相應展現」！張女士的現象，叫做「煩惱種子，無明相應思想體？繼續輪迴的展現」！你的「無明種子，也跟它平等迷縛的相應」！

　　（陳小姐：然後，「講到釋迦佛的時候，我整個人精神都變好了」！）對啊！「祂是光明。祂是再來佛」！

講到大覺悟時？（陳小姐：大覺悟整個人都是銀白色的，跟空間，都融合在一起！）就是「大覺悟，廣大平等的，自性佛，就在空間中」！

　　「三世一切諸佛，就是自在其中的，佛」！大覺悟「在空間中的，當下中。再生出，究竟絕對的佛」！

　　陳A先生的「心眼，看張女士的女兒」？看到一本書寫「王子」。所以，「張女士的女兒。卻有那個福報」！（陳小姐：「金黃色的空間裡面，生出銀白色，跟銀色的空間」！）張女士，你女兒以前「對大覺悟的尊敬」。所以，有「法王子的，智慧福報」！就是「有菩薩的內涵」！

　　她的心中「攝藏有大覺悟的，光明種子」！那個累劫而今生的，自然攝藏的種子。會「轉動她」？以後「她會自然的，改變」！

　　張女士的生生世世，就是「很尊敬佛菩薩」？

但是，她卻被「累劫自己無明思想體」的感受，迷了！張女士的子孫。「每個人的自己」，都有「各自的命」？張女士希望「大覺悟，能夠渡她的小孩」？以後「大覺悟會渡他們，到天部」！其實，能夠「到天部」？已經是「很好的，福報」了！

（三）「究竟平等，如夢幻變化十一法界。體性相」的內涵！即是「無相真理，廣大絕對光明體」的，真實自在！亦是「緣起廣大的，遍照放光」！

　　黃小姐，你看現象界的一切，「有白天，有晚上」？但是，你的內心世界中，卻只有「無明相應迷失」的，「感受和想法」的變化！

　　而「真理的事實，卻是絕對無相。廣大精神體，深入畢竟空」的。「究竟不動」自性佛的，內涵！

　　所以，相應其中。「內外，一切的現象和感受」等。都是「如夢幻的變化」！但是，它「本來的面目，卻是沒有變化的內涵？是畢竟空的真實」！

如果能夠，「覺悟到這個變化。和沒有變化的，當下」！如是「相分」。「生出，與不生出的變化。性分」等！皆是「當下其中」。「本質的。平等」！

　　這個，「究竟真理的覺悟」？「當下，如是無相的。精神體性相」！皆是「究竟平等的，精神內涵」！叫做「究竟平等的，真理」！

　　「有變化，就有相」。「沒有變化，就沒有相」！所以，它的「究竟真理」？就是「廣大無相的，精神光明體」內涵！

　　可是我們卻迷失在，「無明種子的，累劫相應」？與「輪迴的受用中」！如是「無明迷失的，套牢」其中！卻是「迷縛受用迷失，相與性」的。「夢幻變化」其中！

　　所以，時常輪迴「無明迷失夢幻的，套牢其中」！回皈，「相與性」的，相應變化中！卻「不

知覺的，迷失累劫種子相應的。受用其中」！

　　這一些，都是「無明輪迴。迷失的，性相」受用！這一些，都是「夢幻受用的，迷縛」！自然廣大其中。繼續「無明的輪迴」！

　　大覺悟經常跟陳小姐講。你在今生中，「所有人類、所有眾生，包括世界與台灣」等。包括「你的家人，你的父母」等。看起來「和你都有關係」！這叫「無明其中」，「迷縛現象的變化，套牢」？如是。迷失其中？「世間現象的，以為」！

　　但是，「真正其中，生死存有的，生命實質」內涵！卻是，「整個無相的生命」！與「畢竟空中的本質」！

　　就只有真實其中？「自在的，生命與內涵」。與「自己有關係」！

　　如是其中，當下。「究竟的真理」！而你卻長期無明，「迷失受用夢幻的，迷縛中」！「長久的

迷縛，在無明其中的輪迴中」！

　　如是。迷縛其中。「簡易、不易、變易」。這「三個易的，夢幻變化現象。與受用中」！

　　從「不變，到簡單的變。再到廣大的變化」。都是夢幻其中？「變化相與性」的，轉換！

　　所以，「執著這三個相與性」的，改變。就是在「受用性相，無明夢幻的迷失套牢。與無明其中的，輪迴」！

　　就是「迷失無明，在長久受用」。如是。「無明阿賴耶識的相應，輪迴空間」的現象等！這就是「無明迷縛，受用無量宇宙，與一切變化現象」等。與「受用的內容」！都是「這樣」！

　　如是其中。如果能「當下，進入到自覺？生命的真理」！「看到，整個光明透明的，真實空間」！那個叫做「無相精神體，真理」的內涵！

　　那個叫做「絕對真理平等」的，內涵！那個叫

做「廣大的光明體」？與「廣大遍照放光」的，展現！為「三世諸佛，同體智慧的。真實內涵」！

　　陳小姐，「所有人的現象，與今生因緣」等。「跟你，一點關係。都沒有」！到最後，將發現。「你跟累劫夢幻輪迴，受用」？如是「相應種子的迷失。和套牢。有關係」！

　　然而「如夢幻」其中。你若能「深入自覺」。當下，這個「累劫無明受用。而今生的迷失」！你就能「因此，當下。真正的見到」？「當下的，究竟真理」！

　　就是「究竟自在其中」？「廣大的放光」，與「廣大絕對的光明體」！如是。自在當下？「廣大的，無相平等」！這個內涵。叫做「深入究竟，絕對的真理」！

　　所以，「到頭來，將發現」？整個的「生命空間過程。跟誰有關係」？原來「究竟的自覺」。回

 生活的大智慧：進入自性佛【真理學‧輔助深入版2】

皈「究竟的自在」？與「究竟真實自性佛」的，覺悟。有關係！

黃小姐，你有深入？「真實的體悟」嗎？如是。當下。「夢幻百年人生中」。究竟真實的，自在其中！

如是當下，「無內無外。究竟離性相」。而「無性相」的？「究竟體的，真正平等」！

這就是，當下。「廣大生命其中」！「絕對真理」的，內涵！

但是，無明的往昔其中？「累劫迷失受用。相應輪迴中」！如是。長久迷失，在無明的「感受、觀念、現象、以為」受用中。變化中！

所以，「碰到相應現象，與事情的迷縛」時。當下，就無明其中。「一直處在，迷失受用的亂中」！那個叫做「無明受用迷縛的？套牢」！

曾經「往昔，定身大覺悟」？「如是受用定身

其中，往昔的無明」？彰顯「昔日邪師導引的，屬害」？因此，「昔日邪師，經常彰顯定身法」的作用？表達大覺悟，曾經「無明輪迴受用的，迷失」過程！其實「如夢幻，迷失受用」的導引，皆是「本來無一物」的一時迷幻！

　　豈不知。深入究竟的「覺悟中」。當下，「如夢幻受用其中」的無明！整個皆是「內外平等」的，「無我、無法、無無常」的內涵。與「真理的絕對」！

　　如是「無量宇宙」，都是在「如夢幻諸相」的？究竟的，「絕對平等中」！

　　當下，你若能「覺悟的，深然進入，絕對中」！當下，就能「發現其中」？只有「廣大當下的，自在其中」！「全體皆是，絕對的整個」！究竟「真理的光明體」？有關係！那有「夢幻諸法的，存有」！

「一切萬法，何況定身法的導引」。皆為「一時幻相」的，迷失過程！如是「幻如平等」，事實的彰顯？

　　所以，若能「不糾纏一切」？處在「無一切相的，迷縛，與迷失的自覺覺悟」！

　　如是。「好壞、利害得失、是非善惡諸性相的，究竟無相平等中」！豈有「定身法幻術」的導引，使用？而「彰顯如夢幻受用中？騙人，騙法」的。「巧妙障眼」乎！

　　碰到「任何現象，與事情」時？都能「因此進入自覺」？「究竟諸法，如夢幻受用的，覺悟」其中！如是。才是。真正「無相」、「真理」、「絕對」、「平等」的內涵！

　　豈有一時「定身法，導引迷信」受用的，茫然「夢幻無明」乎！深入。否定「導引」？則「一切定身法」。皆是，「無相其中」的真理！

「當下，自然一切夢幻相中」！自然「心，都不動」！就「自然能夠，處在廣大真理真實的，光明體」自在中？與「遍照的廣大放光」緣起中！

　　能夠因此隨順，「自然法爾的緣起」！因此「任運自然現象」的，「圓融轉化」！成「吉祥如意」真實的，全然！

　　豈有「昔日邪師夢幻，騙術？騙取一時信入導引的，使用」？因此能「一時夢幻的，定身」！而「無明迷信，受騙的幻騙」乎？

　　到最後，「真理的真實，終於自在其中」的？展現「究竟的，自覺覺悟」了！「定身幻法的使用」？為「騙取，信入」其中！因此，能騙取？「無內外幻術導引之巧妙」。

　　其實，「跟任何性相等幻法。都完全沒有關係」！只有跟「無相的真理，跟三世一切諸佛」等，究竟平等？如是「幻如平等中」。當下，「究

竟大覺悟的，深然內涵」？

　　如是「智慧同體中」？自然「妙見定身幻法」，與「深入的迷信」導引？有關係！

　　因為，「能因此自覺？進入到，如此究竟的覺悟」！當下，自覺。往昔邪師「幻法騙術之導引」？其中「不信者，則不受導引」！而「定身法，不成」矣！只有「深入究竟平等」的自覺？自然萬法，皆是「永恆、真理、平等、無相、絕對、光體」的內涵！

　　如是因此，「廣大其中」？自覺究竟「三世諸佛，就是平等其中」！進入到究竟，「廣大光明體裡面」！

　　當下，因此「活在人世間」！卻不被「人世間的一切現象、變化、利害得失等幻法？所迷惑」！卻是「自覺自在其中」。究竟真理其中！「祕密深入，當下自在的，自性佛」？如是。「廣大的涵養

中」！

　　所以能突破，昔日邪師「利用無明幻術的導引」？當下。直入「究竟光明體」的本質！就是「幻如平等的，自在其中」？「永恆、真理、不動、無相、平等、絕對、究竟」的，真實內涵！

　　當碰到「任何事情」？就緣起「直接進入，當下自覺。圓融隨順？自己的心中」！進入「大覺悟，所講的無相真理，與無所得的內涵」！

　　自然，「自在其中」。如是「究竟的自覺」！你就能成功的。「破相，往昔的無明」了！就會自然產生，「自在廣大光明體」？與「自然遍照的放光」緣起！

　　能夠因此，直入廣大「真實光明的破相」！自然其中的，「轉化夢幻的一切」！包含廣大內在身體的，「氣、脈、明點」等？「平等萬法，一切諸相之通暢」！

「自然法爾，任運中？產生吉祥如意的圓滿」！和「廣大現象吉祥如意的？自然法爾」！

累劫「無明當下的，廣大其中」！卻是整個幻如平等中？自在廣大。「永恆真實的，光明體」！開始「緣起，遍照的放光」！

就能因此，「自在其中的，無相？不動其中」！「永恆的，在放光中」！這個叫做「究竟禪定般的，自在其中」！自然因此，「廣大的，同體智慧」。緣起！

這個叫做「如是廣大其中，全體緣起的，放光遍照內涵」！這個叫做自見緣起？「究竟絕對其中，廣大放光的真理本質」？自然廣大「破暗為明」的，轉化？展現！

所以，「堅固自覺，自在其中」的，自見緣起？不迷於「如夢幻泡影的，無明相應受用？簡易的變化，與繁雜的變化等，迷失的受用」？這些都

是，迷失受用「變化的相」？以及相應迷縛？「生出和不生出的性」！

這些，你「都完全受用的，不迷失」？捨離「累劫無明種子受用的，相應」！就能當下緣起？「平等其中」的圓融隨順？進入到，「絕對究竟，放光遍照。真實的體中」！

如是「廣大真實的，全體」？皆是「萬法如夢幻，十一法界的，當下平等」！這個叫做，「深契自在其中。緣起廣大真實，究竟真理？廣大放光。無相精神體的內涵」！

什麼叫做「真實」？這個就是，「畢竟空平等？真實的內涵，與真理中」！如是「平等，如夢幻的往昔無明」？與「究竟的實相？無相精神體的真理」！如是。緣起。「廣大的，究竟光明體」！和「廣大的放光」！

就能因此，「自在其中」的，進入「絕對真

生活的大智慧：進入自性佛【真理學，輔助深入版 2】

理」？與「破相其中，究竟平等」的？「自在」
裡面！即是「廣大自在其中的，緣起菩提造化」。
「得」之中！就是這麼「簡單」！「究竟當下，全
體」？無相究竟，「真理的實踐」！

　　大覺悟，從「以前到現在，所講的一切」？
到最後，就是回皈，「每個信入者」。都「因此自
在，萬法如夢幻的，回皈」？「涵養自在，究竟無
所得？回皈，自心中的。自性佛身」！

　　如是其中？什麼是「自心中的，自性佛身」？
就是「實踐深入。緣起」？究竟「無相、真理、光
體、不動、平等、絕對、精神」的，特性內涵？
「本質中」！

　　所謂的「改命」。就是「累積、不斷的破
相」？與「轉化」！如是。「十一法界，其中」？
「不斷的突破，與躍升」！

　　「改命」，就是「自在的做到」？「自覺無

明相應諸法？如夢幻的破相」。與「突破」！如是
「回皈究竟真實，絕對真理的。緣起突破」！到最
後，回皈「無相的，究竟實踐」！就是「當下，其
中」？「自在其中的。究竟真理的，緣起展現」！

　　而「真理」的實踐？是「真實其中的，自
在」！如是廣大光明體，「究竟的改命」！它包含
著「不斷而漸進」的？破相「無明種子的相應」！
如是「識空，而識空空，更而空中，畢竟空的究
竟」？累積涵養的「改命」！

　　「改命」，即是當下，「實踐自在」！「漸進
真理實踐的，內涵」！而「真理的內涵」，是「無
相畢竟空」？「真實受用的，緣起實踐」！如是。
無一切「思想、觀念、相應」等的限制與迷縛？廣
大的「突破，與超越」！

（四）「如夢如幻受用中。自覺破相的，
　　深入」！因此，「累積排毒的涵
　　養。如是。畢竟空受用。實踐」
　　的，完成！

　　深入「完全不相應的，受用中」？進入「自
覺，緣起」的菩提造化？因此「排毒的涵養，畢竟
空」的完成！

　　黃小姐，當下「照明，目前受用如夢幻相
應」。無明「其中迷縛的，錯誤」！這是「自覺其
中，往昔無明迷縛最好的機會」，與突破！前陣子
請你，建置「大覺悟工作室的，微博網站」時。你
「自然莫明昔性受用中，莫明用自己的英文」名
字。

　　如是。「莫明賴耶種子的，相應受用」？不知
覺其中，「茫然的使用」！「迷失其中受用，失神

的錯誤」了！

犯了什麼錯？自然「累劫莫明的，無明種子相應」！突然「相應展現，昔性的受用。迸出來」！展現「無明的相應」！

在迷失的「錯誤中」。你又「不敢講」！「隱瞞，不敢講中」。也是「累劫無明種子，涵藏無明的自然？相應的受用」展現！

這段時間，「所有的想法，都是自然相應」？迷失其中「累劫種子的相應受用中」！如是。「迷縛其中的，相應」著！等大覺悟發現時。「再講」！結果，黃小姐「被發現，其中的迷失」！卻因此，「慌慌張張的，心都亂了」！

黃小姐，你現在應該「要把自己所有的昔性，自然相應的，累劫無明其中？感受和觀念等。自我無明受用的，捨離。與突破」！

自己，「因此分明的，自覺其中」？「積極突

破，自己出生以來，所有無明的，受用迷失」！如是展現，自然「你的生命、感受、和思想」的，今生流露！

都完全的，「不要迷失其中」？如是。「往昔」。「無明的受用」！如是「長久，累劫而今生的種子」。「迷縛相應」的受用中！都「完全不要，迷失相應受用中」！進入「深契，完全破相的自覺」。「不迷中」！如是。做到完全「畢竟空的，受用」。與「自性佛的，究竟」內涵！

在實踐中。從「識空」，到「識空空」！再深入，到達「空中」。再到達「畢竟空」的內涵！

自然其中的，「究竟受用」！就是「深入其中，畢竟空」的內涵！所以，你要做到，如此「四段工夫，內涵」的。超越！「否定、否定、再否定」！

譬如講，「自我相應萬法」？因此自然，「對

立相應的，受用」展現！自然「無明其中，受用其中」？就「見到無明。從小以來，受用」的相應。深入「無明的受用中」！如是。「自覺的想中」！這是「誰」？

　　這原本是，「本來累劫種子，自然展現迷縛受用的，相應」。因此「無明迷失，今生相應受用的，我」！如是結論，深入「自覺」！「不應對立」的，突破！如此。「真正能深入，究竟絕對平等的內涵」！才是「當下，究竟真理」的展現！自然，「如是緣起」的。放光造化！

　　然後在，「累劫受用，輪迴的迷失中」！這時，若能因此。「自覺深入分明」的？受用其中！

　　深入「實踐。究竟的不迷」？「不要、不要、再不要中」！就是「深入」，當下，「因此受用中」？能「自覺分明的，明白」！如此。練「自我的明覺」！因此「萬法其中」？「超越受用的。究

生活的大智慧：進入自性佛【真理學，輔助深入版 2】

竟突破」！

　　葉女士也是一樣。她以前「罵人」，是專家！罵人時，就像「長程炮、飛彈、還有核彈」般的厲害！但是，她「現在知道」。「不應使用，相應累劫無明種子」。如此迷縛的，「受用迷失」！全部「都不要」使用！

　　如是本來。「迷失其中，相應受用的自然使用」！進入，回皈。「覺悟自在的，深入本來無一物。自覺的分明中」！深入，「真正自在」的實踐！究竟「畢竟空受用」的，內涵！

　　黃小姐，「大覺悟講你。不是罵你」！是「真正用心的。緣起放光」！如是。「緣起的照明」！你現在因此，莫明其中的？「感到哀怨、或自責」，累劫「涵藏種子的，相應」展現！這些，皆是「無明的受用」！「不要因此，迷失其中的。使用」！

「如是無明，相應其中」？「無明使用的。受用迷失」！「如夢幻泡影」般的，迷失！就好像，在「作夢」一樣！

　　你在「夢中，被我講」！「講你」的。和「你被，大覺悟指正」的！都是「百年人生中。一場空的，受用」！像一場「夢」般！要「練這個，無明相應受用的。自覺分明」！如是「真正，不迷的自覺工夫」！

　　你要因此，「受用迷縛相應，累劫無明種子的，看破」！與「自受用，無明之不迷失」！而因此「自覺其中的，感恩」！

　　當下自覺，有這個「錯誤受用的，無明迷失的表達」！「才可以，因此自覺分明。出離的，突破」！如是其中。「自無明迷失，迷縛受用」的？「究竟自我受用的破相」，自覺！

　　現在，再「回看」！這段期間。「做錯了，

卻不敢講的心態」！「傻傻的，迷失其中」！這個就是，「莫明累劫種子」，「受用無明相應，其中的。自然顯相受用」！

其實「錯。卻不是錯」！那叫做「累劫種子，無明相應受用，迷縛的。自然顯相」！

若能，因此。「無明自受用迷縛的。迷失」超越！如是。累劫「無明相應受用」的，自覺突破！自然因此，深入「自覺破相」的！無明「迷縛套牢、與迷失」的。「真正突破，與超越」啊！

黃小姐，在「迷失受用相應」裡面。你會「自然迷縛其中」！如是因此，「自然相應。累劫種子受用的，惶恐不安」！

自然因此，莫明「累劫種子相應的，受用迷失」。「自然相應」起來！然後，自覺見到。「空間中的顯相」。卻說「不對」！而「自己的迷縛，又堅持」？「這是，對的」！

然後，「在其中」。又把它「藏起來。躲起來」！經過「三個禮拜的，煎熬」！在「莫明，想東想西中」。這些「無明迷縛累劫的，相應受用」。都是，「自然顯相，堅強無明的。表達」！

　　如此明覺。「累劫種子，如是無明的相應」！與長期無明其中的，「自我以為」？

　　「自己在看。卻迷失相應其中」！「生生世世，而今生。無明受用之相應」！展現「迷失自受用的，電影般」！如是。自然其中。「碰到現象時」？自然「無明受用的，反應」？

　　那個「無明其中，受用的反應」。如是的，「受用的表達」！就是「本來的，迷縛深藏」？累劫「無明迷失的，本來命運」啊！

　　如是。「累劫無明相應的，自我受用」！一直在「想相、變化、和遊戲受用中，輪迴」著！那個就是，「無明相應受用」？「累劫而今生的，

我」！

　　卻是「無明其中」。「無明的，相應迷失中」！一直在「自然相應的，迸放」著！「迷失相應，受用的。表達」著！

　　如是。「累劫無明的，思想體」。自然的展現！「故事很好，很精彩」啊！這段期間，回看？卻一直在「迷縛受用種子中，無明相應的，演戲」著？「演給自己」看！也是「演給，大家看」！

　　大覺悟「卻把它緣起照明的。真實生命過程的，講出來」！

　　在緣起「照明受用中」。「因此自然現象的，表達」著！「累劫而今生。迷縛相應種子受用，展現」！「如此自然，表達」著？「無明相應。累劫迷失種子的？現象與命運的，無明受用」！

　　因此「思想體中？自覺。自破相」的！「迷縛相應其中受用的。展現中」！在「深入，自覺」。

「完全，不迷失的深入中」！卻能因此，見到「廣大破相」？而「畢竟空受用」的。究竟工夫？而「逐漸的涵養」！

現在，從「識空」。到「識空空」！「識」，就是「分別，與糾纏」！從「糾纏相應，受用其中？見到突破其中的，內涵」！因此，「逐步的，破相其中」！「深入，完全的，不要糾纏」其中！如是。深入「識空空」！

就是「無明相應糾纏裡面？深入，完全不要迷失糾纏」其中！再深入「破相」其中？進入「更深的，完全不糾纏中」！然後還要，「再深入的突破，進去」！如是。破相的。深入「空中」！

進入「完全沒有的。再破相中」！「突破其中」的，「完全沒有糾纏，迷失中」！就是《心經》講的。究竟「空中」？無相的內涵！完全「無受用，無迷縛諸相」的。「究竟無相」，內涵中！

「空中」以後。自然，能「廣大照明中」！會「自然緣起，見到」。顯現「菩提造化的，變化現象。與自然法爾的，諸相」！如是。「究竟完全的，不迷失？破相的，完全不糾纏中」！

　　這叫「深入其中」。「畢竟空，受用」的涵養！當「自在其中愈來，愈堅固」時！自然「整個，就是廣大光明體」的。緣起，「放光展現」！

　　葉女士，你目前的內涵。就是要「練這個涵養」！如是「當下，自覺破相工夫的？真理涵養」！要練「當下其中。更深不相應，迷失的。破相」！堅固「無相其中」？「緣起究竟的，涵養」！

　　連累劫以來，「迷失的迷縛」？或者「迷失無明套牢的。受用」！也要「究竟不相應迷失的，超越」！與「破相」！

　　只有當下。「畢竟空的，內涵」！就是究竟，

「完全無相的，無所得」？廣大「緣起的，菩提造化」！

　　黃小姐，你現在「回看？廣大迷失的受用」！「自然，相應出現」？所有「累劫，輪迴無明種子。迷縛相應的。感受和觀念」！都「完全不要相應其中的迷縛，與糾纏」！

　　只有「當下的，畢竟空」面對？與「緣起的，菩提造化」！

　　那就是，進入到。「完全沒有累劫種子。今生相應的迷失受用。與糾纏」！這本來，「無明輪迴其中？世間的一切。都是如夢如幻」的！皆是「迷縛的種子。自然相應的，受用迷失」！跟「無明現象其中」？「相應迷失的，糾纏與受用」！

　　如是。產生輪迴繼續的，「如夢如幻」！諸相「現實般的，受用迷失」！如是深入？「自覺其中無明受用的。覺悟捨離」！

因此，當下見到？「如夢如幻，相應無明其中的。自覺受用」緣起！如是。「關鍵」點？因此「自受用中。完全破相，深入無相的絕對」！完全「當下其中」。自然隨順？「緣起的造化」！

「深入究竟真理的，受用中」！「完全沒有無明種子相應迷失的？迷縛相應」！就「沒有，如夢如幻其中的」？「輪迴迷失，與受用」！

當下「深入」？就是無相？「自在其中」！「空中。與畢竟空的，受用」涵養！當下？「自然廣大。無我、無法、無無常的內涵」！「自然其中，廣大的緣起」。「放光中」！進入「深然受用？廣大現象緣起」的。涵養中！

等到，「回皈，究竟」？緣起「廣大的光明體」！如是「自在其中」。廣大放光？「安定，與堅固」。以後！自然的，緣起「菩提造化的現象」？如是。「究竟的，受用」。造化！

所謂「究竟的受用」！他的「感受和觀念」內涵中。完全沒有「無明種子，相應的迷縛」！就是「完全深入」，「識空」、「識空空」。與「空中」、「畢竟空」的受用！「都完全，因此。畢竟空受用？不要迷縛的，無相精神，內涵」！即是「究竟涅槃」的，內涵！

　　這樣「才會進入到」？「完全沒有迷縛種子相應的，畢竟空受用空間」！就是「究竟廣大放光受用」？自然的，展現出來！自然「自在其中」。完全「無相的，不迷失中」！

　　黃小姐，終於明白了！原來，「當下。任何現象、任何因緣」受用？都是「今生中，自然相應累劫種子」？如是。「如夢如幻」的受用。展現！

　　來源是，「迷縛其中，無明累劫的思想體」！「如夢如幻，累劫迷失種子。相應的受用」！自然產生，「累劫無明種子，相應迷失如夢幻的。內外

感受」！

　　黃小姐，當你在打文章的時候。「自然相應」？「莫明的想法」！會「不斷的，湧現出來」！

　　這就是「累劫種子，莫明其中的？相應」！「不要迷縛其中的，想這些」！在「受用的，迷失狀況中」？如是「現實的，究竟破相其中」？真實的「面對」！

　　在面對「如夢如幻」，裡面！你的「如夢如幻，其中，累劫的思想體」？為「相應迷失受用的。關鍵點」！是「累劫無明，相應迷失種子的，展現」！

　　在「完全迷失，受用的迷縛中」？進入，「完全破相的不迷中」！完全「沒有種子迷縛的，相應受用」？只有「當下深入。自在其中」！「當下。究竟無相，受用的？破相」！如是。「畢竟空中」

的內涵！

「當下，自覺的破相？自在空中」的內涵！它會「緣起，廣大的放光」！它會自然廣大，「緣起的菩提造化」！

所有的，「內外受用現象」？「自然法爾，圓融隨順」的。任運中！

因為，「畢竟空，無所得」故！所以，要達到「畢竟空」，究竟真實的內涵？自然其中，「整個堅固」的？「廣大緣起的放光」！如是「面對。自在其中」？整個「堅固的，光明體涵養」！

葉女士，若能「真實面對，當下」？「做到這個，畢竟空」？都是自在「廣大照明中」！如是。「照明的緣起中」。「自然的菩提造化現象。都是真實，自然法爾任運？吉祥如意的造化」！

若能「真正達到」？「究竟的受用」！「皆是廣大，如如的放光」！緣起，「真理的真實」其

中？如是「無我、無法、無無常」。正法的緣起！
自然「永恆」，自在中！

　　如是。「自在。廣大的內涵」以後！「自然，
其中」？會非常「光明自在的，喜悅」！因為，她
「從大覺悟所講的話，裡面」。不斷的「實踐涵
養」？如是。「破相不迷？永恆其中」的。「自我
自在，真理的。覺悟」！

　　自然自在的，「廣大，光明體中」！即是「當
下」？「自性佛」的，內涵中！當下，即是「突破
相應，十一法界」的。緣起！

　　「自然其中，緣起照明廣大的，菩提造化」！
能因此，「看到」？「不思議的，吉祥如意」！如
是「無相應法中」？見到。真實「光明體的？緣
起，真實特性」！

　　就是「能破暗，自在其中」的？「真實其
中」，緣起的造化！皆是。「廣大永恆的，吉祥如

意」現象！「自然法爾，任運」的展現！

　　能「剎那，當下」，自覺其中！「自在的緣起」。進入！如是。「自性佛的，內涵和領域」！就能進入「畢竟空」的，「真理受用中」！

　　皆是，「永恆其中。無相精神體」？「剎那廣大。光明體的堅固」！與「遍處，廣大的放光」造化中！

　　如是。「剎那緣起的，光明」？能夠「打破累劫思想體」的，「無明黑暗，相應輪迴的迷縛」！

　　如果「做到，全體精神體」？其中的內涵！自然所有的「妖魔鬼怪」等。看到你！「都因此，緣起害怕的感受」！「不敢現身」！

　　深入「不要迷失相應的，破相」！叫做「識空」其中！如是阿羅漢「無識種，相應」的心境！

　　在「所有的，識空不思議境界」？再完全「不迷失相應」時。進入「更堅固的，不要迷」！叫做

「識空空」的內涵！如是「類佛」的心境！

看到「完全沒有種子的，與不思議境界相應」的突破？完全「不迷失的，展現」！就進入到「空中」的，內涵！

如是「空中」？是「全部都沒有，唯識相應」的。「感受和觀念，受用中」！都「完全不迷失其中」？「無相受用」的，展現出來！

到「空中」以後。「自然出生。祂會放光」！這叫「初顯發的。緣起光明狀況」！如是。廣大畢竟空的放光？自然會有「自然廣大的，緣起」！如是。廣大的「菩提造化相」！

如是。「菩提相」的造化！就是「現象，會有緣起照明的，造化」！叫做「畢竟空中緣起？受用的展現」！

如是其中。「不思議菩提相的？廣大照明」！還在「其中」。「不迷失，廣大的。超越」！這

個，叫做深入。「畢竟空受用」的，內涵！

「看起來很複雜，看起來很囉嗦」！但是，「真能做到」！「自然緣起？照明的堅固」！就已經深入。「自然自在其中的。忘掉中」！如是。「自然其中的，廣大」？皆是眾生的「畢竟空受用」！就是「平等其中，廣大的」？「畢竟空受用」。內涵！

黃小姐，只要「有想」的？「相應受用的迷縛」！就沒有辦法「進入識空的，內涵」！若能，完全的深入。「不想中」？就是「能自覺的，進入到」？「識空空」的，內涵！

在「識空」的領域中？是「完全沒有種子相應的，受用」！完全「沒有種子的相應，與迷失」！就「完全沒有相應無明？感受與觀念」的受用！然後，「再進入到。不思議境界的，破相中」？叫做「識空空」的內涵！

完全沒有「識空空後的。不思議境相」！自然，深入「再空中」！自然因此，深入「空中」？因此，自然。會「放光」！

因此其中。會進入「放光的，光明中」！這叫做「初顯發」的內涵？那還「不是，很堅固」！叫做「空中」光明的。內涵！

等到「畢竟空中」的時候？對於一切的緣起「菩提相」？皆是「放光照明其中，緣起照明的造化」！自然「畢竟空中」？就自然「顯出，無中生有」的。「不思議的造化」！

如是。「吉祥如意的展現」？是「已經進入到。畢竟空受用中」！整個「空間」，都是「廣大無所得的，光明體」！「走到哪裡，能轉出光明任運的，造化現象」？都是「吉祥如意」的！

當大覺悟說，「要把一系列（總共十四本）的書，出完時」？陳小姐看到「那套書變成彩虹。不

斷的放光」！「彩虹」的意思，叫做「渡彼岸」！
就好像一座橋，「從此岸，到彼岸」！

從「累劫無明種子，相應的如夢如幻」！經
過「識空與識空空的，破相究竟」後！「入空中，
而畢竟空，受用」的突破！變成「廣大的放光」？
「緣起菩提的，造化」展現！

「面對現實真理中？如是自在如如的，現象
中」！「自然，緣起現象」？「廣大平等現象的，
自然法爾」！「自然。造化菩提的，展現」！

到最後，整個「照明的，菩提造化」？亦是
「如夢如幻」！會「自然轉化改變。整個究竟無所
得，無明的現象」？如是。「如夢如幻」！

因此，「本來無明，迷失種子。無明相應受
用」的人？就會「自覺其中，廣大照明破相」後！
自然產生，「深入的，面對」！自在其中。「圓融
轉化，菩提造化的緣起」！

如是「深入其中」。「完全無相精神體的，不迷失」！因此「緣起」？「圓滿法爾，自然現象」。「菩提造化受用」的！「任運」自然！

　　「累劫種子的，定義」。就是「涵藏累積」？「糾纏、迷失、束縛」相應受用，諸相的內涵！「累劫的無明相應，受用」？和累劫「自然迷縛相應的，輪迴」！如是。當下。「十一法界。自然現象相應的，定義」！

　　若「深入無相其中，破相至極」的緣起！「完全沒有種子的，迷縛相應」！就完全「沒有相應輪迴迷縛的，迷失」？因此「當下。自在緣起」？造化其中！

　　深入，「自覺破相之突破」！「完全沒有十一法界相應的。破相」超越！就是「當下，自在其中」？「畢竟空中的，內涵」緣起！深入，自在永恆。「畢竟空中的，進入」！再「達到，畢竟空」

的。「究竟受用」？「緣起的大智慧。與無相的涵養」！

還要，緣起其中？「更深畢竟空，究竟無所得。堅固」的涵養！經過「究竟的，自覺。覺悟的內涵」！深入「完全無所得」的。淬煉當下？無相的，「自覺」！

包括「三藏十二部經典」。都是「如夢如幻」自覺的，覺悟中！為什麼？因為，「誰在看」？皆是。累劫「唯識種子」相應的？如是。「無明迷縛，相應」？「輪迴迷失的，受用」！在「迷失相應中」？在「看」啊！

如是因此，「唯識種子的，相應」。在「迷失迷縛。繼續輪迴？受用中」！在「看」！

必須「回皈究竟，畢竟空的。無所得，無相的受用」！如是。「究竟光明體」的，緣起！「絕對自在」其中！才是。「究竟的真理」！

所以，「三藏十二部經典」，真的是「如夢如幻」！包括「大覺悟所講的話」。也是「如夢如幻」！這是因為，「使用無明迷縛，相應的種子知見」？「相應在，糾纏受用」？「無明的相應中」！

　　因此，「深入無相」其中？它才是究竟，「如夢如幻」的。「究竟菩提造化」的。「緣起」！

　　但是，「大覺悟的文章」。又不是「如夢如幻」的相應！卻是「無相，真理」其中？是「因為，能緣起」。「隨順的進入」！

　　「真正當下？究竟的。畢竟空中」！如是當下。已經能「自在其中」的，進入到「自性佛」！「緣起的。涵養中」！就不是，「如夢如幻」！

　　就是「自在真實光明體中？與廣大的，照明緣起」！

　　什麼叫做「自然法爾的，任運」？就是「放光

照明」以後！自然「在現象中，在感受中」。「廣
大的受用中」！

　　如是「廣大的眾生」。就會產生「自然現象
中」緣起？如是「受用」？「任運現象的。造化發
生」！

　　「現象。一直不得不，如此造化」！叫做「緣
起無相的真理」？「自然法爾的，任運」展現！如
是。「吉祥如意，轉化」的局勢！

　　黃小姐。她的命運，以前叫做「累劫無明種
子、現象、感受、觀念的，相應迷縛中」！她「不
得不」。展現在「累劫的思想體中」！如是。「累
生累世的種子，相應今生無明受用中」的，展現！

　　累劫「種子」？相應「迷縛無明。輪迴糾纏的
作用」！與「相應無明現象」的，受用！「自然輪
迴」？「如夢如幻的，迷失無明的感受」？和「觀
念」的。「無明相應，受用中」！

當「自覺分明。不再相應無明，受用中」！這個就是，當下面對。「完全不迷失」的？「無相真理」的，緣起，心境！

而「展現種子，無明的相應」？與「迷失輪迴的，受用」！若能夠「自覺，分明的受用」？「不跟它，相應無明的。走」！如是。「拒絕跟無明相應迷失的，受用走」！則是「當下涵養」。「究竟無相真理」的心境？與「緣起造化的，展現」！

第一個自然。是「阿賴耶識，無明種子無明相應。如夢如幻輪迴的自然」！第二個自然。是「深入破相，排毒的涵養」？當下其中。「整個畢竟空中的，真理緣起的自然」！

達到「完全沒有種子，自然相應」的，「究竟突破」自然！那是「放光的，緣起自然」？叫做「畢竟空中，真理涵養」緣起的受用！如是。「菩提造化的，自然」！

到最後，「當下其中。自在」？「畢竟空受用」！自然產生「緣起菩提造化，放光現象。任運的自然」！「整個空間，都在廣大放光中」！

　　亦是「自在其中」？「緣起菩提造化。如夢如幻的，現象任運中」！能因此，「自在回皈」？「廣大緣起，究竟光明體的，究竟無所得的，真實中」！

　　所以，「生活。就是自在智慧，緣起的自覺分明」？「其中」！有一種是，「阿賴耶識輪迴？相應生活的，智慧」！

　　還有一種是，「生活中，畢竟空中？自在緣起的智慧」！如是。「不同的智慧」？在廣大「放光照明」，緣起智慧的圓融隨順，內涵中！皆，「不一樣」！

　　就像「阿賴耶識的，無明黑暗裡面」？也有「微細的光」！像「昔日邪師，和有些大師」。他

們也有「微細光明，智慧」的，內涵！是屬於「識微細分明的？智慧」內涵！

「識」裡面，「稍微一點光」！他也會「放光」！但是，「他的放光，不是究竟的放光」！

你們現在「要練」的是？第一個，「不要迷縛種子相應的，想」！第二個，「不要迷於自己的感受和觀念，相應」的受用！第三個，從「進入捨離受用，到破相。如是的，識空」！再進入到「究竟捨離，阿賴耶識十法界的，破相出離」？深入「究竟的識空空中」！

就是「不要迷。還是不要迷的」。深入「離相究竟受用」的，「空中」？「堅固中」！此際，「還沒有進入到」。「究竟，畢竟空受用」？「全然的放光」內涵！

因此「各個階段的，涵養」！並非所有的人。皆能因此「深入其中」的？「看得懂」！甚而因

此。「深入其中。真正究竟」的？「真理」內涵！

　　大覺悟就是「練這種工夫」！包括「不思議」的，「內涵與境界」等！在「無量諸相中。完全相應中」？「不要迷」！自然中。「進入到整個現象界」？都是「不思議」？

　　「諸相的現象，相應深入中」！如是「當下，自在。深入的緣起」？「隨順圓融其中。自然法爾現象的，任運」！亦是「真正究竟，工夫的涵養」！

　　如是。真正。「無我、無法、無無常」的，最高「真實的實踐」？「真理」緣起的，定義！

　　它能「真正生活，現實面對中？如夢如幻現象，相應中」！「自然，轉成。產生，緣起的造化」？「自然法爾，任運現象的，圓融」！它自然會「產生緣起」？「符合這個現象界。該有的菩提造化」。與「吉祥如意」現象的，展現！

整個。皆是「緣起」？「究竟光明」的！廣大，「吉祥如意」現象的，表達！這是「緣起」。「自然任運中」！「必然的，結果」涵養！

　　這種「真實無相真理，現象」的。「緣起」面對！如何「自是其中。如夢如幻」的。突破「累劫無明相應的，思想體」？與「究竟輪迴的，突破」！

　　更而「究竟精神體」的，涵養？「深入」廣大緣起的，自在中！

　　如是。「緣起」？「廣大智慧的。任運其中」！自然其中。「真理現象的。圓融」！「實非一般人。更而禪修者。大師們。不思議境界研修者」。能因此，「破相的究竟」？

　　如是。「深入其中」的！「自覺分明」？與「緣起分明的，體悟」？

　　黃小姐，你已經「發現一個事實」！就是累生

累劫的，「無明迷縛，相應的種子」！有很多「無明輪迴的相應」？如是。「受用相」？「無明其中」的，展現！

而那些「受用的感受、觀念、現象」等表達！在這個世間，就在這個「輪迴相應的，無明受用，現象中」！

卻是「無明迷縛種子，相應的輪迴受用」！卻「經常展現」。「無明相應的。不如意，與處處碰壁」！

所以，從此「自覺分明」！「不要再使用迷縛種子，無明相應的，受用」！

當下其中。「即是自在，無相真理」的緣起造化？與「吉祥如意」！

心，把它「拿定」？心，把它「究竟自覺的，自在空」！「完全，不要受用的迷失中」？然後，「不迷失其中。累劫思想體的，相應輪迴，迷縛

中」！

「直看，當下受用，和現象」！當下，深入「完全不迷的，無明相應」？「停止輪迴中」！

「不要迷縛」其中？如是。「無明相應的，十法界受用中」！

什麼叫「真正的平等」？就是「內外當下，都是無相究竟的，畢竟空中」！一切「都會放光照明，緣起。自然的來」！

一切的自然？「從現象其中，緣起出來」！它「不是相應」！卻是「緣起」！

「沒有這樣想？它卻會，自然緣起的，展現」！「照明諸緣起」的？「生出菩提的造化」！如是「自然，造化現象之展現」！

黃小姐，不要再「糾纏相應」？如是。「自我、迷失。與受用的以為」！那個無明的受用？就是「本來無明思想體」的。「昔性，和命運」！

在「完全不迷縛種子。與相應受用」的，「突破中」！就「完全沒有，無明相應的輪迴其中」？與真正受用「無明相應的，自己」！

如是。深入「完全沒有無明迷縛，相應的受用」？和「空間」！

當下自在。「究竟深入的，畢竟空受用」！就是「自性佛」的，「緣起」！就是「廣大的光明體」？與「放光照明的，緣起」！

為了要把「本來的命運、無明的受用」。如是「不如意的迷縛，把它改正」！就要「自覺分明」其中？本來「完全無明相應，累劫迷失的受用」？深入「完全不迷失」的。「不要用中」！

「不要用」的意思？就是「深入無明相應受用中，完全沒有累劫種子的，無明受用的使用」！當下「相應現象，累劫的昔性和個性」出來了？仍在「不迷失受用的，不使用中」！與「不跟它走」！

「不跟它走」！那個「迷失的空間，與相應無明的受用」？就「自然，不能展現」！因此。自然「無明輪迴相應受用中」？不會「展現出來」！

　　當下「自覺」。變成「深入究竟」的？「無相畢竟空。廣大緣起的，放光照明」了！

　　當「畢竟空的，緣起受用」展現時？「自然廣大現象內外的相應。都沒有」！那個，就是自在。「廣大的，絕對光明體」其中！那個就是，「緣起」純粹究竟「精神體」的？「真理造化」的內涵！

　　從此，「不再是，相應無明思想體的，迷縛」！如是。「累劫的，思想體」。就是「有思、有想、有受用、有糾纏、有種子」的相應！自然「迷縛相應受用的，輪迴其中」！如是。「相應迷失，黑暗的空間」！為「累劫，無明相應的受用」？「無明輪迴」，「黑暗迷失」的空間！

如是。「自受用，相應現象。迷失的無明」！在「心靈感受空間」裡面？「碰到現象相應，無明感受啟動的受用」裡面！可以看到。「累劫種子，無明迷縛，輪迴相應的受用」？

　　如是「無明黑暗的，迷縛」？累劫「迷失輪迴受用」的，空間！

　　現在能夠「看得懂，自受用的，迷失」了！叫做自覺的「分明」？從「分明」裡面。進入到「完全不要。迷縛種子相應現象的，受用與作為」！

　　如是「受用相應的，不迷失」？叫做「排毒的，涵養」！轉成「緣起」的，內涵？

　　因此，深入「破相的，不迷失」！就是把所有的「感受、觀念、和現象」等。輪迴「無明相應受用的，本來的迷失」受用！都「完全的，看破」不迷！深入「緣起」的，造化？

　　這些「相應，感受出來。與因緣受用」等，

都「完全不使用」！這個叫做「自覺相應的，破相」？不迷！為「真正累積完全破相。排毒的涵養」，實踐！

自覺分明，「破相」以後！然後，自然累積「排毒」的涵養！

如是。「看破」了。才能把它「排毒」！然後，把它「全部的受用」？皆「完全不要相應迷失的？不要」！當下「涵養」。「緣起」的放光。造化！

所以，「感受、觀念、現象」等迷失的變化相應受用？都「完全不要」的。「無相，突破」！

如此，相應受用？「拒絕接收。拒絕糾纏」！在「輪迴相應」，「受用」裡面！因此，「完全拒絕，一切相應受用的，迷失」！進入到「究竟相應受用的，破相」！因此。「完全涵養」！「排毒的，無相受用中」！

深入「實踐的，涵養」？究竟的「畢竟空中」！再「畢竟空的，緣起」真實放光的，內涵！

　　如是詳述「每一個階段」？寫出來！就是「分階段性的，寫出」！每個人原本的「感受、觀念、現象」等相應？「迷失輪迴之受用」等！

　　如何「完全破相」的自覺？如何，因此。「完全不要相應受用的，排毒」涵養！

　　如是。自然。「清淨受用」的完成？如何「由無明的相應，變成畢竟空」？究竟的「無相受用」的緣起？因此，「自然緣起，廣大的，放光照明」！與緣起「廣大光明體」的，造化內涵！

　　黃小姐，你的「累劫無明迷縛，相應的種子受用」？就「自覺分明中」？「見到。諸受用相應的，無明真相」！

　　其實，大覺悟是在「緣起照明。相應受用中？幫忙你突破」！深入「真理，當下的緣起」。與面

對！由「相應，而緣起」的面對。涵養「無相，畢竟空」的內涵！

　　原來，累劫「迷縛相應，受用的種子」！它生生世世「涵藏在身上」！累劫「迷縛相應輪迴，受用其中」？「很臭、很髒」！把它「洗乾淨般的，自覺」？「自然分明緣起，受用中」？因此，自覺涵養！「完全無相的。不要迷失中」！

　　「累劫受用，相應無明」的迷失？就是「被這個無明相應的受用？玩弄」！所以，自然其中。「心相一如」的，自然展現！「樣子、儀態、走起路來」。都是「死氣沉沉」的！累劫其中？「背著很大迷縛」！「無明相應的，繼續輪迴受用」著！

　　你若「因此自覺」？「不要這個。本來無明迷縛相應的輪迴」！自然沒有。無明的「相應受用」！就會「很輕鬆」？「因此深入自覺，無相的受用中」！完全皆是，「畢竟空」的！究竟無相，

「精神體」的，內涵！

　　原本「迷失種子相應，輪迴的受用」。變成「沒有種子的迷縛？與輪迴相應的受用」！如是自然，「沒有種子相應受用的，空間」！

　　因此「自在其中。自然的展現」？「空中，與畢竟空中」的，真實「緣起受用」！變成能「廣大的，放光照明」！

　　本書，就是「要寫這樣」！從「無明的相應」。當下深入。「無相真理的，絕對緣起」！如如無相？「自性佛」造化的，涵養！

　　像「有精神病，與失智的」？以及很多「累劫迷縛無明相應受用的」！皆「沒有辦法主張。自己的意志」？都是「累生累世其中，很強無明迷縛，相應的，障礙受用」！

　　自然其中。「一直迷失在，無明相應輪迴的，受用中」！如是自然表達？「發瘋的狀態，與失智

的狀態」！那是「很強烈迷縛的，無明相應種子受用的，相應」命運！

累劫「迷失無明相應」其中？「很嚴重，輪迴無明相應受用的？迷縛」！

如果因此，緣起照明？「明白的告訴」他！就是在「真正的，照明」他！就在「他的心中」？建立一個，「分明覺醒的，種子」！

在裡面。就會有一個「自覺分明，相應受用」的，種子展現！它「會自然其中。相應覺醒的，作用」！

對「精神疾病」的研究，叫做「病理學」！而世間人，叫做「迷失其中相應的，無明學」！從「無明相應，到迷縛輪迴相應的，迷失」裡面？進入到「分明受用的，自覺」！這個，叫做「分明工夫」的，「涵養學」！

達到「分明」以後。如何去做！叫做「不迷相

應受用的，改正學」！改正「相應受用的，自覺不迷」！然後。「進入到，突破無明相應？實踐的，光明學」！

「如何光明」？就是「深入真正破相不迷的，畢竟空內涵」？「究竟的，涵養中」！這就是「深契，究竟真正光明」的來源！如是究竟，「吉祥、如意、富貴、榮耀」的來源！

眾生「可以不用經過這些」過程？直接「破相自覺」！「深入，排毒的涵養中」！「進入無相自性佛」的涵養？當下的緣起？如是。「深入工夫的，涵養中！

「直下現象相應中」。當下，「破相而無相的，自覺」的，緣起？「深入覺悟無相其中」！即是「自在其中。畢竟空」，「緣起」的受用中！即是「究竟光明體。與廣大放光」的，「緣起造化中」！

「病理、病態、迷失、迷縛、痛苦、糾纏」
等。該怎麼處理！就是用「自覺分明。破相的，明
白」！因此，「當下自覺，無相而破相」的。工夫
涵養！用「直接緣起的，結論」？「行持無相的，
涵養」與「排毒」！

　　就是「建立一個完全沒有種子，相應自覺」的
心！叫做「實踐哲學中」？「種子內涵，完全不迷
失相應的。突破」！如是。「破相究竟的，真理無
相」的涵養！就是真正。「完全的排毒」涵養，與
「無相的，自在」！

　　「黃小姐，跟大覺悟談話」。帶動出「內心世
界無明深層的，相應感受」與受用！因此，自然。
「自覺受用其中的，明白」！完全，深入。「不要
用中」！就「不斷的相應，受用其中的自覺」！
「完全不迷失的。排毒」！然後，「堅持涵養著，
這個無相內涵的信心」！

在「不斷的做，排毒」的？「完全不迷失中」！愚公移山的，「排毒」久了！那個「累劫迷縛相應的，種子」？「自然，就會消失」！

　　「如是無明相應，累劫種子的消失」以後！就能建立到，「畢竟空」的，精神內涵！「建立畢竟空的？無相精神體」！就會「自然產生。畢竟空中，緣起的，放光」！

　　然而，「空種」？也會「相應放光的，展現」！它是，放出「比較不同層次，微弱的，光」！它還有「種子，相應的涵藏」？與「內涵，相應的作用」！那是「相應的，無明輪迴糾纏」？「識種的相應」？如是迷失，「無明相應的，放光」！

　　而「空性的，放光」？它是「完全空的，精神內涵」！它自然產生。「空中，本有的光明」！

　　若是「畢竟空的，放光」內涵？就更「超越」

了！若能深入，「放光以後的相」。「仍然，自覺其中的。都把它。完全不迷縛的。無所得的排除」！

進入到，「畢竟空」的。究竟其中？「完全的放光。與光明體中」！那種緣起的，「廣大光明」。是「非常強大」的！

「黃小姐，被大覺悟，講那麼多」？自然，內心世界。就會「產生相應無明種子的，哀怨感」！造成對於「寫這本書的正當性，和未來性，產生疑惑」！你就會因此，「產生很累」？甚至「不想寫的心態」！

那就是「內心世界中，涵藏累劫，自然迷縛相應種子」？「相應輪迴的，起作用」？因此，「自然受用展現。那就是迷縛無明其中」？「比較、分析、衡量、判斷」的，相應受用中！

自然相應，產生「自我以為種子的，無明相

應」展現！「自然其中，廣大相應迷縛，輪迴受用的。迷失的受用」？「表達」！

　　你今天早上「相應無明輪迴的，那種心態」！大覺悟都「接收」到了！那也是「病態心理學」，內涵的一部份！

　　「心理學教授，都會教」！但是，對於「累劫迷失種子相應的，來源」？與「輪迴無明相應種子的，受用」！卻「無法，分明自覺的。處理」？

　　你的朋友黃先生，亦是唸「心理系」的？他現在卻活在「病態受用」的迷失中！「他所有一切，內涵相應的種子」？「都被自己以為的所學。影響」！

　　什麼事情的，看法？「都以他自己所學的，涵藏深種」。與「以為相應的，受用為準」！自然「相應」其中！「所有一切的好壞、判斷」等？也都以他「自己的以為，為準」！

他因此，「長期活在。病態迷失的，受用深種」？與「累劫無明，而今生種子的相應中」！所以，他「並不快樂」！

　　這是因為，「它的根源」？是在於「受用，和種子」無明輪迴的，相應！「如是。累劫的。無明迷縛相應？受用中」！

　　而「今生受用迷失的，來源」！卻是因為，他「學習」過！所以他「心中」。因此「建立涵藏累積，病態心理的相應種子」？與今生「知見經驗，理性的相應種子」？而「無法自覺」。「真理事實」的，分明？

　　匯皈的，「相應其中」？「受用迷失的，無明相應種子」！就被「輪迴無明的，相應」影響！而「無法自覺」。「真理事實」的分明？

　　大覺悟所講的「自覺」？是由「唯識知見的，明白」！再「深入光明的，自覺」！再「自在其

中」？產生「光明的，放光作用」！

到最後，就是產生「自性佛的，廣大光明功能」！

什麼是「佛的功能」？就是「恆常光明體中」！與「自在放光中」！如是。「光明的自在」！「安定其中」，「放光的心境」！

這個就是，「畢竟空受用中」！「究竟光明體的自性佛」！而眾生，則是「無明種子相應」，充滿「自受用，無明的迷失」？皆是「無明的黑暗中」！

什麼是「世間的佛」？就是，能處在恆常，「緣起中」！如是。「放光照明。與緣起菩提造化中」！因此，自然能產生，「法身，應身、報身、化身佛」四身佛的功德展現！如是「自然緣起，如是自然」？所有「不思議的境界，與現象」！就是「如是自然緣起？這樣的產生」！

（五）「不思議境相的迷縛，與相應諸相
　　　的迷失」。為「累劫思想體，無明
　　　種子」的繼續。「輪迴無明相應」
　　　的受用！而「究竟排毒受用」的，
　　　涵養！亦是完成，「停止輪迴」！
　　　與深入「畢竟空，無相精神體」
　　　的。過程！

　　什麼是「不思議境界」？為什麼大覺悟以前
「連談，都不談。而現在大覺悟，又要談」？大
覺悟現在談的目的，是為了「要讓大家，全面的了
解」！

　　現在大師們，所談的「不思議境界」，對「究
竟真理」的進入。有用嗎？而世間的人，卻這麼
「在乎。這一些不思議的，所謂神通」？卻是「相
應迷失，唯識種子」的繼續。迷失研究？「這一些

不思議」的內涵！

　　其實，所有的「不思議」。「仍然，都是相的。演變」！就跟我們人世間「眼睛能看到，耳朵能聽到，鼻子能聞到，嘴巴能吃到」。一樣。這個叫做「人部本有，相應識變功能的。不思議」！仍是「無明相應，唯識種子」？輪迴的迷失！

　　所以，「動物的不思議，貓的不思議，狗的不思議」等，都各有，牠們的特長！（黃小姐：對啊！各類動物的「六根相應，累劫種子受用的，領域範圍」。都不一樣！跟人類的感受等，是不一樣的。）

　　還有「天部的，不思議受用」？為什麼「天部」享受的，那麼快樂！為什麼「地獄」受用的，卻是那麼痛苦？這一些，都是「累劫種子，相應的受用」？「輪迴其中。不思議」的內涵！

　　我們現在「天眼」講。「摸得到，吃得到」。

 生活的大智慧：進入自性佛【真理學，輔助深入版2】

「在天部而言，卻是如此」。「那沒有什麼，稀罕」！像「人世間，我這樣摸你，就摸得到」！如是。在「人世間，就可以做得到」！為什麼「要到天部」，才可以？

那個叫做「不思議境界。卻是累劫種子，相應的輪迴受用」？是「不同福報」，展現的空間！（黃小姐：是「不同的思想體」？自然因此，「繼續唯識種子，相應變現的空間」。）對！

就像黃種人、黑種人、白種人、咖啡種人等。為什麼「那麼多不同種」的人？他們自然種子相應受用的，「每個空間、時間、地點、環境」，福報等。都不一樣！

還有「四聖道」，「無種子受用相應」的，不思議！「阿羅漢」的不思議，卻是「識空」的，心境內涵！「類佛」的不思議，卻是深入「識空空」的，內涵心境！皆是「心相一如」，不同展現的

「相異福報」！

　　而「真正佛」的不思議，卻是緣起自然？「深入連識都沒有。究竟的不思議」！

　　而很多人卻因此，「無明其中，不思議諸相」的以為！「還在迷失相應，這些不思議諸相？不同心境的，追尋」！

　　所以，真正深入，「畢竟空」受用的，內涵！才是「真正的」？「究竟真實無相精神，菩提造化的。不思議」！

　　像昔日邪師，一直「迷失自騙相應的。無明其中」！卻因此告訴信徒，「你想要什麼？都可以識變，擁有」！

　　就像心眼的，內涵？「能看得到的女孩子，天女等」。你就能「跟她們，真實的交往」！

　　這些都是「迷失假借？言語表達的，胡扯」！其實，皆是「今生無明種子，相應迷失受用」？

「繼續，輪迴其中」？「障眼法」的使用！讓「信者深入。因此迷縛受用，輪迴的。迷失」！

其實，人世間的「女人，你就可以今生，實質的交往」了。又何必假藉「心眼所謂的，意識變現」？這一些都是，「深陷累劫種子相應，無明的輪迴其中」？「不思議受用」的，「無明迷縛」！

甚而「有些大師」，卻假借「自我無明，理論之使用」？「宣稱自己，已經成佛」？這，真是「可笑」的迷失？如是。自以為「迷幻成佛」的以為著？

「不思議」！其實「不是。不思議」？這叫「相應不同心境的，迷縛的受用」！

在當時的「環境現象中，有一個你，就有一個環境」？跟你「相對其中，互相的相應」？就像有一個，黃小姐的「累劫種子」。就有黃小姐的「感受、觀念、現象」等，「相應受用」的，產生！

那叫做，「無明迷縛，受用相應」的？「累劫種子，繼續相應」受用的，交往！如是稱為「不思議」其中的，內涵！

　　每個人的「不思議」！其實，都是「每個人，自己無明累劫迷縛涵藏種子中。迷失相應，輪迴的思想體」？「繼續無明相應的。本有的表達」！

　　不是說「大覺悟，給你這些，不思議」！像「大覺悟，就是讓你覺悟」！「所有累劫迷縛相應，整個種子」的。「不思議諸相的，受用」！都完全不要，「繼續無明相應輪迴的，迷失其中」！

　　如是累劫，「種子相應的，涵藏」？皆是「累生累世思想體中。本有相應的種子」？「繼續無明其中。相應涵藏累積」的受用！

　　如是的「自然，不思議」！所以，「累劫而今生無明種子。迷縛諸相的，相應」。本身！就有「累劫相應今生。不思議福報，與惡報」的？「受

用現象」的，相應！

（黃小姐：可是沒有人，能參透。這一點！
繼續迷失大師們「無明其中。唯識種子，繼續相
應，迷縛其中？唯識的教導」？）對啊！大覺悟就
是「參透其中的，奧妙」！才跟你們講，「這一
些」！

大覺悟，為什麼不談「十一法界的，中間過
程」？因為，那裡面「牽涉到，很多累劫有無種子
的，相應」？「不思議諸相」相應的，內涵！

大覺悟就要「因此其中，相對相應」？與
「絕對的進入」。「解釋很多」！真是「百年人生
中」。「無明相應其中，思想體的迷失」？「很浪
費時間」的，時空迷失！

實際上，「不思議的內涵」相應的受用？卻非
「真正的成佛」之道！「真正的佛」？卻是「畢竟
空真理的，深入」！「無相的究竟光明體，深入的

內涵」！

　　整個「光明正大」其中！皆能「緣起」？自在「廣大遍照，菩提的造化」。「自然法爾」的任運。與「吉祥如意」之現象造化！俱「法報應化四身佛的，展現」功德！

　　「皮膚，就有皮膚的，不思議受用」！「眼睛，就有看的，不思議」！「耳朵，就有聽的，不思議」！其實，「眼耳鼻舌身意」的相應。本來就是，迷縛相應受用其中。「無明輪迴繼續的相應中」！

　　「本來的真理」。就是當下，「自在其中」！如是。「迷失無明相應，受用中」？本來「十一法界其中」的。「完全沒有」！

　　就是因為，「有累劫種子涵藏。無明相應，迷縛的其中」？所以，就有「今生無明種子，相應的受用」！如是「大師們與法王等」，以「教育的相

應唯識」?「糾纏迷失？無明種子繼續相應，輪迴的受用」表達！怎能「究竟成佛」呢？

陳小姐「深入其中。自然空種，相應的心眼。觀念中」！就能自在。「受照明中」？緣起。「自然法眼」的，「見到」！

自然「因此其中，同體智慧」的。就「看得懂」！「大覺悟講的空間」？皆是「不思議」的內涵啊！

深入其中，「無量無邊的相應」？「自然」都有！如是。「深入其中的心境」？「自然，見到」！但「仍是相應，迷縛的受用」？尚「未究竟」！

「狗之所以為狗。貓之所以為貓」。一樣。「累劫種子」相應的，出生故？所以。「你罵狗，你罵貓。有什麼用」！「牠還是狗，牠還是貓」啊！

如是。「一樣的」？「累劫而今生」。每個人，皆如是「迷縛無明種子相應。繼續相應受用」的？「輪迴道理」！

　　因此自然中。眾生，皆如是？「自然無明相應種子的，輪迴受用的迷失」！因此，「今生現實的環境。與自然外在的現象」？這是「因果業報」。「輪迴相應」的，必然！

　　陳小姐，你就是一直「執著自己。無明相應受用的，判斷」！因此，大覺悟「講得再好」。你都「不會真正深入？相信大覺悟的話」！

　　因為，你只「習慣出生以來，無明受用其中的，迷失」？相信你「本有種子的，無明相應的受用」！與「自己堅持。無明受用昔性相應的，判斷」！這個叫做「累劫而今生，昔性種子」的？「迷縛迷失」！

　　「如是自然相應，因此的今生」？「自無

明受用其中的，堅持」！人世間，「你有一個累劫，而今生的。昔性受用」？如是「無知的，迷縛其中」？與「輪迴的，自然相應，與迷失的受用中」？「習慣的，堅持」著！

如是因此，「長久其中」！「看不透自己的昔性」？與「受用相應」的表達！你「只相信，你自己？一切的感受，與作為」！

「如是只有自己，受用的堅持」！誰都「不相信」？那個自己。仍有一個「理性堅持自我經驗的，種子相應」！如是。仍在「輪迴種子，相應的迷縛受用中」！

大覺悟「能緣起照明，剎那的。同體智慧」與「自然展現」！你的爸爸。「很固執？就有固執累劫。相應種子的受用」！他「很在乎，錢」！這是他「累劫而今生？無奈的無明迷失」！

他「車禍，開完刀」後。「醒過來」？「累劫

輪迴的，思想體」。仍然還在，活動！

因此，「自然相應累劫，而今生種子的相應」？自然「迷縛相應其中的？堅持自我的，受用」！而「決定」。「馬上回家，休息」！真是「無明迷失相應其中」的。「固執」？

陳小姐，你「迷迷糊糊的，一天過一天」！今生中，「要不，就是結婚！要不，就是生小孩」！「要不，就是不生小孩」！也是「同樣的，過一生」！

仍是「自己的，累劫賴耶種子相應中？自我的判斷。在決定」啊！

黃小姐，你「在第二本書。打完字以後。有什麼感觸」？首先。「出第一本書籍」時？因為，你「跟大覺悟不太熟。所以，比較謙虛」！

「出第二本書籍時。打字的時候」。你就「開始驕傲」了？就開始「狂妄」了！你的心裡面。

「就一直不斷的展現？累劫自持無明相應，種子中」？「自我迷失，自我以為」的。展現著！

有一個「莫明相應的你？藏在心中」！「跟大覺悟，對立」！那個叫做，「無明累劫種子相應的，你」！看起來「接受」。但，「又對立」？

但是實際上，裡面有一個「很深層，累劫迷縛種子相應的你」？「永遠，在對立」著！

所以，「你一定。要把累劫自受用，相應的種子，迷縛」！「自覺分明」的。「突破」！

「自覺分明中」？你「跟大覺悟，跟所有的現象，跟打文章」等。完全，都「沒有關係」！只有自持，「累劫思想體中」？無明自持，「種子相應受用的，莫明展現」！

你今天，「跟誰，有關係」？你跟「因緣、現象」。在「打文章裡面」？在「自然自我涵藏種子？與累劫昔性受用的，相應中」！自見。「累劫

無明其中？迷縛種子相應的，受用」！

在自然「自迷失的。無明相應種子的，自受用中」！如是展現「自我累劫，自然的，相應」？產生了「你的感受、你的觀念、你的現象」等。如是「無明堅持的，諸相相應的，受用」！仍「無明其中的，不自覺」？

所以，若能「究竟自覺，回看分明」！如是「自受用其中」？見到。「無明相應，迷失其中的。受用」！

到底，「無往昔受用相應的，迷失」？深入「無相究竟，受用的其中」！是誰？如是。「自覺」？「排毒的受用內涵。與究竟的破相」！

如是其中。「本來無明的相應」？與「自受用之迷失」！到底，其中「無明受用的，相應中」？要「排毒什麼」？

在「感受中。排毒」！在「觀念中。排毒」！

生活的大智慧：進入自性佛【真理學，輔助深入版 2】

在「現象中。排毒」！「如是排毒諸相，迷失的相應受用」等？「完全的不迷」！皆是「自覺結論？深入無相其中。相應的受用」等！

如是。「究竟破相」的，自覺！與「排毒諸相受用的，內涵突破」等？如是「廣大無相」的！「涵養工夫」的實踐！

所以，能「自覺」？「任何外面的人、現象」等。「跟你一點關係，也沒有」！

「你跟誰，有關係」？「你只迷縛相應，受用」！「累劫無明迷失相應，受用的種子？因此，無明的相應中」！「輪迴迷失相應，受用其中的。糾纏」！

你「今生會死。也是跟種子相應的，因緣際會」？有「關係」！如是。「排毒的涵養」？就是透過你「相應的，感受、觀念、現象」等受用！

「整個，都要破相其中」！「不迷縛的，排除

諸相應的，受用」！「不迷失其中的，完全沒有相應受用」的，自覺！

如是。即是「真正實踐工夫」涵養的。真正「排毒」！

當整個，都完全「深入排毒」工夫時？自身的，「感受、觀念、現象」等受用。都因此，「深入受用其中相應的？完全不迷失的，空掉」了！

如是。「漸次排毒。空掉工夫」的，涵養？如是「累積當下，畢竟空受用」的完成！就「開始緣起？廣大的放光」！

現在「深入其中相應受用的。瞭解，與體會」！就開始「不要自己無明相應受用的，迷縛受用」！再怎麼樣，都「不要堅持，無明相應其中」？自己「本來的無明受用」！

如果因此，「深內祕密的，迷縛相應受用。出來」！也「完全不要相應迷失」其中！如是。因

此，「愚公移山的排毒涵養」？完成「畢竟空」的
內涵！如是「究竟，長久工夫之涵養」！

　　「十法界」，都是「唯識其中，不思議」的！
包括「如部的，一真法界」等。都是「不思議」！
「凡是，跟人部」，不一樣的？都是「不思議內涵
的，表達」！

　　所以，「不思議」的展現？都是表達在，「感
受、觀念、現象」等，「受用的。表達中」！

　　「人部」的感受。都是「眼睛看得到，耳朵
聽得到」等。任何人「都俱足，有」！但是，現象
中，也有「很多不思議」的，發生啊！有的人，長
得很像猴子？有很多「異類的樣子」！

　　這是「累劫無明迷縛，相應的種子」？「無
明相應的，迷失受用」！如是。顯「心相一如」
的，自然顯相！他們「卻不知道」？「為什麼，這
樣」？

但是，「大覺悟，卻知道」！例如。「眼睛掉眼淚的時候，卻自然會生出鑽石」的不思議！那些都是，「累劫迷縛種子，自然無明相應」受用？「不思議」展現的，關係！

　　所以，生命中。「最真實」的？卻是「自然無明相應，累劫種子。事實之真相」！陳小姐，「幾萬劫以來，你已經，歷經無數次的，生生死死」！不知道「已經老過、死過多少次了」！「卻，仍在無明堅持。今生自然其中，相應的？無明自我」！

　　雖然「再怎麼勸她」。她表面上。「不反對你」！但是，「內心世界中。有一個祕藏累積的，我」？「深藏著」！就是「不願意，把這個我」。「打開」！

　　「深深的，迷戀」？「無明相應，累劫自己？昔性的受用」。自己！

　　陳小姐，你爸爸「出車禍，跌倒。開始開

腦」！下一次，就「身體不健康」！因為，他「腦部裡面的，血栓塞。拿掉了」！但是，還有一個「不栓塞的？沒有注意到」！它還是會「因為，天氣寒冷？而突然栓塞」！

你弟弟，「就有他自己的看法，很固執」？「跟你的爸爸，很像」！「一切，生命的莫明現象」？「自然的。開花結果！與落葉歸根」！

如是「累劫迷縛種子？與今生無明的，自然相應。與受用的展現」著！皆如是「自然的表達」！展現「生死的自然過程」？與「累劫種子相應，受用的奧妙」！

大覺悟要陳A先生「把頭髮理短」。就是說，「不要有前世的，自己」啦！那個是，「他前世的，自然形象」！

陳A先生「自然的，卻喜歡現在形象」！那個樣子。就是「自戀堅持，自我以為的，前世」！

（劉小姐：「陳A先生很堅持，他的頭髮」？已經「留三年」了！）那個，「自然展現，無明其中」？就是「前世」的迷縛。相應深種的展現！與「累劫昔性的，相應受用」？「如是其中。自然的展現」！「迷失」著！

　　（劉小姐：「他姐姐說：你的老公怎麼把頭髮。留那麼長」？我說：「他講不聽」啊！）那是「自持？自然無明堅持。前世的，相應展現」！而「因此？今生自然的，表達」！

　　如是。「累劫無明，自然迷縛相應的種子相」！自然「如是的展現」？一個人如果「明覺」。「為了生命的，主題」回復！「自然，就會明白。究竟解脫的，行持」！

　　「把自己的昔性。無明的迷縛與受用」？「全部，都完全不要」！自然明覺的。「突破累劫相應的，迷縛」？與「堅持無明迷失的受用」！

這是「自然如是」？「心相一如」的！「自然表達」？

「徐先生跟彭太太」等，都不知道？在「無明的今生中」，應好好自覺？「無明輪迴的思想體，與繼續輪迴的，可怕」？而「真實修道」！「好可惜」啊！（劉小姐：他們認為，「他們現在這樣子」？就「活得很好」！）真是「無明」的，可笑？

這是「累劫而今生，無明累劫思想體」。無明迷執受用的，表達！如是。「無明相應，今生以為」的？「迷失中」！他們迷縛相應，「昔日邪師的，迷信中」！因此，找不到「究竟生命的，真理」？與「迷失真相生命」的，自覺！

「往昔的道友」們，亦因此無明相應的。「迷縛無明累劫的輪迴」？而「今生無明種子的相應受用中？迷失相應」著！因此，「無明以為相應著，

長久迷縛」？「無明觀念的，受用中」！

　　因此，「無明相應其中的。迷失的影響」著？「被昔日邪師迷縛的思想」？「遮障，與無明種子的相應」？「繼續輪迴中」。真「可惜」！因此，「完全浪費今生」？「輪迴無明種子，迷縛之相應」？「長久的茫然？而不了解真理」！

　　陳小姐，你爸爸是「被他自己，累劫的思想體」，迷縛！如是。「無明相應，執著種子的受用」？「害了」！

　　所以，「你爸爸」生命自然的，下一步。就是「因緣的繼續輪迴？相應累劫前世的因緣果報」？步入「因緣際會，今生的，時空歲月的消逝」！就是面臨「剎那，因緣際會其中。死亡」的到來！

　　就是「這樣子」？「迷縛而迷失相應」的？過「一生」！就是「自然，因緣際會的。生老病死」著！這是「累劫而今生的，輪迴繼續」！如是。廣

大人類。「無明生命的，自然相應」過程！

可惜的是，皆不明白「自覺的可貴」！因此，「累劫思想體，今生死後？繼續的展現」！

而「今生，出生至今」？仍是「無明迷縛的相應？本來無明種子，相應的受用相」！「自然沿襲著。累劫相應的昔性」！雖然「今生因緣際會，巧遇」？卻是「無明無奈的？無緣」啊？

陳小姐，你媽媽卻能「因此，醫院治療？癌症」的康復！深入「累劫思想體。迷縛種子相應的，受用中」。不斷自覺的。「突破」！如是其中。因此，她的「自覺」？「累劫相應種子的，受用相」！「不斷的，相應突破」。不迷！

有時候，「很迷縛的，哀怨」？現在「卻能，一直突破？不迷縛中」！久之「涵養改變？破相的，排毒」！她就「不再是，原來無明迷失長久的，她」了！

可惜現在，「卻經常迷失，仍在無明相應其中」！隨著「不究竟累劫，而今生無明相應種子的。受用」？完全「不知覺的，迷失其中」！如是。「累劫的，無明迷縛相應受用中」！自然因此，自覺其中？「自然中，就因此深入。完全的排毒」？因此而「癌症的，康復」！

　　卻能「像劉小姐一樣」？「累劫本來涵藏癌症的種子」，卻能「自覺的，突破不迷」，與「排毒」！「自然因此，逐漸迷縛相應的種子？深入。完全的沒有」了！因此，「涵養長久」？就能「長命，而健康」！深入「究竟，無種子受用」的，內涵！

　　如此「完全的改變」？「深入，沒有」！「迷縛累劫，相應的種子受用」與突破？「如是。無明相應受用？究竟的迷失」生命！

　　因此「所有的，內感外應」等？「感受、觀

  生活的大智慧：進入自性佛【真理學，輔助深入版2】

念、現象」等！叫做「累劫迷縛種子，相應深藏的累積」？如是。「無明相應受用」的，「突破，與排毒」之展現！

如是。「不思議諸相」等。皆是「累劫而今生，有無的種子相應」。如是「種子」相應裡面？卻含有廣大，「不思議」諸相？與「涵藏無明輪迴受用」其中的。迷失！

所以，「每個人都無明其中的，不懂」？自己「內心世界，累劫輪迴思想體」，「無明受用的自己」！到底是「怎麼一回事的，生命真相」？

所以，「十法界中？都跟累劫唯識思想體。與迷縛種子的相應受用」？有「密切的關係」！這叫做「唯識生命的迷失糾纏。與無明相應的輪迴受用」！真正「死時」。「意識，混沌不清」。茫然，而「莫明其中」啊！

所以，大覺悟「能夠講到這個，相應無明受用

種子的相應本源」！已經「相當不簡單」了！（劉小姐：其實很分明！）當然！但是「寫得，再怎麼明白」？若讀者「不能深入自心的，真實，受用體悟」！如是。「自覺」！還是「認為，很深」？因為「不能自覺的，覺悟」啊！

（劉小姐：我們「要如何解釋？讀者才能夠明白」？）原來皆是。「每個人，從出生以來」？皆如此的，「自然無明累劫種子」？「無明相應的，思想體」？與「如是。無明受用的，迷縛」？與「自然其中。相應因果業報，無明相應的迷失」啊！真是。「可怖」？

「如此累劫無明的，思想體」！如是。「自然相應受用」其中！「累劫無明相應其中」？「迷失無明的輪迴，種子相應受用」啊！

「肉體，就像一部車子」！他具有一個「功能，就是能活動」！而「思想體」？才是「繼續輪

迴」的，主題！

　　但是，他的「精氣神」。包括「血管、中脈、五臟六腑」等？皆是自然累劫「思想體」，相應進來？產生「心氣一如的，自然瀰布的，運轉」！

　　所以，「不思議境界」相應的，受用等？都應該「如是見」！都是「累劫無明種子，迷失受用的，相應」！都是來自於「累劫無明迷縛相應種子，迷失輪迴相應之受用」？自然「無明相應的，受用其中」！茫然「不知？何處是，皈程」！

　　「有累劫迷縛的，種子」。自然「累劫相應，迷縛其中」？就有「因緣際會，癌症」的病因！「沒有累劫迷縛，種子相應之涵藏累積」？自然，就「沒有癌症」！

　　「沒有累劫迷失種子的，相應生起」？怎麼「累劫而今生，繼續迷縛其中？輪迴的受用」！「自然生出。莫明其中」的？「癌症」呢？

陳小姐，「上一次你爸爸，車禍後」？發現你爸爸「變得阿達阿達。就是血栓塞」的徵兆！不得已要「馬上開刀」！

開完刀以後，「不見得，整個身體的，血管通暢結構」。一定「完整」？

要看「他的造化」！與「天氣劇變，寒冷」等？所產生的，「無明種子迷縛相應，自然的受用」？能否，「適應」？

陳小姐，你因此「覺悟」了！所有「一切的不思議，與命運變化」等？到頭來，皆是「一場空」的夢幻！「人生的變幻。生老病死」等？「生命過程，皆是很自然的，累劫思想體的相應」！這是一定的！

這樣看來，「生死的過程？如夢如幻」！原來皆是「累劫而今生，輪迴的思想體」，自然輪迴的，相應！如是累劫，「迷縛種子的，相應受

用」？如是。「長遠輪迴，今生」的？「迷失」！

若「不能自覺的覺悟，改變」！仍是「回皈本來的。無明累劫，今生的思想體？繼續輪迴相應迷失的，使用」！仍是「無明其中。繼續輪迴」的受用！「到頭來。仍是夢幻現象的。一場空」！

皆仍是「回皈累劫種子」？「相應的無明輪迴」！

現在的文章，已經到達「第三本的，內容」！（劉小姐：我弟弟說，你們到底要出幾本？我回答，十四本啊！）他嚇到啊！「寫論文，都沒有辦法？寫那麼多」！

（劉小姐：想到我弟弟的表情，超好笑的？他很訝異的說，你們「到底要出幾本」？）他真的「訝異的，忌妒」！

他認為我們，能夠「出那麼多書」？「真實的內涵」。真的，超過「一般大師們」的論述？與真

實的內涵？

「釋迦佛的經典，也是跟不同的弟子講的」？「釋迦佛的緣起經典。到頭來，也是一場空」啊！

只有釋迦佛「真正，回皈」？「究竟放光的，回皈本質」？如是「廣大，不動的光明體」！才是「究竟的，真理真實」的內涵！

「大覺悟寫的。卻是諸佛的祕密」？與「廣大緣起，放光」的？「自然菩提造化的，內涵」展現！

世間人的「眼睛能看，耳朵能聽」？也是「人部的，內涵中」？如是。「不思議」的功德，與福報啊！所以，「所有的不思議」諸相受用等？都「不應該，糾纏」迷失！

所以，《金剛經》所講的內容中。「一切相，如夢如幻？都不應該糾纏」！「有所糾纏？就是其人行邪道」！大家「都會背其內容？沒有用」啊！

卻沒有人「真正的」？「自覺體悟的，懂它」！與
「深入真理的？實踐」！

　　所以，「停止輪迴」真正的內涵？為「無思
想體的，迷失」！如是深入「究竟真理的，精神
體中。基本的關鍵」！即是「完全的。深入不迷失
中」！

　　現在「天氣不熱」。但是，我們卻「感覺很
熱」？這是「自然輝印放光的，展現受用」！不
斷的「互相輝印自在的，放光中」！（陳小姐：很
熱！）（劉小姐：其實很熱！）

　　陳小姐，現在「覺悟」了。你發現到，「身
體只是車子」！每個人，「累劫無明的思想體」？
都在「迷縛受用」，「相應的，莫明執著中」！那
就是「每個人累劫，無明輪迴的，思想體」！真是
「無明受用，輪迴的迷失」！

　　因此，「累劫迷縛種子？自然因緣無明相應

的，受用」！如是。「無明，相應其中」？「迷失受用的，觀念」。表達！

所以，很多人「浪費時間，在研究不思議」的內涵！其實「沒有必要」！（劉小姐：都「入魔相迷縛的。迷失其中」！與自我迷失的，「執著受用中」！）那是「累劫迷縛輪迴。諸不思議相」！「相應的？累劫無明種子。迷縛諸相」的其中！

如是。「自然相應受用中」！「自然，迷失受用的展現」！「愈注意那個，不思議相的迷失」！就因此，「愈迷縛諸相」的。「迷執」！

就像很多人「學昔日邪師。去製造很多導引的，不思議」！如是「無明相應迷縛，罪惡諸相」的？「無明相應種子的涵藏」！因此，長久「迷縛，深藏中」！

如是「迷失受用。罪惡的種子中」！「如是累積涵藏」的。「諸相迷縛」的迷失！如是因此，

「攝藏的，回畈」？「迷執種子」的建立！

　　因此，「迷相之迷縛中」。自然建立「因此，生出癌症受用」的產生！如是「迷縛諸相。莫明的回畈」？「涵藏相應種子」的展現。與累積！

　　俗語說：每個人，「生死有命，富貴在天」！其實，「生死有命，富貴，不是在天」！應該說：「生死、富貴」。皆「有命」！皆是「累劫無明，迷縛相應種子的受用」？「無明相應，累劫相應受用之本源」！

　　這是「累劫思想體中，無明相應輪迴」的，本來！

　　只有「真正能，深入畢竟空？無相。造化放光」的？「真實真理緣起的展現」！才是「真正佛的，大富貴」！

　　像蔣女士之前，「有癌症」。但是她「突破」了！已經沒有「癌症迷失受用種子的，展現」！然

後又在「爾後，不知不覺中。迷執諸相相應之迷失中。開始產生」？「累劫涵藏，種子自然相應的，顯相」！

　　本來是「癌症種子」的顯相！現在卻是「其它惡道種子。迷失相應的，顯相」！

　　因此，「自受用其中」？她很「痛苦」！她現在「開始深入漸漸的，自覺分明」。與「結論中」！只有其中，「深入無相。完全的破相」？與「重新排毒」工夫的，再涵養！

　　當她不再「迷縛累劫種子的，相應受用？與迷失」時！就開始進入「完全無受用」的自覺！「不再迷失中」，「自在其中，無相的轉化」！因此「深入其中的，究竟」！很「自在的，漸漸絕對其中」的？「安定中」！

　　因為她要「進入完全，無受用」的自覺。不迷失！「究竟深入。真正畢竟空」的涵養！

所以「隨時，要做排毒」的，「清淨受用」？與「工夫的涵養」！如是。「再排毒」的目的！就是「不要深入。無明相應，輪迴受用之迷縛」！

　　因此「自覺」？「深入完全不要，轉化種子？相應的迷失」！究竟的「緣起」，自在「畢竟空，無相中」！

　　原來大覺悟所講的「累劫種子無明受用？相應的。展現」！就是「無明其中」，「碰到事情，就一直輪迴使用自己？生生世世本來」的。「無明命運，受用相應的，反應」！與「無明其中」。「感受、觀念、和現象」相應的，迷失受用中！

　　都「一直相應迷執？認為中」！「這個自己本來，迷失感受的相應受用」？在「昔性相應」上，是「對的」！

　　即使「命運中」？還是「要用自己累劫無明相應的，輪迴種子受用」！這是因為，「無明其

中」？「習慣、迷失」。「無明相應」的受用中！就是「無明昔性？套牢相應輪迴的種子，受用」！

　　如是累劫「無明輪迴相應其中的。受用展現」！因此，「一直被自己無明的相應受用？玩弄」！

　　最後「自見，自受用中」。才「自覺其中」！「終於明白」？什麼是「自己。本來受用相應迷失的，無明命運」！

　　黃小姐終於，在「無明自受用相應其中？自覺的，看懂」了！現在開始「進入自覺悟」的，「理論，與實踐中」！如是因此，「完全破相，排毒」的，實踐「畢竟空」緣起的涵養！

　　自然，「感受、觀念、現象」受用中。都「完全不要迷失相應的，使用」！這樣，就從此。「沒有自己本來，無明受用的，相應使用」？

　　「如是。無明的迷失中」！叫做「深入其中

受用」？卻無法明白其中！自然其中。「感受、觀念、現象」相應展現的受用！仍是「其中無明？卻是無法明白的真相」！

終於「自覺」。「沒有人叫我這樣做，我卻自然迷失無明相應其中。這樣做」！如是「無明其中，自然不得不」的展現！「奇怪」乎？

原來？「累劫種子，而今生無明相應的，受用」！如是。「無明相應，累劫自然？受用其中」的？「自然展現」！

結論。「累劫無明迷縛相應的，種子受用」。就是「自然累劫無明相應迷失？套牢我們今生」。「所有無明相應命運的，受用」！

如是。「什麼時候」。會發生什麼事情！如是。「因緣際會的現象，與受用」的展現！為「根本無明相應命運」之「關鍵」！

像陳小姐的爸爸，「醫院開完刀後，就急著要

回家」！這是他「迷縛，累劫愛家種子」的相應？在決定！他「眷戀在家」。他眷戀迷失自己「昔性受用，相應的迷失」？「自我種子，相應受用之展現」！

「媽媽的癌症」。也是因為，「累劫迷縛種子，無明自受用相應的，關係」。而「產生」！她媽媽「癌症好了」以後。卻因此，「自然再展現？相應種子」的，本來命運？

「其它的種子，卻不斷的，無明相應的展現」？受用如是「迷失累劫痛苦的？無明相應，受用」！就跟「癌症的復發，一樣」的。繼續相應的輪迴？如是。「無明累劫迷縛」！「痛苦受用的相應」？與「迷失」！

所以，陳小姐從此，「自覺分明」！「工夫涵養的，實踐」！「直接受用中」。「完全破相，排毒的」？「無相緣起照明工夫的，涵養」！開始

「緣起，廣大放光」的命運？

　　因為，她發現「自己內涵，累劫無明輪迴迷縛的，種子相應受用」？如是。「內涵的，輪迴內容」等。在「同類相聚的出生」因緣中？也很「可怕」！「無明」？與「相應的輪迴」繼續！

　　因此「自覺」。她的媽媽「會有的癌症種子，她應該同類相應中。亦會有」！只是「還沒有因緣際會，相應的」。「展現」而已！因此「深耕無相，緣起照明」的工夫涵養！

　　陳小姐「從此自覺，隨時」。一直「回皈迷縛之破相，與排毒。緣起無相」的涵養！如是究竟長久的，「破相，排毒」的，無相緣起受用以後！「自然累劫迷縛相應的，種子」？就因此，漸漸的「枯萎」！而完全「漸漸的。沒有了」！

　　黃小姐因此，「一天一天的自覺。與覺悟分明」！她就因此，「不再迷失，無明的昔性」！如

是「無明其中的，自受用」！如是緣起的，「無相其中」？不再無明迷失，「相應的受用」！

　　而「她的感受、觀念」等。與「現象的相應，受用」等？如是。相應「面對的受用中」。亦「沒有累劫迷縛種子，相應的受用」！因此「本來的，昔性相應受用」！都因此，「完全自覺中」。「沒有」了！深入「緣起照明」的耕耘！

　　她就是「自然其中的，自覺」。「漸漸的，破相」。「排毒的涵養」！深入其中。「究竟空的，受用中」！如是「涵養」。「廣大無相的光明體」！與「如如自在的，自性佛」涵養！

　　「做什麼事情。因此見到」！「緣起」現象中！「會主動放光，菩提造化之現象」的展現。如是。「自然法爾的，任運」！

　　「再回皈自覺，同體智慧」的！「圓融隨順的交往」！回皈「究竟的，無所得」。自性佛緣起

的，究竟！

　所以，自在「覺悟」其中！見到「昔日邪師，都被他自己本有無明相應的，累劫昔性的迷縛」？「昔性種子，相應之受用」！如是。「無明迷失相應之作為？所套牢」！

　「如是。因此，累積涵藏相應的種子」！「自然死後」。「自然相應，迷縛受用種子」。「自然的，現象空間」！「相應」著！「因果，自報應」著！

　「沒有人詛咒他」？卻是「他自己，自然迷縛相應累劫而今生，無明受用其中」！走進那個「自縛無明迷失，輪迴相應的」？如是。「累劫種子相應。無明的迷縛受用中」！

　「深入，迷縛」？「現象無明相應的，自然因果空間裡面」！如是。自己「無明迷縛？與套牢」的？「自相應的，因果迷縛，無明的空間中」！

那「不是別人，給他套牢」！是他生生世世的，無明相應。「累劫無明相應，迷縛的種子」。「自然無明因果相應的，迷失的受用中」！就是這樣「迷縛無明的套牢中」！

　　他「死後，自然會無明投入」！自迷縛相應無明的，「鬥爭、邪惡、痛苦、不安中」！一切「仍迷縛無明相應其中？都要使用，偷搶騙的，昔性相應展現」！如是「無明因果」。自相應的，報應受用因緣中？

　　才能「因此因果的，擁有」？「自擁有的，無明相應空間現象」的投入！真是「可悲的。無奈」啊！

　　那個空間，絕對是「不好的空間」！不是「福報的空間」！那個是「鬥爭」的，空間！那個是充滿「互相的迷失、互相的對立、互相的欺騙中」。

　　能夠因此，「相應無明擁有的？因果報應」

等！那個，是包含「相應，阿修羅」以下。像「地獄、餓鬼、畜生」的，內涵空間！真是「無明相應」報應的，因果！

「不是大覺悟，詛咒他」！是他，「自然自己，無明相應」的果報！「已經，自然如是。累劫思想體」？而「今生無明相應的，展現」！在「現象今生的展現中。自然告訴我」！如是。「他的累劫，無明迷縛，種子的相應」？「究竟，是什麼樣貌」！

死後，「自然無明相應其中」？他會去「什麼樣的，空間」！原來，「一切，皆是。自迷縛其中。無明相應的種子」！自「無明迷失相應的，自然展現」！如是「自無明相應，受用其中」的？「自然因果報應」！

就像陳小姐，今生「迷迷糊糊」的！死後，她就會去「迷迷糊糊」的空間！那個空間，是「昏

昏沉沉」的。絕對是「無明昏暗，不好的空間」！有可能是「地獄、餓鬼、畜生」，或者是「相應其中，窮困潦倒」的，人家！這是「累劫無明迷縛種子，自然無明相應的空間」！

如是。今生若能「自覺」？「自然改過其中」！「自覺突破，緣起照明的，轉化」！則「命運有可能，深入其中」？「漸次光明」的。福報光明，果報！

所以陳小姐，「把這個本有，無明昔性相應的空間」？「全部破相」！「排毒，究竟破相的，不要」！就能進入「完全。沒有這些無明種子，迷縛的相應，受用」！

這個就是「深入識空。完全的不迷失中」！如是「深入自覺」？「阿羅漢」的，內涵心境！這時，「自然會相應產生？完全沒有這些種子。迷縛無明，相應的迷失」？如是。「不思議境界？與光

明受用福報的空間」！

　　也因此，「再深入。完全識空」的？「再空中」！完全，「不要迷失中」！自然「深入，究竟破相不迷中」！就是，深入。「識空空中」！如是。「類佛」的不思議空間！

　　「沒有種子。也沒有種子，所產生不思議」？完全「超越的空間」！即是「識空空」的，內涵！

　　若連「不思議的，不思議」。也完全「不要迷縛其中」！連「完全沒有種子相應的空間」！所「展現的沒有內涵」。也「完全不要」！

　　就進入到「空中的，內涵」突破！甚至「再進入到。畢竟空的突破」，「緣起照明的，究竟受用中」！

　　像黃小姐，「經常，被自己的昔性相應受用，所套牢」！經常「不知覺的，以自己的以為，與受用之執迷」，而產生自然，自以為的行為！

這是必須，「回觀見明」的！如是。無明相應
的「自覺」。與「突破」！「深入，破相其中？突
破無明相應的迷失」！更深入「緣起照明的，造化
中」！

　　如是。深入「完全沒有種子相應迷失的，空
間」，叫做「阿羅漢」！深入其中。「沒有種子相
應的迷失」。而且「完全沒有因緣的相應，與無明
現象的糾纏」！那就是「辟支佛」的內涵！因此
「無相應的，無無明盡中」？進入「緣起照明」
的，「造化展現中」？

　　深入其中。完全「沒有現象的相應。也完全沒
有我」！就會因此，「無無明」其中？產生「廣大
的，不思議照明」！很多「廣大不思議的緣起放光
現象」展現！就因此，自然表達「造化出來」了！

　　那些「不思議，也完全不糾纏」！就是「無
無明盡」？「類菩薩，和類佛」的內涵！更深入。

達到「究竟的，不糾纏」！就是「無相其中的，類佛」！如是。究竟「識空空」，緣起造化的，光明心境！

到「識空空」。「完全不糾纏，到極點」！就是深入，「空中緣起，光明造化」的內涵！如是自在，「空中」！就有「如」的特性？自然的，自在光明造化。裡面！如是。自然其中。「一真法界不思議造化」的內涵！

連「一真法界」的不思議。以及「好壞，是非、善惡」，在那裡面都是，諸相「無二，光明造化的。平等」！都深入完全，「不糾纏，不迷縛的，無相光明」其中！不被「相的好壞」，所迷失！就到達「無是與非的。諸相不迷失」的。光明造化平等中！

如是。「平等諸相，光明的造化內涵」！也深入，「完全不迷失糾纏中」！就因此，進入到「畢

竟空中」！連這個，也「不糾纏」的。

　　達到「究竟，緣起照明。完全沒有迷失其中的。光明體中」！

　　「內外，都是不迷失。空的光明造化」！叫做「內外，平等相對中」！叫做「無內無外的，相對平等」！如是。叫做「空中的受用」！

　　如是。再深入「畢竟空的受用，與廣大光明體」緣起照明中！以後。就開始，「廣大菩提造化的，放光緣起」！

　　你們現在「能自覺的，發現到」？「種子的相應，都還沒有，清除」。「怎麼談到，沒有種子的內涵」！「沒有種子，自然因緣相應以後的，不思議境界」。都「沒有辦法，自覺排除？怎麼談到類佛」！「完全沒有迷失的，類佛」？都沒有辦法「進入」！怎麼「進入到空中的，一真法界」！

　　如是。「空中的一真法界，無二平等光明

  生活的大智慧：進入自性佛【真理學，輔助深入版2】

中」。「好壞是非，善惡一切相」皆光明平等，其中！能因此見到。「好壞諸相，都一樣的，內涵」！這叫「不動心性相的，涵養」！

如是的，心。深入光明其中？「好壞不迷，內外都不迷」！就因此進入到，「空中的，空」？深入「究竟無相」其中！如是。因此，「畢竟空，究竟光明體受用」的。完成！

「內外相對平等，都沒有」了！你就進入到「絕對其中」！「無是無非的。究竟平等中」！連這個「平等的相」，你也「不迷」！如是。「無內無外的，究竟無相中」！整個空間，都是「絕對一體」平等，其中的！

如是。絕對的「一體」。就有一個，「絕對」其中？「究竟的光明體」！

還有一個，廣大遍照的緣起「放光」！如是廣大的，「放光」？還是回到「世間、現象、和眾

生」的，「緣起，照明」！

自然因此，「眾生和現象」。就會因此，自然「緣起的照明」！自然因此，產生。「遍照放光」？「不思議的，平等造化相」！就「自然法爾現象的，圓融任運中」！「大智慧的，跟祂走」！

黃小姐，「再怎麼好奇，再怎麼糾纏」。再「怎麼不思議」？你都「想要了解」！這個就是，涵藏「累劫迷縛無明相應。好奇的種子」！

「過去也好，現在也好，未來也好」。都不要被這個「受用、感受、觀念、現象」等。迷縛的？「迷失套牢中」！

完全不要「好奇」的迷失！因為「好奇」，就是「無明迷失的，相應糾纏」！若能，進入到「完全，不要迷失受用的。完全不要相應的糾纏」！因此，進入到，「當下，如如不動」？「自然究竟的絕對，其中」！

完全沒有「無明，迷失」的光明狀況！這個就是，「當下其中」？「完全破相，排毒」受用的，「不動」內涵！如是。「究竟無相其中的？真實涵養」！

你見到，所有一切的「感受、觀念、現象」受用等。都「完全不糾纏」！連「好奇。也不糾纏」！深入「廣大光明體」其中？

如是。「自我的，知見以為」。也不糾纏！若因此，你認為「自己有道」。那個也是，「無明其中相應的。糾纏」！深入實踐其中？「完全沒有這個相應」，與「諸相種子的迷縛」！叫做「無種子相應迷失」的。阿羅漢！

「阿羅漢」，只是注意到「內心受用，不迷失諸相」的糾纏！不迷失「感受、觀念、現象」的受用糾纏！然後，「再進入」到，「因緣、現象」的完全不糾纏？如是「辟支佛」的內涵！

就像「一出生，自然其中」。就和你的兄弟姊妹等，產生「因緣的糾纏」！叫做「無明相應因緣」的，自然糾纏！

　　所以，釋迦佛就是因為。「覺悟到這個道理」！祂就「進入到」？「完全捨離因緣的，迷縛」！在「完全不糾纏中」！於是「決定單獨一個人。出家修行」！

　　那時候的祂，已經進入到。自覺其中？「阿羅漢與辟支佛」的心境中！「深入其中，自覺的」？「完全諸相因緣的。突破中」！真是「不思議的，廣大殊勝」。「累劫昔性的，自覺功德」！

　　當深入，「完全因緣的不糾纏」。與「種子相應的不糾纏」？自然其中。「不思議，內外受用的不迷失中」！完全「不糾纏中」！

　　連這個「不思議」。也不糾纏！做到「一切內外受用的。不思議的，迷失」！都「完全的，無相

其中。不糾纏」！這才是「真正深入其中」？「類
菩薩和類佛」的內涵！

　　所以，見到。幾乎「癌症的人」。都是被「累
劫迷縛深藏，相應癌症的種子」？因此，「因緣際
會」其中。無明「相應的受用」。所迷失！

　　雖然，「癌症的種子，不迷失的」。好了！
但是，「其它的種子。仍會相應」的？產生很多
的「感受、觀念、現象」相應受用的？「自覺」迷
失！

　　因此，「自然。深陷其中」！「很痛苦，迷縛
受用」的。「無明相應」！與莫明的，「迷失相應
受用中」！

　　所以，「真正的命運，是誰造成的」？是自己
「累劫迷縛種子，無明相應的受用」！自然「今生
生活現象中」？「相應迷縛」的。被套牢！

　　被自己的「所有種子」，和「沒有種子」。

還有「不思議」的受用等！包含「一真法界空間的受用」，與「內外是非好壞平等，不思議的受用」等，相應其中？「所套牢」！

如果「這些受用，都不迷失」！就能因此，「真正進入」到，「一切相，都不迷失」！連「菩提相，也不迷失」的心境！也就是「真正達到」？「究竟的，畢竟空中」！就是只有「光明體」其中！連緣起「放光的，菩提造化受用相」，「都完全，自覺無所得」的。「不迷失中」！

像「好萊塢」的電影。一定要「製造許多，非常恐怖、驚世駭俗的劇情」？以及「非常異色的、非常感受的、非常糾纏的、非常迷失的」劇情！目的，是為了「電影能刺激人心的，賣座」。吸引，更多的，觀眾！

但是，在「電影熱賣」的同時。每個人「內心中，因此建立了，攝藏的種子」！亦因此其中，

「建立了迷縛種子相應的？迷失」！

「建立了，非要這樣。否則不過癮」的，「迷失種子」！「涵攝的，相應其中」。「迷縛著」！

尤其在美國，就可以看到這些案例。愈是「極度奢華，愈是不滿足」！他「沒有辦法，再滿足」時？於是，「透過眼睛、耳朵、鼻子、嘴巴、肉身」，和「欲望的滿足」過程！就會因此，「製造出很多奇奇怪怪的，現象」！來「勾引出，累劫迷縛的種子」？「相應受用的，滿足」！

但是，當他「一覺醒來」！還是「不滿足」時，這個就是，「仍然迷失，其中」。沒有，「覺悟」！「本來，最後究竟」。終就是「一場空」的，究竟真相！

像陳A先生，就是沒有辦法忍受。「累劫完全空的，種子」相應！所以，他一定要有「迷縛自我觀念」的，展現！所以，「碰到現象，沒有觀念的

相應。就不行」！因為「幾乎，每個人。都是這樣」！

　　所以，「每個人活著，要有感覺」？認為「才有意義」！如是自然，「生老病死過程中。也就是這樣」。「自然其中，有自我其中相應的滿足」受用等？「展現出來」！

　　像某位「國家領袖，當他的聲勢，達到最顛峰的時候。就沒有辦法，再刺激他」！「深藏累劫擁有的，那一個累劫種子迷縛受用，相應其中的，滿足感」！

　　「他永遠處在，自我迷縛的相應，不滿足中」！所以，「不滿足的迷失相應，堅強的迷縛著」！好比「蛇可以吞象」般。一樣可怕的相應！

　　「不滿足的種子相應」？會讓你「走極端」！因為「現象就是這樣」相應？其實，「當達到極點」時。也就是「開始，衰落」時！這是「相應法

中，一定的道理」！

就是「人為什麼會失敗，人為什麼會不滿足」？因為，「有無明自我相應」故！即使「很有錢。為什麼還會相應，災禍連連的原因」？

就是因為，他「生生世世」，有一種「不滿足自我以為的，失落感」相應！在「玩弄他」！這是「如夢如幻中。變幻現象迷縛的相應？如是。現實受用迷失的相應」道理！

所以，「能如如的空中？自在無我、無法、無無常中」！方才能「無相真理的放光緣起？任運的自然」！「永恆」其中！

所以，你們「一旦，好的時候」。千萬不要把自己，「弄得很動盪的相應，與不安」！

不能夠因為，「現象，不能滿足你」？你的「欲望種子。就開始相應，亂了」！還是一樣，「自覺」覺悟的？保持「無相，而平凡的心」！

要覺悟「到頭一場空」的相應。事實！像很多人，「已經很有錢。還想再，更有錢」！這樣，可能就「會出災禍的相應」？這個，就是「無明迷失相應的，自然迷縛」的遮障？

　　大覺悟，「沒有相應其中？如意與不如意的分別」！恆處。「如如放光」的緣起中！

　　就是「自在任運其中，如如放光現象」的。「自在，放光的緣起。看中」！大覺悟「恆常」。在「任何的現象中」。即使是「灰曚曚的現象中」！永遠「自在其中的，緣起照明？任運自然中」。走「自性佛，照明的路」！

　　如是自在，「如如光明體的，緣起照明的路」！永恆「緣起，放光自覺自在的，路」！如是「自在，無相。而安定」的不動！如是。永恆的。「看中」！

　　「有的富豪」。再怎麼樣，他「都不滿足」！

想辦法，「繼續有錢」！當「不如意的時候」。他卻不知道，「累劫迷縛無明相應受用的，種子」？是「自己本來涵藏，自縛受用」的相應，自然的展現！

因此見到。如是廣大的相應，「現象」。可不是完全無明的迷縛？「由自己的，本來的幸運展現。能決定」！

「現象。是累劫各個迷縛種子。在那邊相應」？「比較、衡量、分析、糾纏的因緣」！如是「自然其中相應」？到最後「誰會成」？是「因緣變化的冲和」？與「自然結果的，現象」。在「決定」！

原來，「生命現象，會怎麼樣」！皆是每個人的，「累劫迷縛的種子」相應受用！「在以為，與無明的相應。與現象中。展現」！

「相互相應的，因緣變化」？自然產生一個

綜合「現象變化的，結果」！那個叫「無常」的變化！是「不一定的」！

像「某位大企業家，當他一失敗」了。「內心就開始，迷失其中。受用的相應，枯萎了」！「納悶的想，我怎麼會失敗」？我是「天下最會賺錢的人」。我的「命運，齊天」啊？

這卻是自然其中，「累劫迷縛種子的，相應展現」。自然相應「開花結果，與落葉皈根」的各自，自然的展現！

葉女士，「做什麼事情，變化結果。沒有一定」！這個叫「無常」！你若有「開闊的心胸」。「對方自然，就會被你感動」！

所以，大覺悟的文章「平白的，寫實」！每個人，卻都有一個「廣大，冲和」相應的。「莫明命運的自然」！

那個「自然的相應」？就是「平等其中的，同

  生活的大智慧：進入自性佛【真理學，輔助深入版2】

理心」！「你這樣認為，我也這樣認為」。因此，相應其中。「事情就會變成，我們兩個的，冲和其中」？「共同自然相應」的，圓滿！

這個「共同自然相應的展現」？即使「使用詛咒」，也「沒有辦法改變」！所以，「同理的自然」？「整個空間的，自然現象」。跟「真理的自然法爾」？是一樣的！大家就因此，「共同同理其中」的？「心甘情願」！

「無常。要變成常」！要怎麼「處理」？就是兩個人，要彼此間，「心甘情願」！「心平氣和」！

如是。要「光明正大。坦蕩蕩」！要「合情合理」。就一定「會成」！如是「廣大真誠的，圓滿」！

「跟人交往，或者做生意也好」！「最高的境界」展現。就是「光明正大」！「合情合理」！與

「尊重所有的人」!

　「要把所有的人，都當成是你自己」!如此。
「必定」。「因此，會永遠的圓滿」!

生活的大智慧：進入自性佛【真理學，輔助深入版 2】

（六）積極破相「感受、觀念、現象」等
　　相應受用，排毒的涵養！「當下，
　　其中」。建立「畢竟空受用」緣起
　　的，實踐！積極深入。「廣大遍照
　　的，放光」！因此，建立。「圓融
　　隨順菩提自然法爾的。任運」？與
　　「真實，佛富貴」的內涵！

　　要「勇敢忍耐的，面對現實」？走「自在當
下，緣起放光照明的圓融」！讓「自然其中的，
任運」！完全「不迷失的，廣大放光。畢竟空受用
中」？「緣起」，廣大放光的展現！

　　如是。「自在」其中！廣大「遍照放光」。緣
起的法爾？「吉祥如意」現象的。自然出現！

　　就是說，「當下其中，走自己」。「自在其
中，廣大放光」的路！「不允許自己。有任何相

應的，哀怨、痛苦、發脾氣。與負面的受用情緒等」。「全部捨離。相應受用，不要」！

只有「自在，究竟涅槃」！「同體智慧」的，緣起？「圓融的，自然法爾」任運！

讓「自然其中」？當下「自在。祥和。安定中」！這個才是「真正深入，緣起的。生活現象中」？完全「面對的，圓融」！真正自在的？「進入絕對，自性佛」廣大究竟無相的。涵養！

「不准有累劫思想體，涵藏種子。相應的面對」？而「任何哀怨、痛苦的，想法受用」等！每個人，都要「分明的，自覺深入」！「完全不要自己。無明相應。累劫種子的，受用」！

自然「廣大現象，捨離無明相應？面對中」！「自然當下，緣起。圓融」其中！展現「吉祥。安定。如意」的自然法爾？與自然現象法爾的，內涵！如是「同體智慧」的，「圓融隨順的，自在」

其中！

如是廣大。「光明正大的，展現」！「自然其中。都很喜悅、快樂」的。「圓滿自在中」！

所以，不准有「累劫無明思想體。繼續輪迴的相應」？與「無明想法」之迷失！「好，是它自己。緣起自然出來」的展現！「壞，仍然面對，圓融」其中？

「平等當下的，隨順緣起。不要因此而傷悲」！回皈「究竟的，無所得」！

講這些，不是在「迷信，與相應無明」其中！而是要「這樣做」？「無我、無法、無無常的不相應法，緣起照明的內涵」！如是「自覺，自在」其中？「無相，放光照明自性佛」的，緣起內涵！

就像「黃女士的膝蓋」一樣。完全要「自覺的，看破」？「本有的看法」！不要認為「膝蓋，就是永遠不會好」！這些「無明相應的，自我以為

觀念。都不要？堅固突破的。不迷縛其中」！一定
要「緣起，自然造化」的？「大智慧，突破」！

　　「當下其中，恆常深入」！「真實覺悟的，
破相不迷」！原來，不相應法中？「本有無明相應
的，觀念與以為」！

　　即是當下，「真正應該深入的。無相」？「自
在」其中！如是。真實「排毒工夫」的，涵養！

　　自然因此，「同體智慧」其中。見到「緣
起」？「圓融隨順，造化」之展現！

　　這個「不是本來昔性，人類無明的相應中」？
「積極不相應法的涵養？如是其中。無相作為的，
想法」！而是「當下，受用空間中」？見到「緣
起，放光照明？現象其中。真正智慧圓融的，工
夫」！

　　如是。「排毒法」涵養後的。「自覺」工夫！
這個能讓「究竟自性佛，無相畢竟空的。內涵」！

廣大「絕對的，光明體」？面對「緣起的，智慧照明」？

能「菩提造化」？「自然法爾」的，任運其中？展現出來！

當「緣起的佛法」？展現出來！自然「廣大遍照放光的，菩提造化」法爾自然！如是。究竟「佛法的展現」？「緣起。造化出來」！

「絕對是榮華富貴，絕對是吉祥如意，絕對是高貴，與智慧內涵」的？「佛智慧，果報」！

大覺悟所講的，就是這個「真實，緣起。進入自性佛」？「真正無相的，排毒工夫」！「真實，緣起。走自己路的？自在廣大放光的，涵養」！

如是「任運無礙」的。廣大「佛富貴造化的，緣起」！如是。「大智慧的行持」！因此，而「深入無相自性佛中」？「自在其中的，究竟無所得」。「涵養」！

葉女士，要活在「當下其中」？「不要想的？無明昔性，不相應的。面對中」！對你的「先生和兒子」。無論「怎樣的想法」。你都「把它排掉，不要相應法。其中」！

　　他們怎樣，「在你的心中，受用中。你都不要迷縛相應其中」！深入「當下，不相應法的。無相精神中」！如是「畢竟空受用」！深入自見。廣大緣起「放光的遍照中」！

　　他們「對你怎樣」。你都「不要迷縛的，相應迷失」其中！「你不要因為，他們如何對你」？或者「你認為，他們就是這樣」的，累劫昔性相應！而因此，「迷縛其中。相應法中？自我昔性的，無明相應」？

　　如是。本來「無明命運的，相應受用中」！被他們的，自他相應的無明受用。「套牢」！卻是「當下」。無相應法的，實踐突破。「自在無相其

中」的？見到「自性佛緣起」照明的，造化！

　　活在「無相其中」？永恆「自在精神體的，內涵中」！如是深入「同體智慧」緣起的，照明其中！能「圓融的，任運」。「圓滿現象的，自然法爾」？完成！

　　「不要迷縛的，無明昔性」？與「累劫無明自我相應的，受用」！「沒有一定，無明思想迷縛的。套牢」！當你「不要迷縛其中。當下無相應法的，自覺」時！你的「無相精神光明體，自在自性佛的空間」？自然會「緣起照明的，產生菩提的造化」。「如是任運圓融，自然法爾變化」的吉祥如意！

　　如是「自在。變化照明的。造化現象中」！會因此「緣起，祕密其中」的，菩提造化！深入當下，「自在的，絕對真理。無相自性佛」。與「吉祥如意的，果報」！從此。「廣大的放光，回畋，

緣起照明」他們！他們就會因此，廣大「破暗而光明」的？「轉化」。回皈遍照！廣大的「遍處」？

　　如是「緣起」？叫做「自然照明。轉化？廣大，菩提之造化」！所以，「你能否自在無相的，自覺」？「自在的，面對」！如是。同體「智慧緣起」的，圓融！

　　因此「發現」。「本有一個，累劫的無明相應昔性」？「很大自我受用，相應觀念的，地獄？要突破」！

　　就是「迷縛的相應觀念？和無明累劫種子。相應的受用」！都「完全不要迷失」的？「破相自覺，無相應法其中的面對」！如是「完全不再」的。相應受用「迷縛其中」！「當下」究竟。深入完全。「無相的，緣起？廣大放光的。精神體內涵中」！

　　大覺悟「所講的」？累劫「無明人類」？如是

「面對」？無明相應中！「絕無僅有」的，無相應法。如是。無相其中的。概念！你們從來「沒有聽過」的！這是「無相究竟受用中。其中十一法界究竟破相平等中？面對的畢竟空心境」！完全，「不迷失其中」？如是。「相應種子昔性」。自覺完全破相的？「當下。真正緣起照明的實踐」！

「如是。不相應法中？真正究竟，排毒的工夫」究竟自在，自覺的？「當下，無相其中？真實緣起照明？廣大涵養法」！最後的「終點」？當下。無相其中。「究竟的自在」！是「進入真正廣大無相。緣起遍照，菩提的造化」？如是。「畢竟空自性佛的涵養」！叫做深入無相「畢竟空」的？緣起廣大照明。「菩提造化的受用中」！如是。「自覺相應」的轉化？深入「緣起照明」的工夫！

要能「覺悟這個」？「真理，內涵工夫」的面對！「很不容易」啊！「所有的觀念、所有的

感受、所有的現象」，自它相應受用等？都當下，
「完全無相」緣起照明其中！

　　像「自在其中的，深入無相」！自然「所有
的不好」？都能「因此，當下相應涵養」的。深入
完全不相應的？「全部離開」！「所有的感受和觀
念，相應受用裡面」？「不准有累劫思想體，種子
相應受用」的，無明「迷失」！

　　如是「重複表達，不相應法的工夫」！完全
「自覺其中」？「不要被，無明夢幻。與相應的昔
性種子，迷縛的面對」？與「本來無明相應，輪迴
受用的？迷失的自己。迷」！若能真正自覺？「深
入，無相其中」！自然深入？「不被本來無明，相
應使用的？自己無明的命運。迷」！因此，進入
「真實的緣起」？照明造化中！

　　如是自在其中。「自性佛的涵養」！因此「自
然其中」。「空間現象的，放光遍照變化」！就會

「因此，緣起造化現象法爾的，圓融隨順其中。如是。任運吉祥如意的，改變」！

這是「自在其中的，面對」！因此，「深入自在的，真實無相自性佛」，涵養中！

在「完全不要自己受用」以後？自然，因此「自在其中的，展現放光」的。緣起！

如果「你仍有無明昔性，與面對相應的受用觀念」。堅持！自然其中。「無相自性佛，緣起照明」的涵養！「就因此，被自我堅持的無明相應」六道的輪迴？「擋住」了！

葉女士，不要「被你的先生、兒子怎樣對你」？因此，「累劫昔性相應的受用」迷失？所影響！你還是「自在深入，自覺其中」？「無相的自覺？不受影響中」！這才是「真正實踐。緣起，無相工夫」的。涵養！

「你認為他們，會這樣的，無明相應」？自

然其中，「你的心境，就跟他們莫明相應的對立」了！就因此產生？「本來無明昔性，強大莫明相應。對立的我」出現！根本，因此？見不到「緣起轉化」的出生？

如是「無明相應，累劫迷縛唯識」其中？為「無明輪迴」思想體的，繼續？為「六道，無明輪迴」的。本因！

當「自覺其中」。「深入無相其中，完全不要這些」！自然「行持轉化，無相應法的，究竟無相？畢竟空的受用」！深入其中，「無我、無法、無無常」的，究竟緣起，「放光」其中的。實踐中！

「自然無相。絕對的，自性佛」？因此，「自覺涵養中」！就自然展現。「緣起廣大的？放光」出來了！如是。「菩提造化，廣大」的。「妙」乎？即是「自性佛，佛富貴」命運的造化！

所以，結論。「無明相應現象變化中？自然無明相應的受用。昔性自己」？如是。自然。「累劫思想體，繼續相應的，輪迴受用？套牢了」！

　　其實「沒有人，能迷失相應的，套牢你」！卻是，你「本來累劫思想體，無明迷縛。無明相應種子的，迷失命運」？「自然相應」的？「無明其中。迷縛套牢的迷失」產生！

　　你本來「累劫而今生。無明相應」的？「糾纏和判斷的受用迷縛」！那個，就是你的「自性無明，相應受用。迷失的魔」！

　　雖是「本來如夢如幻的？本來無一物」！你「卻把自己昔性的相應？一切受用的，判斷。當真」故！

　　怎能因此，當下？「究竟無相，緣起。自性佛」？放光「自覺緣起照明的？自在」呢？

　　深入。「不要相應受用的，迷縛」！如此「相

應累劫無明昔性的，受用」！自然「自在其中。自覺的轉化中」！進入，「究竟無相受用的，緣起照明自在的造化中」！

如是。「真實廣大的光明」！就自然緣起「放光遍照」的。破相無明的相應？究竟轉化，緣起造化的。展現出來了！

所以，「累劫長久，無明其中的相應」！「自然無法，解開，累劫輪迴無明受用？自我的迷縛」！

「自然，因此」？你的「先生和兒子」！「永遠，就是無明相應法的使用」。「無明迷失久遠，輪迴無明，其中的受用」！無法深入完全無相應法中？「無相放光緣起的，畢竟空中」？

你若能「自在，剎那」？「十法界中。轉相應，實入緣起的。佛造化」！「自覺的解開，累劫無明相應。迷縛的受用」！如是其中，「自在的涵

養」？當下的「自然現象，緣起法爾中」！他們就
會莫明「在現象其中的，自覺分明的。轉化中」！

　　如是自然，「緣起造化」！「自然菩提造化，
自然法爾的轉動」！這是「廣大遍照的放光？佛富
貴緣起的，造化」？亦是「永恆其中，停止輪迴」
的前兆？

　　鄭小姐的，姊姊「感冒」！是因為，「內心世
界中，有很多無明以為的。痛苦，和不安相應」！
所以，「氣息不通。相應無明昔性受用的表達？自
然，很傷心」！

　　其實，「累劫無明相應？思想體其中」。如
「夢幻」？表達「今生的，受用中」！

　　其實「自覺，如夢幻中」？「沒有什麼，好傷
心的，相應受用」！若能「自覺的，看破不迷」？
「不如意和如意的，受用，都隨它，無相其中的。
運轉」！「現象怎麼樣，都隨它的，自覺」！

不隨「累劫無明種子」，「相應的受用」？而「迷縛」！深入「不相應法中」！隨順「緣起的照明」！

　　效法釋佛「三天三夜魔考，如夢幻相應」的？「堅固無相應法的，自覺」？「一切諸相，如夢幻」的，自在其中。「自覺的堅固」？如是「無相」的，真實！與「當下」緣起照明。究竟的其中！

　　「不好的現象。你順它」？「自在心中，深入不動無相的。自覺」？「反而，是究竟其中的。好」！

　　現在「要突破的，不是現象的相應」？而是「累劫迷縛其中。受用相應的？累劫無明祕密昔性種子的。迷縛」！深入「究竟自覺堅固？無相緣起造化的」其中！

　　如是。「累劫迷縛的種子，自然相應其中」？

產生「無明相應，莫明受用的迷失」？如是。「無明的迷失」！因此，「自然其中。而輪迴無明」？「本來種子，相應」的。「莫明命運」？

　　像張女士，你「不應糾纏，迷失累劫輪迴昔性種子，相應的受用」？如是自在「現象。自然其中」？就會「緣起照明中」。莫明「佛命運的，改變」！

　　「是誰，給你改變」？是「你的無相自性佛，在緣起的，放光」啊！如是「自在其中。緣起真理的內涵」？「自性佛的，放光」？如是。廣大「緣起的造化」！祂有「不思議的？放光福報」！

　　如是。「破暗相應，而不相應法中。光明的，轉化」能力！如是。緣起。自然「吉祥如意」。「不思議的造化」，產生！

　　所以，你「不知覺」的？「進入緣起放光的狀態」！如此自在的，廣大光明的「命運」？自然，

就「不一樣」！自然「放光造化中。任運，自然法爾現象的，變化」？就不一樣！

　　整個「觀念、感受、現象」無明相應的受用等？「自然深入，無相應法中。絕對的其中」！「萬法一如」的？就「深入。不一樣的？放光狀態」！

　　它是「自然其中的，緣起放光。自在」！「放光以後，自然同體智慧」。「自然緣起，造化其中」？能展現「不思議的佛富貴。菩提造化的任運現象」？出來！

　　現在，能進入到「最深分明的，無相應法的自覺」？「完全不糾纏無明的，昔性相應。裡面」！「自然其中，無內外相應」等？如是。「現象怎麼樣，感受怎麼樣，觀念怎麼樣」？都「不要套牢？受縛迷失的。相應其中」！深入「究竟的，無相應中」？

都完全，「不要被它相應受用的，迷失中」！你因此能，「活在你完全不相應法的。自覺其中」？「自在緣起的，涵養中」！

即使「現象再怎麼，不思議」？你都「不要被它相應的迷失」！像「好，就高興。壞，就傷心」等？這就是「無明相應，面對的。輪迴受用的，迷失」！

只有「自在無相應法的。無相其中」？如是自在。「究竟自性佛」的？「廣大放光的，緣起」！才是真正佛富貴的，「造化」？

所以，「好和壞」？你都「完全，不受它無明昔性的相應迷失？所影響」！因此分明的，「自覺，深入」！「無相應法的。自在其中」？深入無相「緣起照明」的。造化其中！

當下，「進入無相內涵，如如」的？「究竟無相精神體，絕對的涵養中」！這是「關鍵緣起造化

照明的。工夫」？

　　也就是說，「現象怎麼樣，相應感受怎麼樣」？都「不准對於現象」？有「任何糾纏的，輪迴相應的感受」？和「反應相應的觀念」！因為，那就是「本來累劫相應，生生世世的無明輪迴，繼續的相應」？

　　如是。「累劫種子相應」，「自然相應，展現的無明迷失，與昔性的受用」！當下，直入無相應法中。「究竟的自覺」？深入其中。「無相的自性佛」？「廣大緣起」的，放光中？

　　像張女士，「經常，罵她的員工不像話」。「晚上不睡覺，白天到公司才睡覺」？這就是「累劫無明相應的，輪迴受用的，自然糾纏」！

　　張女士應該用，「很冷靜平凡，而平和的口氣」！跟員工講！這就是「回皈」？「完全自在的。不相應法中？不迷失無明的受用中」！如是深

入「不相應」法的？「不糾纏」其中！卻能「緣起

放光。圓融的，現象」自然法爾的，圓滿中！

　　張女士經常。「處在這種，現象相應的不如

意中」？與「累劫感受相應的。昔性前世不如意

中」！但是，她卻「能自覺」的，「深入」。「自

己已經死了，完全不相應法的，進入」的心境！

　　她「因此自在其中，不相應法。無相」的。

莫明的？「緣起放光中」！不讓自己「累劫無明

的種子，相應展現出來」！所以，「自然從此。皆

在」？緣起放光。「吉祥如意中」！笑容滿面！

　　所有「不如意的累劫種子相應。和感受」！

她都「自覺的，認為自己，死了」？深入無相應法

中。「不讓它出來」！她因此，「自覺分明的，緣

起放光。自在的覺悟」了！

　　她的「心，永遠活在？自在自性佛的，如如

不動中」！完全「自我排毒。不相應其中」？「不

受，不如意。相應法？所影響」！也「不會，再發脾氣」！因此，自然皆是。緣起放光的？「生氣洋洋中」！

所以，要經常做到，「現象怎麼樣」。都「不受它，無明的相應。所影響」！

「不如意，就不如意」？「面對不如意。不要被不如意，影響」！深入「自在當下，不相應法中。無相精神」的，緣起造化的。涵養中？

「這個，不相應法的面對」的方法！是「很高的自覺智慧」？「如是。自在其中？自覺的緣起放光內涵？和覺悟」！

「不如意，就自然讓它。不如意，如夢幻的。覺醒」！而能「自覺的，活在不相應法中，無相自在心境中」！如是。緣起放光。「同體智慧」其中的，隨順圓融。自然法爾任運中？

讓「放光的照明」。能緣起的，「展現出

來」！見到「廣大緣起的，造化現象」？

　　這種「不相應法的，無相覺悟」的工夫。無論「天再怎麼黑？無論再怎麼，狂風暴雨」！自在無相的「緣起造化心境？都因此自覺」的！「保持無相的安定」？完全「不受現象，與相應法。所迷失套牢」！這是「無相緣起工夫的。關鍵」？

　　你的「無相，自在自性佛」？就是在「自然緣起絕對。究竟安定的，其中」。產生「廣大遍照的，光明」！這個，才叫「緣起的自在」？「究竟的真實」真理，其中！

　　「所有的黑暗、所有的恐怖、所有的不安」。都是「如夢幻泡影」的相應迷縛？必須「自己面對」！在「迷失的，相應無明。迷縛中」？不要「被它迷」！

　　你的「心，活在永遠。不受外面現象影響，相應中」？深入無相應法。無相的？「光明自在緣起

的。安定造化心境中」！

　　這樣子，你「永遠當下，自在其中」。皆是「廣大，吉祥如意的富貴」！恆處緣起「自在、安定」。回畈，「無所得其中」？和「究竟絕對」。堅固「畢竟空的，吉祥如意受用中」！

　　這是「究竟佛富貴，淬煉自在其中」的？「保證」！是「能夠廣大遍照，無所得其中，堅固放光」的？「保證」！

　　所以，當下。「十一法界，不論怎樣迷幻」！在如是「如夢如幻的，相應迷失中」！你都「自在無相應法，無相其中」？「不會發脾氣」！你「都不會，因此而累劫輪迴相應種子」？「迷縛相應的，糾纏迷失中」！

　　如此。「完全，沒有累劫輪迴迷縛種子。相應」的？迷失展現！只有「究竟無相應法。無相，絕對放光的。光明」！和「自在其中」。緣起造

化？「正大光明的，安定」！這個才是「真正，
進入自性佛」隨順圓融，自然法爾。最高的「真
諦」！

　　隨時，「要這樣，回看自己」！這叫做，「真
正行持。自在不相應法，無相的涵養」？如是究竟
自覺。「排毒功」的涵養！

　　這個「排毒功」的涵養！無論「張眼、閉眼」
間。隨時「自在其中，究竟無相應法的，無相」？
「如是究竟受用中」，緣起造化的涵養！「都要這
樣子，自覺的，覺悟」！

　　更「深入自覺」？「任何世間的一切因緣相應
等。跟你一點關係，都沒有」！跟「自然，與不思
議其中的，幻變相應」。亦沒有關係！

　　你卻「因此，自在的？無相應法的，無相其
中」！卻「不被莫明相應的，迷縛諸相」？所「影
響」！那是，「究竟。能捨離？累劫無明種子，相

應的糾纏」？與「累生累世種子，迷縛輪迴的相應」？

所以，鄭小姐，「再怎麼樣。你的心境？一定要自覺無相的。不相應法中？穩得住」！一定要「保持，無相自在的？安定其中」！不要「迷縛其中，累劫輪迴無明相應的，亂動中」！

如是「自在其中」。緣起造化「行持永恆的，光明正大」！這才是你。「真正的，自性佛。真實的福報」！

若「仍會迷縛，相應糾纏內外」的。無明輪迴受用等？這是「長久無明輪迴？繼續無明迷失」的。「罪惡」！

「自覺，無相」其中？如是。「天天，都要，如此的這樣做」！「張眼和閉眼。都這樣，自覺的做」！「連睡覺，也當下，恆常」自覺其中？「深入其中，無相安定」的？「無相應法的，這樣

做」！

　　把「自己本來昔性的，本來無明輪迴相應的。迷縛受用」！轉成，「無相應法中。完全的排毒」！深入緣起放光。「究竟無相，精神」的？「自在放光緣起，吉祥如意的涵養中」！

　　把自己的「心境」，永遠保持在？無相應法中。無相，「無內外的，絕對」其中！如是。緣起造化。「自在，自性佛的心境」裡面！

　　永遠「不准迷縛相應其中的？生氣」！「永遠不能，憂鬱」！「永遠不能無明迷失其中。相應的，糾纏」！永遠不能「有我法」的，無明輪迴「相應迷失」其中！這是無相應法中。究竟無相其中？「工夫關鍵」的。自覺？

　　「自覺」，「絕對無相的，自在」？涵養其中！無相應法中。「深入其中」？完全「相應現象的，任何無明看法」？都沒有！「完全沒有，無明

諸相相應法」的?「迷失」!

　　因此其中。「完全自在的,究竟無相中」?「安定」的無相應法中!這才是「真正廣大光明其中」?「緣起照明的。菩提造化」!自然的?廣大「佛富貴」!

　　「當下」其中?一定要「保持自在緣起」?「如如不動中」!「非常安定」的?「看中」!而且「能自在的,同體智慧的圓融隨順。自然法爾的,任運?廣大放光」的緣起!

　　「不准,憂鬱」!「不准,胡思亂想」!「不准,迷縛痛苦」!「不准,相應的。自迷亂心境」!如是「自覺分明」的?無相應法的,無相涵養!

　　若有這些「迷縛的迷失,相應」?就代表你的,「自在,自覺的心境」?「完全,不及格」!尚未究竟「無相應法的,無相中」!

「所有一切諸相，本來無明輪迴的相應」？
皆是「如夢如幻」受用的迷失！「不應該無明糾纏
的？迷失其中」！

　　應該「自然其中，無相應法中。保持無相
的，自在」內涵！與「緣起廣大放光的。自性佛狀
態」！

　　所謂「天眼之相應」，即是「相應的見」！而
「法眼的見」，卻是「不見，而見的？緣起放光造
化」的，「菩提諸相」！如是。任運「自然法爾」
的，法眼？展現！

　　而「慧眼之相應」。即是「相應放光的，天
眼的見中」？如是見「天眼見的？分明其中」！
而「佛眼之見」，為「緣起，法眼？同體智慧」？
「當下的，一切萬法其中」？「內外諸相，同體智
慧的。廣大分明」！

（七）「無明受用如夢幻的，相應堅持」。即是「累劫迷縛想相的，自性魔」！能因此「自覺分明」，無相應法。究竟的「破相，與排毒」！即是「真實工夫，清淨受用」。「畢竟空緣起照明的，涵養」！

（陳小姐：一開始看到黃小姐「銀白色空間，包著灰色跟黑色的空間」。）黃小姐現在的內涵，已有「自性佛，緣起覺悟的空間」！但是，黃小姐「要突破的？就像是蔣女士的，癌症一樣」。

就是那個，本來「累劫無明，迷失相應的受用」，「灰色跟黑色」的空間！黃小姐「現在還是，迷縛處在，自然相應。累劫輪迴，無明自然創造災禍的迷失」？很「自我，迷失」相應受用的。

無明，迷失。「執著的空間」！

　　黃小姐認為大覺悟，「都不了解她」？她「因此執迷相應」的，「不相信大覺悟的話」？一直「展現著，她執迷的自己」！她「就是堅持，輪迴無明相應的，自受用中。要這樣子做」！「堅持要這樣子想」！她「一直迷縛累劫，自我種子相應的。受用」？堅持無明受用的，「做自己」！

　　就像「昔日邪師一樣」？「不只是堅持自我。而且已經習慣。他就是輪迴昔性的，相應那樣」！他就是「迷縛相應，自我的。一切受用」？迷失的，「狂妄中」！

　　如是「金錢、女色」，「偷搶騙」等。兵法布局的應用。如是昔性相應？「長期的安排」著。自然「累劫種子昔性」，無明相應的展現？

　　但是「黃小姐，無明相應，自受用中。堅持不講」？她「藏在心中」！「她不跟別人講」？然後

「就堅持，這樣子無明相應，昔性受用的作為」！

「做了，她也不講」！這個作為，就是「她的自性無明，迷失相應的魔」！就是「無明相應其中，累劫無明受用的，迷縛」？「把她無明的迷失中。套牢」！

她唯一能自覺，突破的「做法」！就是「跟劉小姐一樣。能因此自覺分明」的？「自我破相，無明相應的受用。與排毒」的涵養！更因此涵養「廣大自覺緣起的，自在自性佛」？與「廣大遍照的，放光」！

把她「自己所有的相應感受，與受用」。都因此開始，無相應法中？「自覺分明的，回眅完全的排除」？「不要用」！

每天深然。「進入畢竟空受用。廣大的，緣起。放光中」！就是陳小姐所講的。都是「自在其中」，處在，緣起。「廣大遍照，光明的空間

中」？

但是，黃小姐就是「長久無明相應，迷縛」其中？卻又自覺。「努力相應，破相受用的。自我無明迷失，受用中」突破？卻「只堅持自我無明的相應受用」？要這樣子，「堅持無明迷失，昔性的做」！

若能「因此深入，自然其中」的。「自覺」？她的「自覺，堅固分明，完全不相應法中」。深入「整個無相，超越的精神體中」！「自然其中，長久的涵養」？就會因此。「處在廣大緣起。遍照光明的，放光中」！

黃小姐現在卻「仍認為」？「大覺悟在罵她？大覺悟根本不了解她」！她很在乎，在「大家面前。很沒有面子」？

如是。因此，「一直無明相應。在昔性受用的，哀怨中」！這個就是「陳小姐所看到」的。

「黑色跟灰色空間」的展現！

但是「黃小姐，卻無明茫然相應，自受用的迷執中」？「沒有去，自覺的看破」！「黃小姐，雖然表面，跟大覺悟道歉」！但是，「內心中。卻仍有迷縛昔性般，相應法中。很堅強的自我」！

她心中認為。「自己生生世世，都是這樣」！父母「都不敢，講她」！因此，「黃小姐昔性無明相應受用中？很自我。很自大」？

而且「很迷失，自受用經常。昔性相應的？無明中」？很「茫然其中」？「輪迴相應受用的，可憐」！

大覺悟「開車，來工作室的路上」。因此，「緣起照明的相應中」？見到「眼睛很澀，整個人都很累」！

大覺悟卻因此「自覺」的。把「空間自我的無明受用」，深入，不相應法的。突破？要這樣子，

「無相，突破自覺」的做？否則大覺悟「開車，會很累」！

在「很不舒服中」。甚至會因此，「失神的」？出現可能，迷失相應其中的。「災禍」！

黃小姐，「不要因此，自然昔性無明相應的，哀怨」！如夢幻的，「相應無明現實中」？「做錯了，就面對。錯誤」？把「自我受用的，迷失相應的執著」。超越！不要「自大其中相應的，堅持無明受用執著的，迷失了」？

黃小姐因此，發現到。「如果沒有大覺悟，緣起的照明」。在「長遠的迷失受用中」？「還真的，看不到。自己長遠深藏。無明其中，相應受用的。邪惡迷失」？與「無明輪迴的受用」？真是「迷縛其中，相應無明的。輪迴其中」！

如何。把「自己的無明相應迷縛受用。完全的突破」？「整個無明相應的自受用。皆不要」！這

個，就是黃小姐「生生世世，無明自己」的困擾？

「曾經因此，自見其中」？「自迷失的。處在地獄中、餓鬼中、畜生中」的，無明受用。相應的，迷失輪迴中！

所以，「今生的命運」，就是「莫明不好，迷失受用的內涵」！都要用「祕密其中？隱涵祕藏」的，「迷失」方式？

這些，「隱微的相應昔性」？若能「完全的自覺」？「不要使用」！從此，去做？「完全不迷失受用」的。「不相應法」！因此，「光明正大」行為！

自然。因此，「昔性相應受用」的。自覺突破中！而自然。「自覺光明」的？「自在」緣起其中！

大覺悟現在，「正在解救無明地獄般，迷縛的受用」？與廣大相應「輪迴無明般的，眾生」！

葉女士，因此「自然昔性的」？「很多無明深藏的
我。都要去，相應受用的，突破」！

雖然「很難做」？但是當你「做到了」！卻很
幸福！可以看出「自我相應的無明」？「幾億萬劫
來，裡面無明的受用，與迷失的罪惡」！

陳小姐卻因此，「愈來愈熱」了？奇怪！就
「自在其中。一直緣起的放光中」？自然，一直
「熱起來」！

陳小姐也是，她涵藏有「生生世世累劫，無明
種子的相應」？因此具有「累劫其中」。「痛苦跟
迷失的，受用」！她「現在因為這樣的，不相應法
的自覺分明」。自我無相的，突破。「不迷」？就
「愈來愈熱」！

都因此，「一直深入其中，無相其中。自覺
的覺悟」。「廣大緣起的遍照。自在的放光中」！
因此見到，「突破深入，無相應法。無種子相應」

的，「自然無相」的靈明？

大覺悟「幫忙你們，不相應法的，無相突破」！因此，能「在今生的，因緣中」？從「累劫黑暗輪迴的，無明相應罪惡中」。整個剎那，深入「自覺光明的。緣起突破」！不簡單啊！

甚至，「做錯了，就錯了」！當下，面對。「自覺，無相」其中？「如是緣起自在心。深入，整個光明正大中」！

做一個直入，「光明正大的人」？「內外是非，一切」等。皆「完全的，相應受用。看破，不迷」！不需要人家？因此「要如何，尊敬的。看得起你」！

當下其中？活在世間。「卻是沒有內外。沒有過去。沒有現在。沒有未來」的，分別！當下，「都是永恆。自在。平等中」！「全體其中。皆是整個，無明相應受用的。突破」！

像陳A先生也是,「大覺悟不斷的講他。他很高興」的,接受!能因此「自見自己」。「累劫無明相應的迷失」?

　　因此,深入。不相應法中!他「不斷的自覺無相其中。突破自己」!這個是「自在其中。累劫的建立」?「突破後的,緣起放光福報」!

　　像「昔日邪師。才真的是,可憐」!大覺悟「愈到究竟,愈緣起照明。真理」!才知道「昔日邪師,才是無明迷縛昔性種子,無明累劫而今生。相應的套牢」!真的是「累劫種子迷縛輪迴?相應的可憐」!就像黃小姐,一樣。「在不知,無明受用」之下,經常「迷縛」?如是。累劫「輪迴受用中」!「無明迷失其中相應受用的。茫然」!但是,黃小姐卻沒有「布局欺騙的,害人」?

　　而「昔日邪師從小,就在無明相應不知道中」?莫名奇妙,就會「昔性的,相應偷搶騙的受

用」！因此「自覺，分明」的？「自我莫明受用的？兵法使用」！自己「所有無明相應受用的，昔性展現」？奇怪乎！

像蔣女士跟大覺悟講：大覺悟，「我怎麼那麼可憐！我好埋怨，自己的前世」！既然「知道累劫無明。受用的，錯了」！就應該，「當下其中，突破的進入，無相應法受用的。自覺無相」！

當下，即在「轉化的，廣大光明中」！這是否，才是「今生中，緣起深入。自在自性佛。真正的幸福」？

大覺悟說，「這有什麼，好埋怨」的？「你就是它，它就是你」！「有什麼好埋怨的」！「不好，就不好」嘛！當下，突破。進入「無相，不迷中」！

現在「碰到真正生命自覺的，醫生」？能夠「當下其中。幫忙你」！緣起？「究竟光明其中

的。醫療你」？

所以，「你不要再活在，人家必須看得起你」。「甚至尊敬你」的。虛幻中？累劫而今生。「迷幻」的，迷縛中！

當下，只有！「面對現實的，無明相應的突破」？緣起。「究竟的光明中」！

你「活在世間」。卻是活在，「累劫無明思想體」的，「輪迴的，無明相應迷失中」！而「不自，知覺」！

「當下的本身」。「你不要，人家尊敬你」！所有「累劫的無明相應罪惡。自己的無明。自己的束縛。自己莫名奇妙，怎麼樣」！完全「自己自覺深入不相應法。無相的解決」？與自己「破相不迷的，無相緣起的處理中」！

完全深入「自覺」的。「停止輪迴相應的，破暗中」！如是。「破暗為明」的緣起自在中！

「進入永恆自性佛，光明廣大」的真實？「究竟緣起的，涵養中」！

陳小姐，自己也是一樣「經常」。「無明迷失。當下，黑暗受用」？今生「無明相應，受用的。套牢中」！因此「涵藏」？「很多心中昔性，無明相應受用的祕密」？很多「心中無明迷失受用的一切」！經常「哀哀怨怨的，莫明糾纏迷失」著！

都「因此自覺，無相應法」。如是。無相。「自覺的破相」？不要再「迷縛無明的相應受用，與迷失中」！

深入「自覺突破」。「本來無一物」的，「真理緣起」實踐！「完全都不要相應法的，迷縛中」？要「真正去做破相？與排毒的涵養」！

你跟大覺悟「交往的目的」？是「希望能自覺」？因此，「突破自己累劫無明的種子，與無明

輪迴相應的受用」！當下「自覺」？「有種子的相應。就有相」！「所有一切感受相應的，相」？「自己迷縛夢幻中。最明白」！

「當你懂了」？你就會高興的。「自見，自覺中」！當下，「趕快自覺的，破相」。與「排毒的涵養」！如是。「自在其中」的？「自然緣起。廣大的放光」！

什麼叫做「緣起放光」？「放光」。又稱為「緣起，智慧的照明」！「自己當下，同體智慧中。能明白」！

像大覺悟「所講的，知見」等。你們能夠？因此，「緣起的照明中」。因此「明白自己」？你們「因此，自在其中。緣起。究竟真理的展現」！

陳小姐「突破自己」以後？自然覺得「好幸福，好快樂」！但是，仍然。「無法到達，最深處真理的，見到」！「自然，其中」？仍然，不知道

大覺悟「廣大內涵。緣起真實的，可貴」！與「大覺悟工作室」的，真實價值。與可貴啊！

大覺悟工作室，是「要幫忙，緣起照明」？所有全人類？突破？累劫「無明種子相應受用的。所有無明的迷失」！如是。「迷失中。還有更迷失，還有究竟迷失，還有非常迷失」的輪迴！

如是所謂，「非常的迷失」？就是「釋迦佛所說的，地獄受用的，迷縛」啊！

昔日邪師「從小到大，就很會偷搶騙」等伎倆！那個就是「累劫的無明相應昔性」？「自然而然，其中」？今生中。「一直使用那個無明相應的。昔性」！

那個就是「累劫，深處迷縛無明相應的執迷」！當下，大覺悟「就已經看到」？他可能的。「未來迷縛地獄的，果報」了！

像「某位女士，大膽搬弄是非！假的，能說

  生活的大智慧：進入自性佛【真理學，輔助深入版 2】

成真的」。「真的，能說成假的」！到處「醜化人家，搞弄人家」！那個就是，「累劫無明其中。深種的，相應迷縛」？

「深處。自心無明相應迷縛的，地獄中」？「如此無明其中相應，不怕因果報應」的？「迷縛無明的，今生相應受用中」？真「可憐」啊！

像黃小姐，「現在犯錯」！大覺悟「卻要恭喜她。很好」啊？她「有機會能因此，真正目前，自覺的相應受用中」？「看到。深層的自己」！與「累劫種子，相應昔性無明受用的迷縛」！

她終於。「因此自覺，分明」的。「看到」了！

所以「大覺悟的文章」。就講！「每個人。都是累劫思想體，獨自相應自受用的，處理」。「各自，輪迴」其中？「自己內心無明相應受用的，問題」！「跟任何人。一點關係，都沒有」！

到最後，你會發現到「你的出生，跟你的死亡」！「除了今生。這個中間的空間」？都是各自「獨來，獨往」？如是。「無明相應，累劫思想體種子的。迷縛受用」其中！

　　蔣女士的「癌症，應該說不是癌症」？應該說是「一種痛苦受用的，相應因緣。和報應」的展現！如是。「癌症受用的內涵裡面」？還有「更深的地獄、餓鬼、跟畜生」的，累劫相應無明受用的種子！

　　其實，「應該恭喜自己」？目前「痛苦復發的，相應受用」！卻能，因此。「自覺受用的，相應種子的，無明受用」。「自覺的。突破了」！

　　因此，在「自覺，突破中」！就「因此，再沒有」？「十一法界中，內含三惡道」的果報？不再有「地獄、餓鬼、畜生」的累劫因緣？與「迷縛無明種子的，相應」！

312　　生活的大智慧：進入自性佛【真理學，輔助深入版 2】

整個「因此突破」。變成「無種子相應」的。「光明法界」！

　　從「黃小姐那裡。讓大覺悟看到」。「累劫深層迷縛，相應受用的，迷失」？也讓大覺悟「看到眾生。累劫昔性相應的受用」？跟「地獄迷縛其中相應的，內含昔性受用」！

　　所以，「葉女士，你要替黃小姐高興」？恭喜她「緣起照明，自覺見到的。顯相」！「如是見到。無明受用相應的，迷縛」！如同世間。當「發生車禍了，怎麼辦」？就是「處理車禍問題」而已！就是「處理無明種子之相應，迷縛」？與「世間的因緣受用變化」而已！

　　問題是，你怎麼「發生車禍」？黃小姐，「突然恍神」！「恍神」。就是「剎那相應，地獄般的，受用迷失」啊？

　　蔣女士「經常在很痛苦的時候。一直在哀

怨」！這是蔣女士，「累劫深藏，不得不的。種子昔性的展現」？

蔣女士說，「她突然很痛苦，受不了」？「哀哀怨怨」的！大覺悟告訴她，「那個就是」。「累劫。無明相應其中」？「地獄種子般相應的，自然受用相」？你要「看得懂」！又能因此「自覺的突破」。深層「無明相應」的，罪惡！

大覺悟「因此，恭喜你」。「自見其中，看得懂」啊！又能因此「自覺的突破」。深層「無明相應」的，罪惡！

你要用「自性佛，緣起的自照明」！再「把自我受用相應的，無明迷失」。「突破」！讓「累劫莫明地獄的，相應迷縛，受用」？變成「突破無相的，不迷」。「自覺」！

像張女士的「兩個兒子，無明迷失的可憐」啊！他們「敢罵父母」。都是「生生世世，自然相

應。無明迷縛種子相應受用的，罪惡」？在「人道中」。一般人，都是「尊敬父母親」的！

（葉女士：是他們都，「投胎過畜生道」嗎？）都「曾經涵藏累劫，無明相應種子的迷失。經常無明相應輪迴中」！

黃小姐「若沒有犯錯的，累劫無明。相應迷縛種子的受用」？大覺悟怎麼知道，她「有地獄、餓鬼、畜生曾經的，那種莫明涵藏的，因緣」？「這個展現，好啊」！

陳小姐也是啊！陳小姐有時候「會憤怒到，什麼都不管」了！連「父母，也不要」了！

「每個人到頭來」？「跟父母、兄弟姊妹，包括親人、朋友，皆生死離別」的？「一點關係，也沒有」！

但是，經由今生，「因緣變化」相應其中？卻因此看到，「累劫涵藏，無明種子」。相應的顯相！

所以，每個人「走自己」。「獨自，累劫思想體。而今生的路」！從出生「獨自來世間」，「死後，獨自走」！但是這個，累劫思想體輪迴的，空間？皆是「獨自的空間」！

　　所以，釋迦佛「真的很偉大」！祂能夠「把十法界講得出來」？能夠因此，緣起「照明所有人」的。「真理的內涵」！

　　因此，「智慧知見的涵養」？「看得懂。十一法界的內涵」！與「不迷失其中」！還有「自在精神體」的涵養？

　　守住「精神。與自性佛的光明」！與「究竟無相的，破相」？與「排毒的涵養」！因此見到「緣起放光，與菩提造化」的，價值！

　　釋迦佛只是因此「進入到，究竟禪定。無相真理」的涵養！大覺悟卻「直接做釋迦佛講」的？讓「胎卵濕化眾生，進入無餘涅槃。而滅度之！大智

慧的內涵」！也就是「進入完全無相，精神體」？
與「究竟光明體，自性佛」的實踐中！

　　讓每個人「不再被累劫無明，相應的種子受
用」。「無明的迷失，所束縛」！惟有「緣起自
在的，自性佛」。「永恆的精神體」？才是最重要
的！

　　（陳小姐：「大覺悟說直接做釋迦佛，自覺
精神體的，超越」！自然，「全身都是透明」的！
旁邊的人，「都是金黃色」的！）對啊！「自然涵
養，廣大智慧的知見。與實踐」啊！

　　（陳小姐：講到葉女士她「先生跟兒子」！
突然「大覺悟身上的西裝」，就變成「白色」的！
「空間。還是一樣是透明」的！）那是「緣起照明
他們」。他們必定「將來，一定會突破的。進入大
智慧」。「清淨的精神體中」？如是。「究竟的突
破」！

就像黃小姐，如果「大覺悟沒有緣起照明的，講她」！就一直，無明其中的。「悶在那裡」？「一直卡在那裡」！一直被自我「無明相應的種子受用。所束縛」？「無明的，相應受用其中？迷失在那裡」！

　　她「不知道那個，無明相應的受用。就是她累生累世的，無明相應。迷縛的受用」。因此，「套牢其中的。累劫無明相應的迷失」啊！

　　若是「真正達到，究竟精神體的內涵」，與「佛境界」時。「自然其中，回皈自覺」？一定是感恩的，「尊敬大覺悟」的！

　　隨順「自然的其中」！大覺悟「講什麼話」。她皆能圓融，「隨順其中法爾的。自然」？就「照做」！她「絕對不會，跟大覺悟對立」？也「不會不了解？大覺悟的自性佛，與大智慧的內涵」！

　　為什麼？她「因此自在的，深入完全無相受

生活的大智慧：進入自性佛【真理學，輔助深入版 2】

用」的。「破相其中」？大覺悟卻是自在緣起。「無相，精神體中」？「同體其中，深入自然的大智慧」。「廣大其中，照明的緣起」！

什麼叫做真正的「進入無我、無法、無無常的實踐」？就是「真正無相其中，究竟精神體的內涵」！

大覺悟「教你怎麼做」？你就「自然圓融其中的，任運去做」！大覺悟也「自在其中」的，「不會去管你，去干涉你」？

昔日邪師，「從小到大」。自然而然，「出生，就會騙人」！到「死了，還在迷縛昔性的，騙中」。一樣！皆是「累劫昔性，相應的自然」？

他「因此展現。長久相應的迷失」？在他的「自我無明昔性，相應迷縛的受用中」！

如是「自然緣起」？（陳小姐：大覺悟一開始在「講黃小姐」。「有很深的無明」時？就看到一

個「銀白色的菩薩，祂在天空的上方」。祂就「突然間的，照明」！

突然間，「在地底下。整個灰色的地方」。看到一個「很瘦的餓鬼。趴在地上」。「抓地上的東西，吃」！）就是這樣的，表達。「生命累劫迷縛諸相，相應迷失的，真相」！

「地上的東西，表達，很執著的迷失」？如是。「無明相應自我受用的。迷縛」！

你有沒有「自覺」？「黃小姐的面相」，很像餓鬼一樣？「瘦瘦的。而且臉很枯萎。變形」？那個就是「累劫而今生，曾經餓鬼」的形相？

所以，「沒有一切相，迷縛受用」的，「堅持」？「一切相。皆在「不自我迷執，以為的。不迷中」！

黃小姐因此，「涵養自覺，破相受用」的大智慧？做這個「實踐的工夫」啊！但是，仍要「用心

  生活的大智慧：進入自性佛【真理學，輔助深入版2】

排毒的，突破」！

葉女士也是？「為了沒有錢」。「很痛苦」啊！為了「沒有錢的迷失」？也是要，「勇敢的面對」！如是。其中？「走一步。算一步」啊！

釋迦佛「也是一樣，沒有錢」。「天天在，乞討」啊！「沒有錢，沒有關係」？看「自然，怎麼變化」？

因為，「如夢如幻」的緣起造化！「一切，緣起的菩提造化」？仍是，「帶不走」的。「究竟無所得」啊！

所以，「大覺悟的文章」，把「所有的自覺知見」，「緣起照明。供養眾生」？流傳世間！讓眾生「能夠因此自覺的。自我突破」！解除「累劫無明相應的受用」？

如是。展現。「生生世世，迷縛受用種子，相應的無明。和罪惡」！所以，黃小姐要「因此，

感到高興」？「無明累劫的相應罪惡。能被緣起的照明」？因此「被顯相」，與「大覺悟破相的。展現」！

昔日邪師「罪惡，緣起的照明中。被顯相分明」？他還「無明其中的。不願意突破」！還很「自我相應受用的，迷縛其中」？還要「再搞鬼的，還要再弄人」？如是「累劫而今生。繼續無明的相應，昔性的輪迴」！

大覺悟「吃虧，被騙」了！還是「靜靜的，深入無相其中」？大覺悟「自覺，自在緣起照明精神體的，涵養中」。「跟任何人，都沒有關係」！大覺悟「只跟自己，是否迷縛十一法界的相應糾纏，與迷失」？有「關係」！大覺悟「卻自覺，完全無相受用中」？「深入不相應法。不糾纏迷失其中」！自覺「一切因果，相應的受用」，皆「自種子」的，相應展現？

生活的大智慧：進入自性佛【真理學，輔助深入版 2】

「每個人。都跟自己無明相應的輪迴，與自覺。有關係」？像「葉女士的先生」，也是「跟他自己無明種子的相應，有關係」？如是。「累生累劫迷縛種子，相應受用的，無明重擔」？

他不願意「自覺分明的，放下」！那是「他自己，自覺與否」的問題！真是，無明迷縛的。可憐啦！「早突破，晚突破」。「你不突破」？還是你自己「無明迷失相應的，輪迴問題」！

黃小姐，「你要自覺的，回昄感恩」！透過「現象、受用。緣起的照明你」？讓你能「回昄深入緣起，無相自在。放光照明的精神體中」！

所以，蔣女士「要感恩，幾億萬劫來的罪惡」？卻被大覺悟「今生緣起的，照明」了？所以，你要因此自覺。而「感恩」！能「破相自覺的，無相突破」！

雖然，「第一次癌症受用，你也沒有吃藥，也

沒有打針。你也沒有化療，也沒有開刀」？在「緣起自性佛的，廣大照明中。真的就好了」！

你會「痛苦的相應，復發受用」？第二次。「經二年後。復發後」的，「如是痛苦，也是癌症」？如是。自然。「心理受用相應的病態」？

「癌症是一個相」。「癌症的內涵，與出生的原因」。是「本因」！那個無明種子。是「很高智慧的，緣起照明的知見」！因此。「一切的，相應受用相」？深入「自覺」！皆「完全無相其中」的！「不要迷縛」？只有「自在其中，無相的緣起，廣大精神體的照明」！

所以，「昔日邪師，累生累劫昔性，迷縛相應受用的，問題」？他一定要，「自我突破」！

絕對不是「大覺悟因此的，緣起照明」！

「他的問題，只有他自己」。才能「突破」？「他的累劫罪惡，與無明相應受用的迷縛」？必須

自己「才能突破」！

我們「往昔認識的那群，無明無知」的同修？所有「內心相應的痛苦，與無明的束縛」？

每個人「皆因此，無明的。受導引。與相應受用。其中？深陷的，迷縛」？都要「自我自覺的，突破」？才能「解脫，累劫無明的輪迴」！

像「某位大師，累生累劫這樣的，偷搶騙」？他就是要「突破，自我無明累劫，相應迷縛的，因果」？否則。「真正不突破，無明的受用。也不行」啦！

「現在雖有，好的受用」？但是，改天就「自然相應，進入到無明迷縛的，地獄」？去「受苦，無量無邊」！因為「無明受用的。皆是相應無明，自我的因果」？

所以，「每個人，真正要面對的。是誰」？原來皆是，「累劫無明迷縛，相應因果」的。「自

己」啊！

　　所以，陳小姐也是要「自覺的勇敢？面對自
己」啊！你「早做、晚做」？終要「自覺的做」！
（陳小姐：銀白色的空間，包著灰色的空間。）對
啊！陳小姐是沒有像黃小姐一樣，還有「黑色的空
間」！

　　（陳小姐：看到「灰色的空間裡面，有一個人
沉溺在灰色的河」裡面。）對啊！那就是「你本來
迷縛，相應迷失的。命」啊！

　　你「現在雖然無明的相應中，一直在迷失」？
就是在「無明受用的，相應迷縛中」啊！就是「無
明其中，祕密受用」的。「無明自我」展現！

　　昔日邪師。也是必須要「面對突破」？這個
「昔性種子相應的關卡」！這是「緣起真理其中。
必須放光的突破」！「如是累劫無明相應受用。突
破的，必須真相」！

大覺悟「昨天打電話，給陳A先生」？陳A先生覺得大覺悟打電話給他。是「真正緣起照明的，對他好」！如是。「有心尊敬的，感恩中」！自然因此，「努力的向道」！

　　是「他內心的相應，迷縛受用」等。完全。不相應法的自覺，「突破」？深入「完全的，緣起無相究竟。照明的，精神體中」！

　　劉小姐也因此，很「感恩」！大覺悟「本來說。不渡陳A先生」？但，到「最後」。還是，必須「幫忙他」啊！

　　就像葉女士的兩個兒子？大覺悟說「不渡」。但是，「最後，還是得幫忙」？必須回皈。究竟緣起，「無相的，純粹精神體中」！

　　人世間，「真是無明相應其中的，現象變化？一場夢」啊！現在「雖年輕，卻不願自覺的，自渡」？「到老的時候，還是繼續無明種子的，相

應」輪迴？很「痛苦」啊！

「不是，不渡」啊！是「裡面迷縛無明相應的種子，相應輪迴的，垃圾」？從來「沒有，被照明過」！就像「黃小姐裡面的無明垃圾。很迷縛的，累劫自我。還有調皮的昔性」等。皆是！

以前「沒有緣起照明。不知道」？「現在緣起照明，才自覺分明的，知道」！「讓她，看得懂自己」？「累劫無明迷失相應的，受用」！自然深覺，「累劫思想體」。無明不知的可怕！

才能把自己「本來無明相應」的？諸受用。「全部究竟的無相，突破」！就好像「你本來不知道，深藏種子相應裡面」？有那麼多的「無明痛苦，跟垃圾的相應」？現在「感受相應的。自覺，知見的看到了」！因此，自在其中的。「能因此，破相的自覺！感恩得，不得了」！

「用畢竟空受用的，究竟完成」。深入「究竟

精神體的，自在」？如是。緣起「自性佛的廣大放光」！「遍照的，照明自己」！然後。把「往昔的相應受用！深入不相應法中。全部無相的突破」！

就像陳小姐「稍微懶散的偷懶。都不行」！「早突破，晚突破」。終究，還是「要突破」！

就像「昔日邪師一樣，從小到大都會騙人」！「早突破，晚突破。不突破」！到最後，「他還是要突破」？否則「累劫億萬劫來，他的累劫迷縛種子的，相應受用」。「永遠在迷縛其中。深縛的迷失，地獄裡面」。這是永遠，「跑不掉的因果」！

他「今生，偷搶騙」。好像「眾生，都欠他」的？他「很了不起」！你看，「釋迦佛，有這樣的，惡業嗎」？「釋迦佛是真正的佛」呢！他都「想辦法，要幫忙他人」！

「佛就是要慈悲的？幫忙很多人」？但眾生，都「深處無明迷縛的相應其中」。如是「累劫，無

明迷縛」的。「繼續輪迴的，思想體中」！

　　所以，「人家有痛苦。人家做錯了」。仍然
要慈悲的，悲憫人家」！像蔣女士，大覺悟在「悲
憫你」一樣？「告訴你。不要緊張，不要害怕」！
能「自在自覺其中。能因此受用中？看到累劫的
你」？這樣因此，「能自覺累劫前因的，突破無明
迷失的相應法，大膽破相的改變」。才好！

　　「不要認為你現在很好。就喜洋洋」？覺得
自己「很了不起」！「誰是你？你是誰」？「早解
決，晚解決。不解決」？到最後，「都要解決」？
如是。「無明累劫的迷縛思想體」啦！

　　否則，「永遠迷失沉淪在，相應無明法中？
十一法界的迷失」！「諸相無明迷縛相應的。迷失
中」！大覺悟「能夠講出累劫無明迷失的這些」？
讓「生命無相精神體的，究竟真實的真理。展
現」！實在是，今生「因緣際會中」。「很大的造

化」！應「珍惜」！

如是。自然緣起？（陳小姐：看到很多金塊，金色的磚塊不斷的出現。在銀白色的空間裡面。）對啊！「金色的磚塊。就是堅固大智慧的展現」啊！很「堅固的智慧，它在哪裡生出來」？「磚塊是泥土做的，泥土要經過火燒」啊！亦就是「在無明煩惱火海中，淬煉累劫無明思想體的。停止輪迴」！長養「大智慧」啊？

陳A先生，「看昔日邪師。看到什麼」？他說「看到一座黑色的大山」？把昔日邪師「壓在底下」！就像「孫悟空，被壓住」般！如是「相應法中」，廣見「昔日邪師，愈來愈像孫悟空」一樣？

他做了「無明今生。昔性邪惡的，業報」？「如同孫猴子，被壓五百年」般！昔日邪師不知道會「被壓幾億萬年」？都「不能動，而且是受苦無邊」！如是「無明相應法使用的？迷縛的其中。受

業報」！

　　誰是你？你是誰？「沒有人，是你」啊！自然。「所有感受，所有作為」？生生世世「藏在心中的，累劫無明迷縛相應種子。自然相應的，迷失中」？「全部，自然的顯相」！

　　那個「就是累劫無明相應業報？無明輪迴迷失的你」啦！那「不是別人」！你要把「這一些長久迷失的相應受用？全部破相的，究竟不迷」？「深入無相應法的迷縛？與無相其中。全部不要」！深入「永恆自在」？緣起，「無相精神體」的廣大放光內涵中！

　　黃小姐，你會「失神」展現！那個。就是你「本來的地獄、惡鬼、畜生」，剎那，相應法的展現？如是累劫？相應種子的，內涵展現！你要「自覺其中。完全相應法受用的突破」！所以，你「要無相其中。破相自覺的，警惕」！

所有「一切的感受、想法」的無明相應法展現？都「完全不要」迷縛其中！你要「活在究竟不相應法中，無相自覺的，精神體中」！為自己的緣起「自性佛」放光？而努力！

　　「什麼是自性佛？就是究竟深入。本來無一物中」！那是「很高內涵的，無相精神體」？「內涵緣起智慧的自覺。展現」啊！

　　黃小姐，你就是「固執的。迷縛自己」！「自我以為受用中。認為自己」？「絕對，是對的」！那就是「累劫思想體，而今生的種子？無明迷縛，相應其中？無明的受用」？「廣大無明長久的輪迴」？「迷失相應的，受用」！

　　葉女士，「你跟你的兒子」講。死後，我「也不是你的媽媽，各走各的路」啊！就像「流浪狗」一樣。「跟著各自內在受用的，累劫思想體。無明相應的感覺。走」！

如是。「無明迷縛的受用」？相應「無明空間現象的迷失」？隨著「生生世世輪迴的,無明相應的思想體」？「迷縛相應」著!在那邊,「奔波著,相應」著!可憐的,「迷失無明」著?

蔣女士,「見到生生世世的,相應迷縛的受用」!她才發現到,「好險」?今生,「仍有,真正突破的,機會」!

因此,今生能夠在無明相應的,困逆過程中,「明白」?所有「如夢如幻,無明相應受用的。一切」!還是「今生展現?迷失受用生活中」?「無明迷縛相應的,自己」!

所以,「一切的今生?都是迷縛相應,累劫種子」受用的。「一場空的,現象變化」!「要覺悟」啊!要做到「內外,現象變化中。皆是回畈,累劫種子相應思想體」?「究竟一場空,現象變化」的。覺悟!每個人「都要真正處理」?「如夢

  生活的大智慧:進入自性佛【真理學,輔助深入版 2】

如幻，今生現象變化中。迷縛相應的自己」？

　　每個人，「幾億萬劫來，怎麼樣」？誰知道！但是，卻能「自覺相應。今生生活現象的，受用其中」？誰知道呢！「原來累劫不斷的，無明相應迷縛種子」。正在「輪迴相應，迷失的受用中」？「今生因緣際會，相應的無明受用」，迷失中？「繼續輪迴相應的，展現」！

　　改天，「過去曾經誤解大覺悟的人」。都要「跟大覺悟，對不起」！如是。自然緣起？（陳小姐：人都是灰色的，空間都是銀白色的。）對啊！都要「自覺本來無明。與相應其中的，真實對不起」啊！所謂「今生，不是重要？但，又重要！如此，不相應法的。究竟自覺的突破」。如是不相應法中，究竟停止輪迴的？找到究竟自在的「真理」！

　　昔日邪師「利用大覺悟的知見，與因緣」等。

來「賺錢」！來「騙取財物」！那一些「今生罪惡的,遮障」？都是「大覺悟未來的,福報」！但仍是「如夢如幻,變化現象中」？真正「一場空」的?「真實」內涵?

你看「某位邪惡的女士」表達?看到什麼?（陳小姐:大覺悟講到那位女士的時候。我好「害怕」！然後肚子裡,「看到灰色的,地獄空間」！很多人「一直在呼救。非常的害怕」！）如是,「因果相應的,業報種子」？累劫來,皆是「隱藏無明的。必然展現」！

那沒有辦法?那是「他們昔日惡業的,所作所為」！所以,「每個人怎麼做。都是他自己,本來無明受用」的?「如是,未來自決定,自廣大無明的。今生必定如是的,報應」！

「一因一果,所有的一切」。都是「跟自己,有關係」！所以,「不要原諒,自己無明相應的執

生活的大智慧:進入自性佛【真理學‧輔助深入版2】

迷」？自己本來的。「無明相應的迷縛，與輪迴受
用」啊！

一切相應的因果？「獨自來，獨自去」！你
要「在獨自迷縛，相應受用中。與累劫無明輪迴的
思想體裡面」！淬煉「無相的究竟精神體」？形成
「真理自性佛的，涵養」。與「廣大的，光明」！

如是。「自在其中」？「當下的本身」！就
是，深入究竟真理？「同體其中」？「三世一切諸
佛。皆是，深入一樣的平等」！

所以，「人世間，再怎麼精彩。再怎麼美好。
再怎麼高貴」！「到頭來，還是回皈一場空」的？
相應「迷縛種子的涵藏，與展現」！

只是「自相應，累劫無明相應迷縛種子的受
用」？「自受用，無明相應的，展現」而已！你
「怎麼做」，到頭來？「都是回皈，你自己」？
「無明迷縛相應的？累積涵藏與展現」？「累劫輪

迴相應，種子的？展現」！

　　什麼是「如夢如幻，現象變化」的。「假的」？如是。回皈。「累劫種子」，無明相應的迷失中？「今生的過程」？自然「產生回皈，因此各自相應，種子的輪迴」？而「今生現象」皈空的，「相應變化」！

　　包括「大企業家的成就」，包括「總統的成就」！「到頭來，皆是回皈死後？現象界變化的一場空」。完全「帶不走」的現實！都是「累劫而今生，現象之終結？回皈各自種子」？在「今生以後？迷幻相應的，累劫種子？輪迴的展現」！

　　如是。「如夢如幻，今生的？變化現象的波浪過程」！仍回皈？「累劫相應種子受用的，涵藏變化」！如是相應？「往前進的波浪，與往後退的波浪」！如是。每個人「都有每個人」的？「高、低潮？與精彩、落魄相」！

那個叫做「回皈，各自相應？無明迷縛種子」的總結？今生「相應無明的思想體，迷失」？為「終皈一場空的？變化相」！這叫做「共業與自業」。相應其中的。一場空？如是。「夢幻的，變化相」！皆是「帶不走的，一場空」？

　　「你跟任何人，都沒有關係」！只有跟，「自己累劫而今生的種子？相應累積之涵藏」。與自相應的受用？有關！「或者。完全沒有種子」的相應？和廣大自在？「完全光明精神體的，自性佛」？有關係！

　　一切。皆是自己「破相入空」？實踐「工夫涵養」的。造化？皆是「自在真理究竟」的，當下「永恆其中」！

　　所以，「自在當下。剎那的光明」？能「廣大滅除。累劫億萬劫來的，黑暗的無明」！為什麼？因為，「廣大清淨無相的，究竟照明」故！

大覺悟現在所說的。是「知見的照明」！是「一個一個緣起的，照明」！但是，經過「累積長久知見自印的，照明」？「自然因此」。能累積「自在無相真理？廣大放光的，明白」了！

　　「能因此，廣大的緣起照明」自己？深入「突破累劫」？「深藏的無明黑暗」！就因此「累劫無明的黑暗」？「完全的消失」了！就是「當下，畢竟空的精神體」？

　　「剎那放光緣起。廣大光明的，成就」！即能因此。自在「永恆放光」的？廣大「照明的，緣起中」！

　　蔣女士，「現在一直在自覺的，知見轉變」！轉變「破相排毒」的涵養！因此「自覺，突破」？累劫「無明思想體」、的。無明「命運」！

　　如是「堅固的自覺」？「不胡思亂想中」！都「一直展現，於自在無相的受用中」？「堅固著，

突破無相的精神體中」？「究竟放光的受用」！這是「很高光明體的，福報」！

如此，「自在超越中」！如是。「自見的，分明」！

如是。因此，「累生累世，輪迴相應迷縛種子的，突破」！如是不相應法中？「無相其中」的？「廣大破相究竟？相應無相受用的部分」！如是的，「自覺，不迷」！

因此，「自然自覺其中的」！「突破無明相應的？黑暗部分」！

大覺悟則是深入。「剎那超越」？與「突破中間過程」的迷失！「直接進入。自性佛」？無相精神體的，內涵中！

在當下，深然「進入自性佛究竟的，本身中」。涵養！

又當下「緣起，直接照明。十一法界」！「如

是。自覺」？直接的「破相」！

「幾億萬劫來」。每個人「迷失十一法界的，無明過程」？和內涵！當下。深入自覺？「究竟無相」的，精神體涵養中！

釋迦佛要「成佛」之前。還要「突破累劫無明迷縛」的，魔考自己！他要「突破累劫原始的無明」？還要那麼辛苦！

等到他「究竟覺悟」以後！他還要「涵養自在無相精神體」的。「自性佛」成就！他要把生生世世。「累劫最深的，迷縛種子」相應魔考的，「受用諸相」？全部把它，「究竟看破的，突破」！

釋迦佛有講《本生經》。他過去世「曾經轉生過什麼」。他「整個的如夢如幻，現象中」？累劫「無明種子的相應」。

都要「自我迷縛相應受用的。完全深入」？「不迷失受用中」？「無相其中，精神體的？突

破」！

　　蔣女士兩年來，不斷的把她「內心最深迷縛
的，無明受用祕密。都完全的突破」！但是，「未
究竟處」。疏忽中？又「迷失自我無明」之相應！
蔣女士「因此，內心的受用，產生迷縛相應的果
報」？與「癌症的復發」！這是本來累劫蔣女士，
必須突破的，無明迷縛業報？「如是。工夫不究
竟」的遺憾！

　　葉女士也是！本來對「有錢沒錢，有很多的看
法」！現在「已經自覺，沒有相應累劫迷失的，看
法」了！只有忍耐的，自覺緣起的「面對」！就去
「圓融其中」的，自然法爾其中的，「處理」！

　　「一步一步的走」！不要在「想相中」。套
牢！不斷「自我受用相應超越」的？「緣起放光？
突破」的？實踐！

　　黃小姐，「這兩天都在哀怨中？在自我安慰

中」！如是。「自我安慰，自己做錯事？也不是故意的」！現在，「才發現到，仍在其中？本來無明迷失的，長久相應的受用中。迷縛著」！一直「走不出」來？

　　本來「存有無明相應迷失的，感受、觀念、現象」等受用？原來都是「累劫而今生，展現自然？相應種子的受用」！如是。「累劫的無明相應受用」？「相應，迷失著」！

　　才發現到，「本來無明？迷失相應的受用中」！如是自我「無明相應受用的堅固」！真是「無明相應的迷縛」啊！

　　而「剎那的緣起，光明的展現」？要「照明自覺，累劫的無明相應」？真是困難！到達最後自覺。「無相精神體」的，深入中。

　　如是。深入「究竟光明體的，平等中」！自見「究竟」！這是一個，「很不得了的，工夫」，與

究竟真理的實踐！

　　葉女士，最後也發現到。「自己要自覺的破相」？「無相其中無明相應的，突破」！突破以後？「自己就會，自在無相不相應法的。精神體中」？

　　因為，回皈「累生累世的，種子相應受用中」？讓自己深陷「無明的相應」迷失！「想東想西，怕東怕西」等！都有「自己累劫無明種子，相應受用的形式規模」？與「行為的，以為」！

　　葉女士，如是的，「累劫無明」！那也是「無明相應，受用其中」的迷失！

　　如是「迷失其中」的？「遮障自己」！如是深入「無相的自性佛」！當下突破？深陷「無明迷縛」的。受用？

　　如是。自然緣起？（陳小姐：「銀白色的空間跟灰色的空間」。）然後呢？（陳小姐：然後還有

一個「深紅色的空間」。）就是。歷經「不斷的突破」？因此，緣起。「自然放光」的照明！與「突破」的，超越？

所以，每個人「今生的無明」？與「相應受用的，命運」？都是自己「無明相應。長久迷失的路」！如是相應法中？「開花結果。又落葉皈根」的！不斷「重複的輪迴」！

（蔣女士：「當身體有不舒服的時候，會莫明」的痛苦。然後不理它！等一下「就消失了」！但是，「過一陣子，又會跑出來這個感受」？有時候「又會忘記它」！）對啊！因為，你經常「迷失受用的，不堅固中」？「習慣如此的無明受用」！又對於「新的覺悟」。與「相應的受用」等？你會「不適應的？甚而，在乎與不在乎」的徬徨！

（蔣女士：所以，它「讓我，感覺不舒服」！）當然！這是「必然受用，相應」的昔性！

就好像「家裡有燈，你不開燈，當然空間中，都是黑暗」啊！所以，你「經常感覺到，走路都撞東撞西。那是必然」的！

等到「你把燈一開」。就「不會迷失，無明黑暗的迷縛」？即是「自在其中」。深入「本來無一物」的，無相精神體中，自覺的「真實實踐」！剎那因此深入。經常。因此「自在光明？破暗」的自覺。與突破！

（蔣女士：有時候「又開始胡思亂想時，旁邊的聲音會砰，很大聲」！）會「啪啪啪的，警告你」！（蔣女士：以前是「很小聲，現在是很大聲」！）這是在「警告你」！那個。自性佛的緣起？就是真正，「進步了」！

當「愈來愈進步」！因此「覺悟相的，顯發」！在「真正緣起的，警惕中」！令你因此。「自覺分明其中」的，「覺悟」！

陳小姐聽「你這樣子講，也緊張了」！（蔣女士：還是要「做到」！）當然，「你若不做」？就因此。「天天繼續，深陷無明受用的，迷失中」！

　　如是其中。自然「累劫輪迴的，苦報」？相應中！

　　今生，「有機會碰到醫生」？你卻「病也不要醫，藥也不要吃」！「工夫也不要做」！

　　那是「你自己偷懶的，問題」啊！所以，「癌症種子？相應的復發」？這是「必然緣起」的？展現！

（八）自在「無相真理的精神體」。「究
　　　竟覺悟」的。緣起殊勝「照明功德
　　　力」！

　　蔣女士在傍晚時，「死去活來，痛苦萬分」！
大覺悟跟她說：「恭喜你！你處在累生累劫，迷縛
胡思亂想，與地獄的種子相應受用中」！如是。
「要死不活的，種子相應展現無明的受用」！因
此，你「非常的痛苦」！

　　因為，你「迷失在受用、感受、觀念、現象」
的迷失中！那個累生累劫「種子相應迷失的，展現
受用」？非常的「痛苦」！

　　大覺悟，告訴蔣女士一個「最究竟的破相方
法。與最快速覺悟的方法」！就是「自覺深入。本
來無一物」的，究竟「覺悟中」！當下「感受、觀
念、現象」等。深入「當下其中的，排毒一樣？深

入畢竟空中」！

　　如是。「究竟覺悟的，無相應法。內涵」來排毒！剎那當下。「也沒有排毒，也沒有破相」。只有「完全覺悟的，究竟深入無相實踐」的。內涵！

　　剎那，就是當下進入到。「本來無一物的，無相精神體」。「真理的，照明中」！「剎那痛苦的受用、剎那地獄的受用、剎那死亡的受用」。突然之間。「破相其中」的？消失了！進入到「本來無一物的，自覺無相受用的，內涵中」！

　　「完全深入。不用排毒、不用破相」的？用「最深究竟的無相，覺悟」來照明！剎那「整個受用的，空間」。「感受、觀念、現象」等？「突然之間，廣大放光的。破暗中」！

　　「自然其中」，突然之間？「本來痛苦，要死」的感受。「剎那消失」了！

　　她因此看到了。「究竟覺悟。本來無一物」

的。「究竟廣大光明」，「放光緣起的展現」！因此，當下。「完全沒有痛苦的？迷失套牢」！只有「究竟的安定」？與「喜悅無相的，究竟光明心境」！

剎那當下，「突破累劫迷縛。如夢幻的，地獄空間」！進入到「當下，剎那無相精神體的，光明中」！突破「累劫無明迷縛的，黑暗」！「剎那的當下」。整個都是，「廣大的光明」！

蔣女士「突然間。變得好快樂」！這是蔣女士的「真實體會。真實的受用。與真實的覺悟」過程！但是，「蔣女士的昔性」。卻是「間斷。不堅固」的。迷失其中？

所以，「無相自覺破相、排毒的涵養」！是「不斷的突破」？但是，要「進入到。究竟的覺悟」！必須對於「本來無一物。廣大真理，無相的精神體」。「充滿信心」！

這樣子，「能夠突破，累劫無明黑暗的，套牢」？「當下，無明迷縛的，思想體」？都是深入，剎那的轉化！「廣大光明的，無相精神體」？如是「自然真實，其中」的。「轉換破暗的，完成」！

如是。「廣大的光明」緣起？自照明！就可以「看到自己累生累世，無明本來相應的迷失」？和「迷縛種子的相應，受用相」！

完全「不再迷失」的展現！深入「無相應法」的，究竟？而且也可以，「看得懂」？自己曾經的，「無明相應受用相的。迷失」！

大覺悟「為什麼不再細談，邪師」？因為，他就是這個「累劫無明相應，昔性的種子」？他就必定有，「這個累劫而今生果報的，相應受用」！

也就是說，他有這個相應的「因」，也必須有這個「果」報的必然！這是「無法解脫」的，內涵！

  生活的大智慧：進入自性佛【真理學，輔助深入版2】

「前世的因，今生的果」！「今生，必定。自然無明相應迷縛的，行為」！又自然，因此。「累積，更深的因」！

　　「死後的空間。也必定是？如是因果無明相應，報應的。必然」！所以，「不用講他」？他就「必須是。這個無明相應，報應的。必然」！

　　除非「他能夠深入。無相精神體涵養」？究竟的「覺悟」！但「很少人，有這種自覺實踐的。根器」！

　　如是。「究竟堅固的，覺悟」！就是真實「涵養。累積廣大不相應法的，破相」？與「究竟排毒的，工夫」！形成「巨大無相真理的，覺悟力」！

　　當下，「利用。這個強大的，覺悟力」！能夠「放出廣大的，光明」！「破暗究竟」的，真實「佛造化」？

　　如是。照明「累劫無明地獄的，迷失束縛」！

「突破，諸受用相的，迷縛」？與「套牢」！究竟「廣大的，放光中」？

這個是「不思議的，緣起光明功德力展現」？必須有「大慧根的人」。才能「堅信毅力」的，做到！才能因此。真理究竟的「覺悟」！才能「真正堅信真理無相究竟的，實踐」！

（九）無明「累劫相應種子，思想體」。
自然受用之「輪迴身」！與「廣大
無相自性佛，放光遍照的，永恆精
神體」。究竟之「自在身」！

　　蔣女士，「如夢如幻」相應的迷縛。就是你
「累生累世，無明的輪迴」？而今生，「迷失累劫
種子，相應受用之命運」！

　　若能「深入破相不迷，累劫無種子的相應」。
「究竟受用，畢竟空之自覺？而覺悟」！自然其
中。當下「無相應法」？就是，「當下的佛身」！

　　如是。因此「無相工夫的涵養」？「究竟破
相，畢竟空中」！深入。「究竟真理？如如的，無
相自在」？自然其中。「自性精神體的，佛身」！
自然，「如如」的！自然，全身「突然熱起來」
了！

這就是「深入。當下」？究竟「自性佛」的。緣起「廣大的放光」！

　　葉女士也是一樣，無明迷縛其中？「種子迷失相應，受用之當下」。「突破，自覺中」！「當下，直入」。「究竟無相應法？無相的真理中」！如是自在。「如如精神體。究竟不動」的內涵！

　　這個，就是「當下，覺悟」其中？當下。「究竟佛身」的進入！這個叫做，「究竟平等」？深入「究竟，光明體身」！他能「緣起遍照」？「廣大的放光」！

　　然後，「他所面對」的。一切？叫做「緣起菩提造化，自然法爾的，現象任運」！跟世間本來「無明阿賴耶識，累劫種子相應的受用現象」？與本來「無明輪迴，相應的現象」？「完全，是不一樣」的！

　　卻是「幻如平等」，與「造化平等」的，究竟

無所得？

「如夢如幻」的現象，有兩個！一個是「累劫阿賴耶識種子，迷失受用的，相應現象」？如是。「現象相應的，自然」！一個是「如如自性佛，廣大照明緣起」。「菩提造化現象的，廣大遍照」？「自然法爾現象的，任運」！

卻是「幻如平等中」，「究竟無所得」？回畋「究竟當下」的，「絕對真理」！

所以，當蔣女士「很痛苦的時候」？就應該想到。這是「無明累劫，相應思想體的今生」！累劫種子「迷失相應的，無明受用」？

如是。當下其中。「深入無相應法的，平等？究竟的覺悟」！「深入。畢竟空中的，受用」？自然其中，「究竟的無相」？「看破」！

蔣女士「現在身體的，受用」？是「累劫無明，阿賴耶識的相應種子」？所產生「相應無明迷

失的，受用」！「如是迷縛無明種子，相應感受」
的。「精氣神」？「自然無明」的，展現！

　　所以，「當下的感受，相應累劫種子」？而
「今生的受用」？自然「很痛苦」！如果「因此
自覺」。「覺悟的破相」？深入「究竟，無相應法
中」！

　　「自覺破相，畢竟空中」！直接深入？「真
正的進入，自性佛」？「絕對無相的，真理」內涵
中！自然因此。自在「究竟涅槃中」！

　　就像「現在深入，自覺分明中」？「自在的進
入，究竟安定的受用」！就開始「熱」了！

　　這個就是，「深入。自在空中」？在「無相
自性佛」。與「畢竟空的精神體」？內涵的展現，
「徵兆」！

　　所以，「當你很痛苦」的時候？你就「應該
深入，累劫種子，無明相應中？受用的，自覺分

明」！想到「這個」？所有「痛苦的感受」？在自然「究竟空中的自覺，覺悟中」！就「深入真理的放光」緣起？自然的，「消失。痛苦的受用」！

若能「時常自覺，究竟的真理」！深入完全。「不糾纏，不迷失的受用中」！自然「不相應法中」？廣大的「自在」！

你就「自然能深入，無相受用」其中的？想到「畢竟空，精神體的受用」！如是自在，「如如真理的，究竟，自性佛身」！就因此，「自然廣大其中」，遍照的。「緣起。放光」！

釋迦佛，「當下，進入？最深的禪定」！大覺悟卻教你們，隨時「自覺？破相畢竟空中」！想到「無相自性佛的？自在如如身」！

這個就是，當下「覺悟？深入自在空中」！「真正畢竟空受用的，涵養」！就是「當下？無相精神體。畢竟空中」！

如是。「究竟自性佛，究竟真理」。「究竟光明體」的內涵！如是。「堅固無相」。「魔考般，如夢幻」的？「絕對無相」。堅信淬煉的。究竟統一中？自然「幻相滅盡」，「畢竟空中」！

　　每天，「恆常。自在其中」！都在緣起？廣大遍照的。「放光」！這個，也就是「釋迦佛的最深禪定」內涵。一樣！如是。「自在光明體，與廣大遍照」的？緣起「自然法爾的，放光中」！

　　釋迦佛的進入，是「深入最深禪定的，內涵」進入！自然其中，深入自在「廣大遍照的。照明中」！有很多「緣起遍照的，菩提造化」！如是。「自然法爾現象？吉祥如意的。任運顯相」！

　　我們的「進入」？是「當下現象中」？自然，「當下其中」！「迷失累劫種子。相應的受用中」？

　　當下，平等。深入「自覺破相的，無相空

中」！

深入究竟「覺悟」的。如是「幻如平等中」？「平等的進入」！

所以蔣女士，你「會自然痛苦的，迷縛其中」！就是因為，「你進入，累劫無明種子的，相應受用的，迷失中」？

才會一直，「迷縛相應」的！「胡思亂想」與「痛苦無明」其中！

你現在知道，「一件事情」？卻有「自然相應」？與「緣起遍照」的？「兩個不同的展現」空間？

一個空間，「無明迷縛受用的，相應」！另一個空間，「自性佛緣起的，廣大放光」！

當能「自覺分明，與破相空中」的，深入？進入「自性佛的放光」！當下，你的「自在，無相精神體」。與「畢竟空的受用」！就是緣起？「廣大

光明體的，佛身」！

　　大覺悟當下。「自覺破相，空中的受用」？就是「究竟自性佛，光明體佛身」的緣起。展現！「當下」本來。即是「平等無相」？「如夢如幻，無明的相應」。「累劫種子相應，現象的迷失」，受用身！如是「幻如，平等中」！

　　現在深入，「平等究竟」？「完全自覺，破相不迷」？與完全「不要迷失」的？「空中」工夫涵養！當下，就是。「自性佛的，無相精神體。佛身」！

　　「當下，其中」？就是「永恆絕對。心靈不動」的。「廣大緣起的，放光」？「究竟的佛身」！如是。「當下的佛身」。「全然的精氣神」？都是緣起「廣大光明」的，展現！

　　當進入「當下的真理身，究竟的佛身」？就能「緣起遍照，菩提造化」的展現！「菩提」，就是

「無中生有」的展現！

　　「緣起」，就像大覺悟。在「自然其中的？廣大緣起的，放光照明」。一樣！

　　因此。「過去怎麼樣？這就是累劫無明種子。今生無明相應的迷失，和感受」！如果深入，「不要迷失」？「自覺其中的。畢竟空受用中」？當下。就是「究竟的，無相佛身」！

　　「想到自性佛，究竟的真理」？就能「當下進入？那個自在無相。精神體的，空間」！隨時都要，「如此究竟光明體，真實的涵養」？如是。「這樣做」！

　　所以，陳小姐經常「深陷累劫，迷縛相應其中」？「想相、以為、判斷」的，受用中！就是「累劫迷縛相應的，種子受用的，迷失身中」！如是。累劫相應的「種子身」？就有「欲望、想相、胡思亂想、迷失」等？「輪迴受用相應的，無

明」！

　　那些「累劫無量的，迷縛涵藏相應種子？與相應迷失的受用」？都「完全不要，無明相應迷縛其中」！如此，「累劫而今生的，相應種子」？皆是「相應無明識的，迷失受用中」！

　　如是。「種子無明迷失的，識相應」？如是。「唯識受用的，識相應」！「就好像迷失糾纏相應？無明相應受用中」！

　　「一碰到現象，它馬上自然？無明相應受用中」？「破土般的，展現而出」？「自然的，無明迷失。相應的展現」！

　　蔣女士，你目前「長期，一直在。無明相應中」！「感受、觀念、現象」迷縛的，「相應受用中」？迷失！

　　大覺悟，要你進入「最深畢竟空中」的，不迷失？「覺悟真理的。實踐中」！

  生活的大智慧：進入自性佛【真理學，輔助深入版 2】

就是「只有自在的，畢竟空中」？深入「如如
無相」的，涵養中！恆常。緣起「任運現象的，圓
融中」！如是。真正的？「畢竟空，深入中」！

「當下，進入如如」？「無相的廣大，涵養」
其中！就是「自然其中」！「真正放光緣起」的。
廣大佛身？「造化」！

如是。「感受相應的，迷縛」？「痛苦、哀
怨、胡思亂想、好難過」等受用。那個叫做「自
然累劫無明種子，相應迷縛其中」？「自然的相
應」！如是。「迷失受用」的？「自然內外無明，
相應身」！

若能自覺「無相的深入」？廣大自在，「看
破不迷中」！即能「進入，真正自在的，畢竟空
中」？如是深入。「真實無相」？「究竟內涵的，
精神體」！

我們的肉體，有「兩個不同受用的，相應感

受身」！一個是。「累劫無明阿賴耶識，迷失相應的，種子受用身」！它的「特性」。就是「胡思亂想、煩惱、憂鬱、快樂、計畫、安排」等？

從「出生到現在」，皆如是「夢幻其中」？都是「自然其中受用」？「相應的。活在其中」！如是。「無明迷失相應，如夢幻」的現象？迷縛「回皈種子相應的涵藏」！「自受用」思想體？「輪迴繼續相應的，展現中」！

還有另外一個。「究竟無相精神體」？就是「究竟覺悟的受用身」！如是。進入到「究竟真理，畢竟空的當下」！自在其中，緣起「如如的，自性佛身」！整個，都是「緣起廣大的，放光其中」！

所以，「當下其中」？「自覺分明的畢竟空中」。如是。「究竟無相精神體的，自性佛」！就能「自在其中，進入到那裡」。整個人，都在「廣

大緣起的，自然的放光」菩提造化中！

因此「自在，無相其中」？什麼「都不要想」的。「畢竟空中」的內涵！

「完全深入。究竟其中」？完全「用看」的！就是「自覺其中？深入究竟，破相其中」的。分明中！如是「深入究竟，自在」的涵養？「空中，與畢竟空」的內涵！

所以，無明相應，「諸相其中」？「來空空，去也空空」！但是，「輪迴，如夢如幻」？「現實的相應面對」。其中！皆是涵藏。「累劫無明的，迷失相應種子」？如是。「輪迴繼續的思想體？累積涵藏的，受用」！

卻在「人類與萬物中」？「胎卵溼化的，四類相應輪迴，眾生中」！產生「累劫無明思想體的，繼續」？如是。無量「種子輪迴」相應其中的？「相應，受用空間」的，瀰漫！

「在廣大無明，相應種子」？迷失「輪迴的夢幻現象中」！因此「不斷的展現，自然輪迴的，相應」？「廣大不同，無明相應迷失的」？「輪迴夢幻種子的，相應空間。現象身」！

所以兩個「受用身」。一個受用，是「無明阿賴耶識的，累劫無明種子，輪迴空間的相應」？如是「夢幻」的。「感受身、觀念身、和現象身」！

但是，把這個「十一法界相應受用。完全不迷失的，自覺不要」了！就變成「當下，無相畢竟空中的真理」？「究竟精神體的，真實受用」！如是。究竟「自性佛的，究竟真理」？「廣大緣起的，光明身」！

這個「自在的，身體作用」？是誰在「命運，與主張」？就是「絕對的真理，與智慧的受用」。在「廣大放光的，緣起」！

所以，「隨時當下」？「回看」其中！如是。

「自在的，自性佛身」！就會有「光明體，緣起廣大」的。「放光造化」！可以「自在其中，光明」的！「除去一切，無明迷失」的。自性「邪魔、與惡魔」？和「胡思亂想的，無明相應，迷失」的受用！

當「相應無明迷失的，煩惱」時？就「自覺分明的，破相畢竟空中」！如是自在其中。想到「當下的無相」？

如是。「自在的。究竟真理的，精神體」。與「自性佛身」！如是。「自然自在，其中？就會很快樂」！

自然其中。「不知不覺的，放光受用中」？忘掉「廣大無明，相應迷失的。痛苦」！

當下其中？「這樣進入，破相的畢竟空中」！就是「放光破相，破暗」的？「不要活在，累劫無明阿賴耶識」？「如夢幻相應的，感受、觀念、現

象」等，受用中！

　　一切「現象變化」。又回皈，「累劫迷縛輪迴種子」。「相應的，迷失繼續中」！在「累劫輪迴」其中？又直接進入。「無一切種子相應的，內涵」？與「畢竟空中」！

　　如是。自在。「究竟自性佛，如如涵養」的？「究竟真理，其中」？廣大的，「緣起放光中」！

　　這個「究竟涅槃的，心境」！就是「安定，廣大遍照的，放光」狀態！完全處在，「究竟其中」？究竟「看的」。心境中！

　　完全不用修「神通萬法」？在這裡「自然緣起，廣大放光的。菩提造化」？內涵。「自然法爾任運的，現象」！

　　「廣大的，任運現象」？如是「真實的，法爾自然」。與「神通萬法」等？皆在「俱足中」！

　　這個是「諸佛。最深禪定」的？「真理內

  生活的大智慧：進入自性佛【真理學，輔助深入版 2】

涵」！廣大「緣起」的。菩提造化？如是。「自然法爾現象的，神通萬法」？「任運、無礙」！

在「張眼、閉眼中」。就在這個「當下」？「如夢如幻的今生現象中」？見到「平等其中，現象局勢。與法爾自然的變化」？在「相應迷失的，糾纏」變化中？回昤累劫「思想體，種子相應輪迴」的繼續？「轉化相應？其中現象的。自然」！

如是。「平等圓融」？累劫「無明迷縛輪迴種子，相應自然現象的，受用」！因此「自然法爾現象」？「神通萬法的，任運自然。無礙」！

因此，「自覺無相究竟。精神體的？破相中」！深入。「完全究竟的，不糾纏相應」？「受用的。不迷失中」！

當下，就是「如如，放光自在」的？「緣起」的涵養！這個，「緣起的內涵」？才是「究竟無相精神體，真正的真理」？與「廣大放光」的展現！

這個。就是「究竟自性佛的，自在」？這個。
才是「究竟廣大放光」的？「緣起，主題內涵」！

所以，「對於什麼事情」。都「不迷失，與不
糾纏」其中！當下深入「無相放光，緣起造化」其
中的。圓融？

若有「糾纏」。就有迷失！就是「出生以來，
無明迷失，自然的受用？相應累劫種子」的輪迴？
「自然因此無明相應的迷失」？「迷縛相應，繼續
輪迴的受用」！

當做到「完全不糾纏相應受用的。破相不迷
失」！「究竟的空中」時！就是「自在空中，自性
佛」的。緣起「廣大放光的造化，受用」！

就是「如如放光緣起照明，菩提造化？萬法神
通受用」任運的涵養！就是自在其中。「廣大的，
光明體」其中！與「遍處照明，菩提任運的現象？
緣起受用的，放光」！

每一個人，出生以來。都是「迷失，無明輪迴的相應」！在「累劫無明種子」。相應無明受用的，迷失？「糾纏的，感受、觀念、和現象」等。「迷縛的，受用中」！

有「過去、現在、和未來」的，「期盼相應想法中」！自然進入到「當下，什麼都無相其中？完全沒有」時？「自然的無相應法空間」？都是「廣大緣起畢竟空的，受用」內涵！如是「廣大的光明體。與緣起的放光中」！

「空」。就是「深入其中」？完全的，「不迷失，和不糾纏」！真正的，「畢竟空」？就是做到「完全不糾纏、不迷失」的，「究竟無相真理」！廣大的緣起，「放光遍照中」？

也就是，當下，「如夢如幻中」！當下，「平等進入」。究竟「完全的不迷失」？「空與畢竟空」的，深入「究竟的覺悟」！

這個，就是「真正，絕對的平等」？「如如絕對的，涵養」！

　　「究竟的，關鍵主題」？緣起的。「廣大放光」！當下，「無所畏懼。無所糾纏。無所迷失。無所想相」？

　　當下，在「感受、觀念、現象」等。緣起放光照明，菩提造化任運吉祥如意的，受用中？

　　進入到，完全的。「畢竟空，安定的受用」！如是「緣起」？「廣大照明現象」的，「任運法爾」表達！

　　整個「緣起放光的，受用現象」？「吉祥如意。自然法爾的，展現」！「整個照明的，自然法爾現象」？都是「緣起菩提造化的照明。與自然法爾的，任運現象」？

　　如是。「任運圓融」。隨順圓滿現象的，「面對中」！都是「非常不思議，廣大神通造化般」

生活的大智慧：進入自性佛【真理學，輔助深入版 2】

的。廣大「吉祥如意」！

　　如是。當下「神通般的，自然法爾」。「緣起照明的，任運之造化」？這是「究竟光明體」其中？「最重要，緣起自然法爾現象中」？「任運」的。「廣大放光，照明的主題」！

　　所以，在「今生，如夢如幻的人類世界中」。完全「捨離了一切」相應，受用的迷失？與所有不相應法中？「現象界的看法、世間的看法、與台灣文化的看法」等，究竟的捨離？

　　如是遠離「相應受用的迷縛」！深入究竟？「廣大無相放光的，緣起中」！

　　將自己「無明相應，想」的受用？進入到「完全，無相應法的，自覺覺悟」！深入，無相其中？「空中與畢竟空」的，「究竟無相，精神體中」！

　　就是「當下」。只有「廣大緣起。自性佛的放光」？與「自在其中」的。深入！「究竟的看

中」！

「當下自性佛的，緣起放光」？與「自在的，看中」！就是釋迦佛「最深、最究竟的禪定」真理！

亦是「平等當下」。進入到「究竟破相的無相？空中與畢竟空中」！如是「自在其中」？「最深無相應法的，安定？自在的看中」！

只有，緣起。「廣大的放光」！如是。「自性佛的，廣大光明身」！即是。自然緣起？「廣大任運，神變的。菩提造化」？「自然法爾，平等」的？「現象菩提神變的，造化身」！

從此，「處在，如夢如幻」？平等整個「生命界。整個究竟界」的？「真實中」！這個「真實」的究竟。是「真正的，真實」？「真理的，真實」？與「光明體的，真實」！

「究竟平等，廣大緣起照明」？「現象的法爾

任運」？

所以，「緣起照明，廣大自然的空間」？就變成「緣起菩提造化的，遍照放光現象」！廣大「吉祥如意」的，神變任運的。「造化自然」？

在「如夢如幻，廣大現象中」，都是「緣起，放光照明菩提造化的，平等遍照」？如是。「自然法爾現象，圓融智慧的任運」！整個都是「廣大自然，吉祥如意」的，自然法爾任運？「現象果報」！

只有「去面對」？「如夢如幻的緣起，與圓融菩提造化，現象的其中」！如是「圓融，隨順」的。「圓滿它」！

如是。深入，「光明的看中」？如是。「無相精神體，工夫涵養同體智慧」？「菩提造化現象的，任運內涵」！如是「出生到現在。緣起照明？平等」的所有？

「想法、看法、昔性、感受、觀念、和迷失現象」的，緣起任運？「自然法爾現象。廣大任運的神變？圓融平等照明的，吉祥如意。受用」！

　　在「相應平等」的。緣起照明中？迷縛「如夢如幻」現象的，緣起自然中！如是。「廣大自性佛的，放光照明」。緣起的自然法爾？「自在的，廣大看中」！究竟「無所得」的回皈？

　　「在本來如夢如幻相應現象的，阿賴耶識自然中」？各自回皈，相應「種子」？和「累劫輪迴思想體種子，昔性相應受用的。糾纏迷失相應空間」？與「現象變化的，相應套牢中」！因此「輪迴，繼續的。迷縛」！深入究竟「不相應法中」？真理的，「無相」實踐！

　　若能夠，因此「深入。究竟無明迷失的，無相突破」？深入「完全的不迷失中」！因此「深入，究竟如幻。平等其中」。能夠「究竟的，畢竟

空的？破相」！「緣起同體智慧的，自然法爾」？
「隨順圓融。廣大放光，緣起的。菩提造化」！

如是。現象變化中？「回皈自覺其中，輪迴種
子相應的關鍵」？就是「無明相應」其中！「所有
的感受、觀念、現象受用」等變化。都回皈，「只
見累劫種子無明繼續，相應的輪迴」！

如是「繼續無明相應輪迴，其中」？「原有
的，繼續無明迷失的相應？回皈完全不相應的？受
用空間現象中」！如是「畢竟空中」？

「能夠做得到，這樣不迷失相應的，受用」其
中。就是深入廣大。「緣起無相的放光」內涵！叫
做「真理的，自在其中」！

「能夠做得到這樣。都是吉祥如意的受用」。
如是。「自然法爾任運的，現象」等！如是「自然
其中，任運廣大的，神變現象」？自然其中。廣大
的吉祥如意？「沒有任何的迷縛糾纏相應。與災

禍」等！回皈「究竟的無所得」其中？深入「絕對真理」的，真實！

如是。「相應種子，迷失的受用輪迴」？深入，「無明繼續的相應。受用中」！就有「自然相應其中的，災禍、意外」等。與「無常的現象」發生！除非「完全不相應法」的，深入？

「若沒有種子的，相應。和迷失的糾纏」！自然「當下」其中，只有「無相應法其中的，有餘涅槃」？與「畢竟空究竟的，無餘涅槃」！

自然緣起。「如如不動，與畢竟空的廣大放光」！和「緣起菩提造化？自然法爾的面對」！

都是「自然現象，圓融隨順？任運放光的，無相中」？「廣大，自然？吉祥如意」的，果報！「自然。法爾其中現象的？任運」！

無論「碰到任何事情」！無論「能不能處理」！都「直接進入，無相精神體」其中？與「如

如究竟，廣大放光的，涵養中」！

這才是「廣大，緣起。放光照明」的！菩提現象。緣起其中？如是。「造化自然法爾的，隨順圓融」！

這才是「緣起菩提造化的，同體智慧」？與「自然法爾」的展現！這才是「廣大吉祥如意的，現象」？「自然法爾圓融圓滿的，現象任運」！

所以「活在世間，跟內外相應的環境」？和「現象變化等，有關係」？但，又「完全沒有關係」！而是「回皈其中」？跟「無相應法中，無相心」的內涵。有關係？

所以要「活在，無相自在」？「如如不動。自性佛放光緣起的，心中」！在釋迦佛，叫做「進入最深的，禪定」？「廣大任運」的內涵！

在「當下，現象中」！「進入，自覺破相的。究竟覺悟」！卻是「張眼、閉眼」其中？就在「當

下無相」自在中！

　　如是不相應法中？「如夢如幻的，大智慧無相人生中」？如是。「緣起的照明」？「廣大平等。菩提的造化，任運其中」？

　　如是「無明的相應」？「阿賴耶識累劫迷縛種子。與無明繼續輪迴，相應的。受用中」！深入完全「不相應法」的，「無相其中」？即是「廣大緣起照明」的，當下「造化」！

　　如是「無相精神體」其中？「廣大放光照明。緣起」？「自然法爾的，隨順圓融的？任運變化」。與「面對」！結果。就是這樣回皈？「廣大光明的，吉祥如意」！與「究竟的無所得」堅固？

　　而「原本無明輪迴的，相應命運中」！卻是「累劫無明相應的，迷失」？「糾纏、痛苦、胡思亂想、和束縛」等受用？如是。「累劫種子相應，繼續輪迴」的心境！

這是「完全不一樣」的！如是「當下其中」？
「無明與光明」？究竟幻如平等。究竟無相心境之
「面對」！即是「完全不相應」的，進入？即是
「自然緣起」的造化。展現？

「自然」有兩個。一個，叫做「世間如夢如幻
的自然」。就像我們這個世間，就是「阿賴耶識如
夢幻，無明相應的種子。迷縛輪迴受用的糾纏」！
所產生「無明如幻的，相應自然」！

另外一個，叫做「緣起放光的自然」。在廣大
的「放光中」！「現象的一切」？都在「無我、無
法、無無常中」！就是「沒有自己，沒有現象、沒
有無常」的，廣大無相？放光緣起，其中！如是廣
大的「無所得任運」？皆「回畈，究竟無所得」的
「絕對堅固」！

如是。「沒有無常」？就是「一切的好壞是非
等，都不在乎」！當你「進入到這個」？「畢竟空

受用的，永恆中」！叫做自然廣大？「緣起放光，自然」的？「真正無相大智慧其中的，佛」！

「真正的佛」，就是「無形無相」？只有「究竟不動的，光明體」！在「光明體」其中。自然就會，緣起廣大的，「放光」！如是。「幻如平等」的，究竟造化展現？

放光。在這個「如夢如幻的、唯識自然相應」裡面！就會產生，完全不相應法。究竟平等的「緣起」？如是。因此緣起？「不思議的，世間四身佛」。廣大「造化」的，任運展現！

像「菩提造化」？就是「本來如幻相應。沒有中？完全不相應法中。生有」！它「自然緣起造化光明的，主動出來」！回皈「自然法爾現象的，究竟無所得？真實的任運」！

如是。「心相一如」，與「心氣一如中」？就是「你的心、你的思想」。跟「你的氣息」和「身

生活的大智慧：進入自性佛【真理學，輔助深入版2】

體諸相」相應如幻等。皆是「平等同體,相應與完全不相應法中」?緣起造化的顯相!「一樣」的!究竟回皈「完全無所得」的,平等其中?

如是。「心相一如」其中。就是「思想相應與完全不相應的,轉化。跟相完全的平等?一樣」!緣起造化的,真實?

所以「心氣一如」和「心相一如」,可分成兩種「不同造化的,氣息」!一種是「阿賴耶識相應法」的?另一種是「如如完全不相應法」的?如是平等中?廣大「緣起造化」的,「究竟無所得」?究竟「絕對的真理」!

大覺悟教導,「深入,用看」的!「看」的本源,是「畢竟空」的,「堅固無相」內涵!「第一個空」。是「完全沒有自己種子的相應,與不迷失相應」的,叫做「識空」!

「第二個空」。是「沒有迷縛」以外。還「進

入更深，不思議的沒有」！叫做「識空空」！是連
「十法界的內涵？和一切不思議的現象變化」等。
都「完全沒有」！

　　這些「都沒有迷失的，深入破相」以後！就進
入到「空中」！「空中」。是「無色聲香味觸法，
完全沒有現象，與受用」等！深入「完全不相應
法」的，究竟空中？

　　深入空中。「完全，沒有現象」！就是「整個
宇宙毀滅，整個無量宇宙，包括十法界等，都沒有
了」！這叫做「無色聲香味觸法的，廣大如幻現象
的迷縛」！

　　「無眼耳鼻舌身意」，就是對人講的，「沒有
六根」的作用！「無色受想行識」。就是「完全沒
有相應感受」的作用！

　　就像「現在的黃小姐」，「每一個剎那，感
受、觀念、現象、想相」等受用，都是「剎那，

無相，同體受用。完全不相應的？連線」！如是。
「心氣一如」的！她就處在完全不相應法中？「無
無明其中」？「不斷的，不相應？和不迷失的糾纏
中」！深入「真正的無相」，與「平等如如中」！

　　黃小姐一直「跟著自己的，心氣一如」！憑著
「自己的自以為感覺，與受用」等！這是「累劫而
今生？錯誤迷縛相應種子」的，繼續受用的輪迴？
如是。昔性。「唯識相應。自以為的？無相受用相
應的，使用」！

　　她的「每一個剎那」，都在「無明相應的受用
中」？那個「自我意識以為。相應的，受用」。好
強！

　　黃小姐都在「迷縛，與迷失的相應受用中」。
如是無明「以為」的。「相應糾纏」受用中！應深
入「完全無相應法」的，畢竟空中？「緣起的造
化」，「看中」！

所以，深入「空中」。就是深入「無相的內涵」！包括「無眼界，無意識界」等。

　　而「陳小姐的心眼與法眼等，所看到的」！是「緣起菩提造化」的，「如夢如幻」？而已！應回畈「究竟無所得」的，究竟「無相真理」的堅固自覺？

　　「無眼界」。就是「所看到的一切。都完全畈空的。不要糾纏迷失」！「無意識界」。就是「想到的一切，都不要相應糾纏迷失中」！應回畈「畢竟空的，真理真實中」？

　　就是深入「完全不想」其中！「完全在，深入空中的內涵」！當達到「完全的不糾纏，破相中」？就是「畢竟空」的，深入！如是「無相真理」的，究竟內涵？

　　黃小姐，「你不要深入，想中」？把它整個「迷縛相應的受用，推開」！你就會進入「畢竟

空」?「如如工夫涵養的，角度」!

「如如」是，「整個究竟無相，精神體的光明體」!「沒有形相其中的。廣大光明體中」?在恆常?「緣起照明」的。「看一切」!

所以，「每一個啟動，和變化」等諸相。都把它深入。「否定其中的無明」，與「看中」!這個是「破相究竟」?相應「完全不迷失種子受用」的?「究竟。不相應法其中」?

這個是恆常，永恆其中?「緣起造化的，啟動」?連「緣起」的造化?都把它當成「如夢如幻」的，「無所得」的?完全不迷失中!深入「究竟無相」的，「絕對」?與「究竟不動的其中」?

你現在這個「思想體」。是你出生之前的，「累劫無明輪迴的，思想體」?進入「這個胎兒」!到你長大?叫做「獨自今生，走一遭」的?「累劫思想體的，今生的展現」!

像釋迦佛，本來也是那個「思想體」。祂原來的「因緣變化」？是「有王位和妻兒」的！

但是，祂「後來，都不要」了！祂認為「這些都是，本來一場空的，因緣相應」？與「迷縛」的「套牢迷失相應」？

深入究竟的，「覺悟」其中？「生命的來源」？竟是「獨自來，獨自去」的！本來「如夢幻的，相應法展現」？

「死後」。不覺悟的「思想體」！又變成「輪迴無明繼續」的？「累劫思想體種子」！與「出生前的，那個累劫的思想體」。幾乎是，「繼續輪迴其中？一樣」的！

都在「繼續相應的，空間變化中。繼續的，無明相應。輪迴」！還是以「累劫思想體」的，存有方式！只是「死了，沒有肉體」！卻「有思想體的繼續迷縛」？就有「累劫無明如幻，相應受用」

的?「現象、感受、觀念」等受用變化!

自然。在「相應,其中」?形成自然,因果?「環境和現象」的。相對局勢的,「投入其中」!

所以,死後的「思想體」。如果「依然沒有改變」!「自然繼續,相應輪迴」?仍是你「本來,累劫迷縛種子相應的,繼續思想體」!

「今生其中。也是本來的,思想體相應展現」?「繼續的,無明展現」!死後,也是「沒有改變的,繼續輪迴思想體」!那個叫做「繼續輪迴,無明思想體的相應種子受用」!

「無明相應的,累劫輪迴」!如是。昔性展現相應的。「繼續」?「無明迷失相應的,輪迴」其中!

所以,「出生而來的,累劫思想體」?今生「因緣自覺,相應的碰到」了。自然「變成,因緣際會的。無相應法中?覺悟其中」?「破相其中

的，改變」！因此「無相，突破自覺的。究竟其中」？究竟變成，廣大絕對？「精神體」的內涵！

　　就是「真正不動，畢竟空。如如」的內涵！祂「只有精神」？卻沒有「累劫思想體相應法的，迷失」！如是「究竟的，絕對精神體」！即是「究竟無相應法」的，「絕對真理」？

　　如是。「不迷縛其中」？完全深入「不相應法中」？「不用思，不用想」！就是「進入到」？「本來究竟的，絕對精神體中」！即是「破相相對」？而「究竟的，絕對真實」！

　　如是。「如如不動的，精神」內涵！即是「畢竟空的，光明體」？與廣大「緣起放光」的造化內涵。「究竟無所得」其中！

　　如果「今生能夠，破相相對究竟」。而「真實絕對的，做得到」！死後，就是「深入永恆？絕對純粹無相」的？究竟真實的「精神體」！

如是「自在精神體中」！「就是永恆其中。就是緣起廣大造化的，放光」！如是。復昄「究竟無所得」，絕對「究竟真理的，完全不動」其中！「整個全體」皆是？

　　「今生若已轉成，自在絕對的精神體」？死後，亦就是「永恆的，精神體」？永恆「超越生死」的，不動？就像「今生的受用。皆是永恆其中的，安定」！「死後的空間，也是永恆不動，絕對安定的」！如是「永恆不動」的，真理真實的自在中！

　　就是要「覺悟看破。不迷失其中」！如是「相對其中？絕對的本來」？如是。「累劫無明相應的，思想體」！「自覺突破」。因此，進入到「究竟無所得？堅固永恆的，精神體」其中！

　　「思想體」。就是「又思、又想」。又「無明糾纏相應，繼續輪迴的迷縛」！它的來源？是「累

劫迷失的，無明種子相應」？

　　所以，要做到「完全沒有，迷縛種子」？「無明相應，思想體」？迷失的「相應受用中」！即是「深入究竟絕對？無相的，精神體」！

　　這個「累劫今生輪迴的，相應無明迷失思想體」！要把它「深入，無明迷失相應的。突破」！「突破」，就是「完全不迷」！深入「完全不相應法」，無明相對的？「絕對」其中！

　　完全「不迷」時？就因此，深入變成「絕對的精神體」！所以，「不要再迷縛其中的。又思，與又想的，相應迷失」了！

　　累劫「相對輪迴繼續，如幻的思想體」，就是「又思又想」相對其中！如是。相應相對的「思想」。其中？就是「無明相應，累劫如夢幻。相對其中的，糾纏與迷失」！為「相應法」之「無明」內涵！

所以，現在就要。當下相對其中？進入永恆絕對。「究竟的精神體中」！恆常「自在真實」其中，不要被「自己累劫的，無明相應的思想體」？所迷！只有「自在絕對」的，永恆光明體？

　　所謂「相對相應的，思想體」？就是「累生累劫迷縛的，無明相應種子的展現」？「涵藏相應，在空間相對中？飄盪」著！有一天，自然「相應到世間？人部的因緣」！「妙」乎！

　　就像「收音機的頻率，自然相應到了」！他自然「相應收到了，今生父母同類相聚，種子的相應」？「因此自然相對的，相應其中？無明迷失，相對相應？受用的諸相」！就「自然投胎」出生了！經歷「人部因緣中」。百年人生「如夢幻相對現象的，變化」？卻是「累劫思想體」的，自然相應因緣？

　　像昔日邪師「累劫的思想體」？而「今生」！

「自然展現，從小。就會偷搶騙」！這是他「承襲了前世昔性。兵法的，偷搶騙」！

如是「累劫種子昔性，無明受用？相應的內涵」？因此「今生再來的自然」？「展現」！又「不斷的，兵法用術的？偷搶騙」！

更使用「兵法的昔性」淬煉？因此展現，「今生的廣大突變？思想體的內涵」！又比「前世的思想體」總成？更「邪惡」！

如是。累劫而今生，相對的？「思想體中」。「邪惡的基因，和種子」！自然產生相應？「地獄、餓鬼、畜生」的，「邪惡因緣與果報」？所以必定。「回皈？死後的相對思想體」內涵？必定將是，「更邪惡」的。「迷縛相應受報」空間！

要「覺悟，累劫無明輪迴的，相對思想體」！要用「看破，如夢如幻」？深入「絕對」其中？「完全不要迷」的自覺！

不要再「眷戀迷縛累劫的，相對無明相應思想體」？「無明其中的。迷縛，相應的受用」！深入「絕對真理」的，真實中？

像楊先生的「感受」？就是他「生生世世的種子」，所產生的，「自然相應思想體」的，繼續無明輪迴內涵！他「今生是這樣，無知無明受用中？無明輪迴的思想體」？「死後，也是這樣」？如是「可惜的，今生的因緣際會？仍然無明相應的，一成不變」啊！可惜啊？「從來沒有，改變」！

他應該「捨離的改變？今生自己，無明相應受用的思想體」？不應該「堅持」？「如此累劫無明的，相應繼續無明的輪迴身」！今生，因此。「會同類相聚出生？無明輪迴的因緣」？如此「無明相應因緣的，現象」？就是因為，「累世思想體。而今生無明相應的？繼續輪迴」！「可惜」今生的，出生因緣？

所以，不只「今生的肉體」？如是。累劫無明思想體的，你？累劫其中的？無明其中的「輪迴思想體」！也是「你，今生其中」！「累劫思想體」的相應？如是。從「累劫的，無明思想體。繼續輪迴」而來！所以「不要再迷縛，生生世世無明相應受用的，無明繼續輪迴」了！

　　不要再「使用無明，痛苦其中？迷失累劫自以為昔性的，思想體」？與「受用無明其中的，自己」了！要做到「自覺破相今生迷失的？究竟的覺悟」！深入百年人生「來空空，去也空空」的現象變化真理！

　　在今生中，自己的「思想體。如果沒有改變」！就「枉費今生。因緣際會。碰到大覺悟」！仍然「無法觸動，累劫而今生輪迴受用？無明其中，分明受用的自己」？「可惜」啊！

　　明知道自己「今生就是被累劫的，無明思

想體。迷失」！自己卻不能，「自覺破相的，改變」！卻仍然迷失「不思議境界，如夢幻的追尋」？卻仍是累劫思想體，「無明欲望種子」受用相應的迷縛。與浸染的迷失？

那麼在「今生的出生中」。仍然「迷失，茫然的一生」！有什麼。「意義」呢？如是「茫茫然的，無明相應累劫思想體？欲望種子，無明的相應受用，現象的人生」？仍是依舊回眪，「累劫無明的思想體」？

工夫涵養

（一）緣起「向道信入者」，因此「佛道其中」。自然之「自印」！「深入自性佛」，「究竟真理。經驗知見」的成就！

（陳B先生：我以前是「學八字、命相、奇門遁甲、和鬼谷子的正反陰陽闔闢之學」等。後來發現，它們是屬於「用術唯識研究，變化之學」的鑽研？卻不是我今生生命，要追尋真理的「本質」。）

真正的道，不是「用識、用想」的相應？不是用「迷縛變化」的？真正的道，是「究竟生命真理的覺悟」？能「深入其中自在」？能「捨離一切無

明，相應變化」的，迷失！

　　像你就是「真正向道的，修行追尋」者？修道的人，都「一直莫名其妙的。有生生世世向道的種子」！就「一直相應其中，自然求道的熱忱。湧現出來」？

　　湧出「一直想要四處，求道的念頭」？對於「世間的一切，都不會很習慣」？莫明的，「會有一種大道追尋的，看法」？想要「找到究竟真理的，答案」？但是，又「奈何」？

　　陳B先生，你剛剛提到「本質」？這個「本質」，就是你的「本有累劫而今生？當下。涵藏其中相對？相應無明輪迴受用，種子」的，究竟「絕對真理」？你現在「還沒有體會到」？「真正的真理，內涵自己」。到底是誰？

　　自己，「為什麼，來這個世間」出生？你「從出生，到現在」。「所有的個性、所有的好奇、所

有的研究」等。都是你「本來累劫無明思想體，相應無明輪迴的命運」？那就是，你的「累劫前世」的昔性！

（陳B先生：我也「學易經，學了十幾年」？後來發現「易經，是後天變化之學，也不對」！於是我開始「學習佛法」？從《心經》，到《金剛經》等。光是「《心經》，我就想了很久」！）仍然是「迷於文字理論的，不通」，不能自心中。「印證文字般若」其中？深入「工夫涵養，實踐」？其中的奧妙！

「你剛剛所提到的書，大覺悟以前也都看過」？當時，大覺悟跟你一樣「很好奇，為什麼可以如此說明」？所以，也「一直在研究」？仍是「用識其中的，不能通達」其中！

像「奇門遁甲、紫微斗數、和易經」等，叫做「識分明內涵，與變化的神通相應」？它們都在

講「變化的，相應使用」？這些都「不足以道」？
「究竟真理，無相絕對」。真實的內涵！

　　因為，「研究這個，就自然變成，用識其中
的，糾纏」？「識」，就是「相應的糾纏」！它會
因此「深然。輸入一個，涵藏用識研習，規則變化
的種子」？當「碰到什麼事情，就會因此相應「用
術，與用識」的，以期「分明」？

　　大覺悟「所講的道」。之所以「與眾不同」？
在於「整個變化的相應，與緣起」？都「完全深
入，真實真理」的，畢竟空照明？「不迷失中」！
「所學的一切？都深入，不要因此唯識相應？當
下。無明相應的，迷失其中」！只有「真心緣起」
的，菩提造化大智慧？

　　因為，「深入，迷失」的話？你就是在「相應
人部無明相應用識的輪迴」？要「像釋迦佛一樣。
找到究竟真理？自己的，自性佛」內涵？這才是

「究竟生命真理？本質的主題」？

什麼叫做「大智慧」？它「不是用想的，也不是用術的」？它是能「自在畢竟空中」。深入廣大的「緣起照明其中」！「直接用看」的，萬法菩提造化的展現！

什麼是「如如不動其中，深入用看」的？如是。「緣起照明內外的內涵，都是究竟統一」的內涵！如是。「自然法爾」？緣起的內涵。如是。「內在、心境、現象、結果」等。「自然平等緣起，廣大照明內外的，廣大現象受用等。變化」？就是當下緣起。「菩提造化的，內外統一內涵」？

自己的「自在，又是誰」？自在。就是「無我、無法、無無常」的，實踐內涵！你要「深入的做到」！那個「無相絕對」？「究竟自性佛」真理的內涵！

「無我」。就是深入其中，「過去的所學，

受用經驗等。都不要」？甚至，深入。「感受、觀念、現象」等。完全的「不要無明相應的迷失」！

「無法」。就是所有的，「相應其中的現象」等。與這個世間的「一切現象界相應法」等。皆「不糾纏迷失」其中？

像「世間的價值，就是要有錢有勢」？因此。大家就「往這個價值，去努力」！原來，「百年人生的一切，都在這個變化的迷失，茫然中」？卻不知「累劫思想體，內含種子相應輪迴的，無明」展現？

而每個人，「都因此。在迷失的，無明相應輪迴觀念中」。「有樣學樣中」？卻「不懂，深入真理絕對的，無相其中」！「什麼叫做，真正的佛」？

像很多「法王、上師、大師」等，都還在「迷失中」？迷失在「自我以為的，法中」？能把

「釋迦佛的經典，背得滾瓜爛熟」。「好像自己很棒」？自以為「即是佛」？真是「無明迷失，向外唯識知見的，迷失理論」！

　　結果「就像，教書一樣」？只是「知識的傳授」？所以他們都是，「自我迷縛唯識相應。用識其中」？無明相應，自我唯識自迷的，自以為騙子」！到底什麼是深入自在真理？「真正佛」的內涵？他們卻都「搞不清楚」！

　　什麼是「佛」？就是「相應所有的一切受用等？你都究竟絕對其中的。深入完全的不迷失中」！就像你今生「所學習的、所了解的，包括今生的因緣」等？包括「今生的一切現象變化，與感受」等？都能深入「一場空」的覺悟！更深入「究竟真理」。不動如如的，自在中？

　　像釋迦佛，祂「捨離一切王位、妻子、兒子。因緣等。全部放開」！「放開一切受用因緣等，現

實的面對以後？祂覺悟」到。「一場空」的事實！如何「自心的覺悟中」？平等「廣大現象」的，真實？

　　祂自覺其中。「出生時，獨自來。死的時候，也是獨自走」！而「今生的一切，因緣變化」等。祂都「整個的，變化現象中。看破不迷」！如是「皈空現象的破相，相應迷失的。一場空中」？回皈「累劫種子，思想體的。無明相應？繼續的輪迴」！

　　剛開始時，深入「眼睛閉起來，自見其中。六年，修禪定的內涵」？結果「看」了老半天？「自覺」？發現到。「還是離不開，見相受用其中？相應識的受用」？與「自覺其中」的，回觀「分析」其中！

　　當釋迦佛「深入，達到這個究竟自覺的，突破」後？達到「無識」其中的內涵？就是「碰到現

象相應時。無明的想」？如是。不起「作用」的受
用相應展現？

然後「進入到，完全用識」。「不起作用
中」？這就是深入，「十法界」其中？自覺裡面
的，「識空空，類佛」心境的內涵！

這個「類佛」的空？仍是屬於「識空空」內
涵工夫的，用識使用的空？所以「這個空。還要
達到？究竟的，無識相的無相？不迷其中」？「如
是。空中。就是究竟不迷其中」的，真實自在工
夫！

譬如講，「你以前覺得，自己在世間，過得很
辛苦」？這個就是「有所感觸、有所糾纏」？仍是
「迷失其中。無明用識」的相應其中！

陳B先生，其實「你的自性佛。祂會自照明
的，顯相」？祂在「無相，廣大照明空間中」？跟
「心物是合一的？究竟深然一體的」？如是「體性

相，一如」的？「即因，即果」的究竟平等。示現自然中！

當你「達到這個畢竟空，心境」時。你「自然廣大照明」其中。就自然懂了！到那時候，你就會同體，「自然其中」的？發現到。「廣大放光其中的，精神體」？「整個萬化、萬物」等。一切？都是「遍照其中」的，緣起的「你」？

像奇門遁甲之類，都是「阿賴耶識相應」？「無明用識的產物」？當你「究竟自覺，不要這些無明用識的相應以後」！

自在的。深入「畢竟空」時！你會「自然發現」到？即使「不出門」？「整個無量宇宙，和所有現象的一切」？都「在你眼前、在你心中」！如是廣大的緣起？一切的造化等。不過，「這個，也不重要」！因為，凡所有相？「有所功用，有所能力」？都「不重要」！仍舊，「回皈究竟，無所得

中」！究竟堅固的，「無相真理」其中？

最重要的是，已經能自在的，「深入其中」？「不被這個諸相現象的變化。所套牢」？如是「無相究竟真理」其中？即是「廣大緣起」的，一切造化！

就像「你會學習，用識」？就是「仍被學習的用識，套牢其中」？所以，你「生生世世，還在迷縛用識」？「相應的迷失？無明用識昔性的套牢中」！

（陳B先生：我「放假時，不會想去找朋友，我都一個人到山上，或者公園走走」。因此「心境的無奈，變成孤獨人」？）

如是「這個心境。也是迷失」？某種「空虛心靈的。累劫無明種子，相應迷失的執著」？是你陷入了「無明相應現象空無的。執著」？

你應該「深入其中，自覺的真理真相」？與

「無相其中覺悟的，無礙」其中？才是！「真正的畢竟空，在哪裡」？在「當下其中」？「整個萬物的變化，究竟無相的裡面」？如是「當下」！

其中「廣大遍處」的？「自在，畢竟空受用」的，「無相的，有中」？

你會發現到，「廣大無量的宇宙，都是相應唯識，無明的如夢如幻」其中？「無量變化，都是如夢如幻」？而「你的絕對，無相心境」？卻是「究竟絕對」？「不動自在」，其中的真理？

什麼是「畢竟空的，自在」？覺悟到「這一切」，包括「十一法界」等。都是「如夢幻的，一場夢」？包括「類佛」等。還是「一場空」？你要當下其中。「達到這個自覺？究竟無相真理其中的，全體覺悟」！

你會因此發現到？「你今生的一切，無明的相應？原來皆是，你累劫無明，相應種子」的展現？

  生活的大智慧：進入自性佛【真理學，輔助深入版 2】

原來皆是，「如夢幻其中。前世受用無明相應種子」的，展現！

你前世「沒有真正的，實修」？所以，「今生，才一直無明用識的，相應」其中！「無明」，就是你「無法知道，你的相應種子，受用的來源。是怎麼一回事」？

「沒有人，告訴你」？但是，你就是「自然，相應其中」？「自然如此想？就自然。這樣做」！

就像「昔日的邪師」。「沒有人教他」？但是，他「從小，就會自然的偷搶騙」？這就是「累劫而今生，種子相應的受用」。「自然相應其中」的，流露？那個「累劫涵藏相應的種子」。是誰？就是他「無明相應受用的，自然前世流露的展現」？

你雖是「有心向道的，修道者」？但是，「仍然累劫無明相應其中」？站在「唯識無明，相應受

用的，其中」？現在雖想要，深入「進去？究竟真
理，如如內涵的。自在中」！但是，仍然「無明
的，何謂真理。其中」？

　　所以，會「無明其中的？進不去」！因為，
你「還在無明其中的，迷失想的相應中」！你「雖
然知見，已懂」？但是，「你沒有辦法，分明進
入」？「真實內心工夫的，實踐」？

　　陳B先生，「你很認真」？大覺悟希望「能，
幫忙你成佛」！讓你能夠「像大覺悟一樣」？「自
在心中，找到究竟自在的，自性佛」涵養！

　　以後「當下其中」。「看什麼？你都能夠
了解」！你的「心中，都能夠因此」，「自然明
白」？如此，才是真正深入。「永恆無相其中的，
不生不滅」！

　　這是「真正的畢竟空」？自然其中，它會產生
「妙有」的，廣大放光？與「緣起菩提造化的，放

光展現」！

　　當達到「真正究竟，佛的心境」時？就是「當下。自然其中」。「沒有好和不好的，分別」？實際上，「不好，反而好」。因為，「不好其中，能夠讓你隨順其中的，覺悟」啊！這就是「緣起現象放光的，造化變化的」展現！

　　如是。「變化好與壞」的菩提造化，隨順的順融？皆是「緣起之兆頭」？如是有「緣起不好的變化」？卻能「順融其中」？「反過來之圓融？就是任運，自然法爾其中」。「變成好的變化」？

　　所以，「變化好，和變化壞」？那都是「隨順圓融」的，「變化之相」？如果你「迷失在，變化不好中」？你就會「因此迷失在，變化好的」迷失中？

　　有一天，「變化好時？你就會不知所措」！這是因為，你沒有那個「如如不動，自覺」的？「自

在心境」！

　　你的「內心世界中」，有一股「莫明相應的，苦悶」？那個「無明的苦悶」？就是你「涵藏其中，累劫相應的，迷縛種子」？那就是「累劫無明其中的，受用」？因為。你「無明受用」其中？真正的「不了解？你是誰」啊？

　　大覺悟現在告訴你，你「從小到大的個性、想法、做法、和人生的過程」等？這一些，都是「你前世相應的，累劫涵藏」？「無明迷縛，相應的那個種子」展現？

　　「那個種子的自然相應」，會展現在「相應受用的現象中」？包括今生中。「你想研究這些，究竟的真理」？與「真實修道的，內涵」等！皆是？

　　大覺悟以前「就是這樣」？「人生，想要世間現象的成功」？到最後，覺悟。「真正的成功」？是「究竟真理，自覺自在的。生命覺悟」！卻不是

「這個世間的，成就」？

就像那些「很成功、很賺錢的大企業家」。到最後，他在世間，現象的變化中。「努力耕耘，賺錢」？但是，「生命的實質，回皈」，卻仍在「累劫而今生，與死後」？仍是「相應回皈，無明思想體的，繼續」輪迴？「可惜」啊！

但是，他「現象成就的，如夢幻變化」？仍是「帶不走，一場空」的遺憾？還是「回皈到累劫思想體的，涵藏種子相應」？等「他死的時候」？才發現。原來「今生中，一切的耕耘」？都是「累劫自心福報種子」。「無明相應的，展現」！

「死的時候，錢帶不走」？而「累劫福報的無明種子，卻仍然還在過去輪迴繼續相應的，涵藏中」！如是無明相應的，「迷縛」其中？一直使用「過去的，繼續無明相應的，思想體」？「完全沒有離開」？如是繼續輪迴？仍是，累劫「無明相應

的，累劫涵藏種子」展現！

　　陳B先生。「無我」，就是「完全深入。沒有相應的自己」！就像你現在「看我」？不要「存有看法的，展現」？「有看法，那就是相應」？你的「前世受用」？

　　完全。「不要用」！「不要跟它走」？這個。叫做當下。「真實無我工夫的，涵養」！

　　「誰是我？我是誰」？「不是我？我又是誰」？那還是一個「究竟無我，工夫超越的。階段」？而已！「不是我」？還有「法」啊！

　　還有「現象界」，還有「肉體」？你在世間變化中。「世間還有，一切相應的無明變化」？

　　「沒有這些」的迷失？那就是，「真正的無法」了！

　　陳B先生，包括「今生的投胎做人」？它的「事實，與真相」！它是一個「真實」的狀況？但

  生活的大智慧：進入自性佛【真理學，輔助深入版2】

「卻不是，究竟的真理真相」！這叫「無明種子，相應的迷失。相應」？

你就「不要去了解它」？因為，「了解的，本身作用。是誰」？是你的「無明識，相應的」作用。是你的「分析」！

你「沒有注意到」？「剎那間跑出來，相應的受用識」？自覺中？「不要，跟它走」！

你的「起心動念起來，不要跟它走」！就因此，深入「無我」其中！「沒有前世」了！

如是。「沒有前世的，相應種子」受用？就「沒有六道」？沒有「六道」，再「進入其中？就沒有種子受用相應」的。「阿羅漢」了？

因此「沒有六道」。就是「識空」的內涵！「識空再空。就是完全不要不思議法的，迷失」其中！就是「識空空」！就是「四聖道的內涵，如是其中」？這樣的進入！

你「眼睛閉著，我一講話」。你的「相應種子的，自然感受」?「就馬上相應，展現受用出來」了?

　　如是。「把它推出去」?如是其中。你的「感受、觀念、和現象」等。「不要跟它走」?「你和它」。自然因此。「變成兩個，空間」了!

　　因此，你現在，在「識空」的空間中。「識空」就是「阿羅漢」?如是「阿羅漢」，就會「產生不思議的境界」?也「不要跟它走」!那就是「類佛」的內涵?

（二）阿賴耶識「無明相應迷失的，受用」？卻是「今生，無明種子」展現的，命運！「當下」。卻是「一場空」，生活的變化。現實！

　　你突然「發現到，往昔一切」。今生「過去之所學」！都是「唯識相應其中，如同裝垃圾般」的，「無明相應，我執的迷失」？

　　讓「無明的相應，用識其中」愈強。因此。「唯識知見的，無明相應」愈強？如是。「自我」的迷失受用，就愈強！

　　「我執」愈強中。就像，「身上披著很重的無明受用負擔」？與迷縛！「如何的，突破不迷」？所謂的「自覺」？「放下的，不迷」！就是深入「真正無明受用相應」的。「自覺，突破」！

　　陳B先生，現在「張眼、閉眼」時！同時，跟

你講話中。你的「感受和觀念中，就一直自然其中」？「相應無明種子，莫明的反應起來」？如是。「張眼、閉眼中」，「一切諸相受用的，無明種子相應」？就一直自然，「迸放，展現」出來！這個本來「無明的種子，相應受用來源」？就是你「累劫無明迷失」的。無明相應的，「累劫種子」展現！

　　我先讓你「自覺驚訝」的？「自見。受用相應其中」？「震撼一下，自見本來的無明相應受用」！這是因為，你「還有許多，迷失相應受用的，無明」？還有「眷戀迷失的，昔性受用」！

　　還有「今生一切受用，回憶的痕跡」。在那邊？我馬上「讓你自覺」的。把「那些重擔，放下」？這個叫做「進入完全，無種子無明相應受用」的。「識空，清淨心中」！

　　當你「放下，無明種子的相應？與知見種子

的，相應」以後？發現「好輕鬆」？你以後，自然。「自處，識空受用的，有餘涅槃中」？就會，「很開朗」！

因為，你本有「累劫而今生，無明迷縛。相應鬱卒的心」？卡在那裡？不能「明覺」。「無相應法」的，無相中！

為什麼「自己那麼的努力」，卻「還是無明相應，這樣」？還有「累劫而今生，利害得失的相應分別」呢？還在「那邊迷縛受用相應的。其中的迷失。與無明相應，糾纏」呢！

你一直「很想成功」？就「跟我過去，無明相應」的以為，「一樣」？但，到「最後，自覺」！「今生世間的成功，一點都不重要」！

因為，即使「今生現象變化中，你成功」了？改天「也要死」！仍是回叛「累劫種子，無明相應」的「繼續輪迴」？來生。「仍是，如此思想

體」。無明的輪迴，繼續？

「死，卻帶不走？今生成功的，現象變化」！「成功，只是用識相應，迷失現象變化」的？回皈，一個「觀念的展現」？

「如是。深入」？「沒有成功，也沒有失敗」的。「現象在乎」？那就是「真正，今生現象變化中」？回皈，「自覺種子相應輪迴的，覺悟」！

你一直在想，《心經》上。講的「無所得」是什麼意思？究竟的「無所得」？就是「回皈深入，究竟無相？畢竟空」的，內涵？當下。「皆是一場空的。無來亦無去」？

因為，當你「進入畢竟空」時。「自覺」其中？「所有十一法界，一切諸相的變化？和不思議」。都是「你的，得」？但是「回皈，畢竟空中」？仍是「究竟的，無所得」！

就像你「認真生涯的自覺」。認為？今生，

「有好有壞」？那叫「今生現象中，得失」的定義！「得」的意思？就是你「有所相應其中？諸相變化的，糾纏擁有」？

你「聽了大覺悟」的，這番話？再「回看自己過去」，「所做的一切」？與「所想的事情、所堅持的事情」？以及「所有的觀念」等？

現在「突然深入，自覺」生活其中？原來皆是「累劫而今生。唯識無明相應」的，「一場空，現象的變化中」？「根本，完全如夢幻其中」的？「都沒有得」！

當下，「就是真正自覺」的，「一場空的，現象變化」！這是「很殘酷的面對。真實的事情」？與「現象的變化」等？但是，「如夢幻的，現象面對中」。明明「皆是事實」的，受用！「你卻必須，真理事實，回畈累劫種子相應的，面對」真相？

大覺悟「希望你，因為真理的自覺」？能夠「真正找到」？「究竟自性佛」的真理內涵！在「如夢的事實中」。奇妙的，「找到了究竟真理事實的，自覺」？

　　還要「真正的深入突破？成就真實的真理」？讓祂「真實其中，自在的」？「展現絕對放光」的，「真理」？出來！

　　如果你今生中。「能夠把自己的時間，和工夫」？都「真實用在，奇妙的自覺」？與「深入無相，其中」？實質「工夫自性佛」的，涵養？將來，即能「深入真理永恆的，廣大放光的緣起」。「不得了中」！

　　其實你「不用學，神通萬法」？廣大「真實的神通萬法」？就在你的「自覺廣大遍照放光。其中」？

　　你「自然緣起其中。自然法爾的任運」？「不

思議變化諸相」其中。「看什麼，都懂」？「不用人家，告訴你」！

　　這叫「真實五眼的，自在」？「究竟心通」的，內涵？

　　因為，「自然因此」廣大照明的，緣起？才有「眼耳鼻舌身意」的，菩提造化應用？所以，才叫「六通」的？展現「任運」！

　　「六字大明咒」的意思？就是「真正真實，無相精神體」？究竟廣大「放光的心通」照明！達到「究竟緣起。廣大遍照的，光明」！自然其中。「眼睛、耳朵、鼻子、嘴巴、肉身、意識」等？全部「都會，自然遍照」。「廣大的放光」？

　　所謂的「緣起廣大的放光」？就是「遍照的照明」！在究竟「不用想中」？就「可以，自在其中」。知道「無相的真理」？與「真相諸相的，廣大照明」！

你今天「突然恍然大悟」？原來「往昔的昔性，與當今昔性的一切」？都是「究竟真理，追尋的。遮障」！你的一生，「都被累劫無明，而自己今生」的，「無明相應的看法、感受」等。所「遮住」了！

　　你被自己「出生以前的，生生世世」。與「累劫相應種子的受用」？遮住了！而「自然今生，出生以後」？「你卻迷失在無明的相應受用，其中」！

　　被今生「你出生的因緣，與無明受用，變化的相應」等相？「遮住」了！

　　「遮住」了什麼？「遮住了究竟其中，無相的真理」？「本來無一物的，放光的真理」！

　　陳B先生，「真正的佛法」？是「廣大放光遍照，緣起的照明」？

　　變化萬千的「吉祥如意」！是「緣起菩提造

化」的，「如來法」？是究竟緣起。「三菩提佛法的，緣起」！

在「空間中，自然緣起」。「畢竟空，遍照」？「碰到，自然菩提造化的，放光」？「整個空間」，自然就開始緣起，「廣大的三菩提造化」？

如是。「緣起照明的，不同」！這叫「菩提造化」的自然法爾？任運？這就是「真正廣大任運？吉祥如意的，大神通」。展現！

「究竟真實」自在者？「走到哪裡。自然整個空間？就開始緣起，遍照放光的，轉變」？這即是「究竟佛法緣起」？「廣大任運的。造化」！

你有「認識？就有認識的體」！你「用什麼，來認識」？是屬於無明相應其中？「分析、衡量、判斷」的本源？叫「識體」！當達到「識體的，空」？就是「識空內涵的，阿羅漢」！

「有識的迷縛？就有六道的法界」！所以，若能深入「不糾纏、不分析、不衡量、不判斷中」？「當體，即是空」的自覺！即是究竟「識空」的。實踐？

　　「當下。就是自覺的，識空」？就是「識空體」的內涵。即是「阿羅漢」的，有餘涅槃心境！由「知見，而深入行持」？「深入，實踐其中」！

　　要「怎麼，進入自性佛」？如是。「當下，當體」！能夠「自覺深入。究竟的覺悟」！深入。「識不用？甚至識體空」？更而「識空空與空中。也完全不用」？達到「無相的，究竟空中」？

　　如是「究竟空」。要怎麼「進入」？如是「當體，萬法其中。即是畢竟空」的？「自覺內涵」的，平等深入！

　　陳B先生。「自在」其中？就是你「已經」深入。不被一切，「廣大諸相的，迷縛」？「套

牢」！如是其中。像「十法界」般的諸相，廣大的，迷失你？更而，「一真法界」的諸相。會迷縛的，迷失你？

如是。「究竟十一法界的，當下」？完全「無相究竟的，畢竟空中」！如是「幻如平等中」？究竟的「無所得」！

到最後，「因此。知見諸相的，迷縛」？仍然，進不去「畢竟空中」！就像你「學了長久廣大的萬法，老半天」？「卻進不去」？

「所學諸法，當下，真實的空間中」？你必須把「自己深入，當下，究竟的。破相其中」？如是。真實「行持真實無相的。究竟中」！

大覺悟，今天為什麼「講那麼的，深入」？就是要「破除你長久以來，無明學習」的？「長久相應無明的唯識，與執著」！

你一直「無明執著」相應？在「過去所學的，

與唯識以為的知見中」？那些「長久的執迷」。就是你「向道真理」迷失的，「敗筆」！

大覺悟要「扭轉你本來？無明相應，輪迴受用的知見」？所有「無明迷失的重擔，和執著」？都「完全不要」！這是人類其中，本來「無明知見學習」？與「唯識相應」的，無明遮障！所以。必須深入「無相應法」其中的，「無相真理中」！

你要「捨識，用智」的深入？再「捨智，入大智慧中」！要「進入，諸法無相的，排毒突破」？「當下，你就是自性佛的」，「緣起的放光，自在」？

你就能「自然，平等其中」？跟釋迦佛「平等無二」？也「跟三世一切諸佛」，「究竟其中。平等無二」！如是「究竟，如幻平等中」？當下「自覺」！究竟「無相真理」的佛！

陳B先生，要「如何做到？進入，自性佛」？

就像「現在，你的感受和觀念」等，一直「無明相應」起來？

當下，「把你的感受和觀念」等，推離出去？「不迷失其中」的，「無相，自覺行持」？「自在其中的，深入」！「空，與畢竟空」的。內涵心境！

你本來「用識的無明」？一直在「迷失的生活中」。這叫「無明的一生」？你「不知道，其中相應受用的，迷失」？這叫「無明」其中！「無明相應的活在？感受、觀念、現象、和用識的，相應中」？一直「無明相應，迷縛受用」的迷失中！

包括「你前世的昔性受用」，與「所講的話」？叫做「無明昔性的，用識」！這叫「無明知見，經驗的人生」！這叫「累劫無明種子，相應受用的。啟動」？皆「不應執迷其中，無明受用的相應」！

你今天「什麼，都不要使用」？如是「用識知見的，學習」？你就「深入，當下。自己能自覺的，覺悟」？「自覺其中的，能看到」？

　　原來，「當下以前的，一切人生」等？都是本來「無明相應的，無明迷失」。如是。「用識的人生」！

　　你「今生中，一直活在無明其中」？「不知道，無明受用其中」？有「累劫種子的相應」！你不知道「受用、感受、觀念、現象」等。都是「累劫而今生的，繼續輪迴」？

　　這叫做「累劫無明相應的受用」？你若能見到，這個「無明」！因此。你就能夠，「無無明」的實踐！這才是「真正深入，無無明盡。空中的本質」！如是。「自性佛的人生」？

　　（陳B先生：每個「念頭出來，都要排除」？要「自觀」的自在其中？如是。真正的深入「無

相」其中！）真正「無相，究竟真理。其中的，精
神體中」！「自在的。畢竟空中」！

（三）「自覺，究竟覺悟」。「無相，無
　　　所得中」！自然「堅固，絕對精神
　　　體」？「廣大放光遍照」的，自然
　　　法爾「吉祥如意」任運的，圓滿
　　　中！

　　陳B先生，如此「分明的，知見明白」？叫
「知見的自覺」！「自覺以後，才有自觀的自
覺」？如果「沒有真正的覺悟？如何能深入真實究
竟的，實觀」呢？如何「深入其中」？「究竟無
相」的，真理行持！

　　你「來見大覺悟」的意義？就是「要見到，你
本來無明其中」？「卻長久，見不到的。真理」！
「真理」，有好幾層？「光明」，也有好幾層？
「內涵」，也有好幾層？你要不斷無相自覺的？深
入「完全無相應法」的，進入其中！

所謂，「真正的進入」？就是「完全深入，沒有迷失的，其中」？「如是當下，學習知見以為的。破相自覺的，行持。進入」？你只要「拋棄你的知見，重擔」！就能「深入完全無相應法的，真正無相其中」？「真正自在畢竟空，其中的，進入」？

　　（陳B先生：「第一個階段，就不容易」實踐了！「每一個念頭出來，就要馬上察覺」？實在「很不簡單」！）只有經常「自覺不迷」的，「行入，無相應法其中」？「實際究竟，無相」的？「覺悟，不要迷失其中」！

　　你要「察覺諸相」？要「自在其中的，無相自覺。定在哪裡」？如何其中？「定到真理」！你「有一個究竟真理」的內涵？這個「諸相其中的，真理。有好幾層」！

　　「如何在無相其中？實入究竟真理的涵養，展

現出來」？「究竟真理，要展現廣大放光？遍照的
菩提造化出來」？

「如何突破，無明相應受用種子的自我」？
「從小到大的，所有感受、觀念、和學習」等？都
是自我相應的，「迷縛知見」的，「學習」？都要
「突破」！而「真實，無相應法中。深入其中？究
竟實踐的，行持」！

你現在「把自己無相真理的，廣大緣起，照
明的想法」？「拉起來」！如是。「究竟的真理
照明，拉起來」？回看「你的家人等。變成螢幕般
的，在前面」？

你「自在裡面，自然其中的。見到」？廣大其
中。「有你的，無明相應的。愛恨情仇」等？

如是「無相其中，廣大照明」的，實踐？這叫
「放光遍照的，任自然」？廣大「菩提造化，自然
法爾」的。「任運無礙」！

你因此能夠，深入。「從有看法裡面？進入到沒有看法的。緣起，放光中」？這還是「第一層」！第二層，則是要「緣起。任自然照明」其中的。「自然法爾」現象的，任運？

根本「都沒有你，也沒有環境」。也沒有「你老婆，尖銳的對你」？如是。「無相應法的。行持其中」！「無我、無法、無無常」其中！如是。「一切諸相」其中？深入自在「無相的，順自然照明」其中？

陳B先生，「你最大的障礙，和要突破」的？「不是別人，而是你自己」！要如何「無我」？「無過去相、無現在相、無未來相」。你「也沒有期盼」？「當下，即是，無相應法中」？「究竟無相其中。真理的永恆」！

（陳B先生：我之所以會「深入研究佛法。是因為，我的老婆喜歡學佛」？她「看佛教電視」，

可以從早上看到晚上。）

　　陳B先生，這是「透過你的老婆，來帶動你向佛」？「學佛，是一種走向」？所以，你「不要把學佛的相，當成學習迷失的相」？而是把它「當成一個向道，自覺的」。回皈？「自在真理的，緣起遍照光明的，方向」？

　　如果「以你的真理究竟？為主體來講」！你會發現到，自然「無相緣起真理的，放光中」？「透過空間的緣起」。「自然法爾的現象。來帶動你」？如果「你沒有我」！你「就會注意到」？廣大遍照。「這個自然法爾現象的，緣起」？正是「在帶動你，同體智慧」的？「向佛」！

　　禪宗講「明心見性」，就是要「見佛」？「見佛」，就是「要見到你的自性佛，緣起照明」？如是「性起」的，「廣大遍照，緣起」的展現？像自稱為，「某禪師」的傳承？「講小周天、大周天、

明點」等。如是「唯識意念的觀照」？要給它「產生造化」？

那還是在「用識意念，研究法」的，「導引迷失」？完全「無法深入」？真正自在。「行持真理」的深入？完全，「沒有用」啊！

因為，他所講的，還是「阿賴耶識中，意識的啟動」？而「變化」其中？連「他都被自己」，「無明迷失，用識的法」？「無明唯識，迷失相應」的受用。騙了！

「真正的禪，至少要像達摩」？能夠「面壁，而不動如山」的？「不迷縛種子的。相應諸相」？真正做到，「要見性，要明心」的自覺！真正深入，無相應法中。「自覺的明白」？

「我是誰？誰是我」？如是「究竟無相的，畢竟空」。「真理其中」？「真正真理，真實的絕對內涵」！

像你的老婆，以前去學「拜懺」？「拜」的目的，是深入「忘我」？「懺」，是「懺悔自己，累劫迷失的我」！要「覺悟這個，深入究竟無相行持。無我」的深入？

　　有的法師，只會叫人家傻傻的，「拜」？但是，他自己，「卻都不知道，其中的奧妙？與真義」！結果。「白忙一場，仍是無明相應的，迷失」！

　　陳B先生，你有「很多無明生命其中，用識的問題」？但是，「回應你的問題」？是誰「能給你，究竟真理的，答案」？

　　那些「自然流露的，無明觀念」？皆是你「生生世世的，相應種子的，無明迷失受用的展現」？

　　在「莫明其中的，告訴你」？「這個，無明其中的受用，是不對」的？「如是。無明相應受用，輪迴的迷縛」！

所以，「每個人都有一個，莫明累劫的，種子相應的涵藏」？如是。「自覺的照明」。「無明相應的，種子」！但是，「卻不知道，其中的真相」？只有深入「無相應法中」。自在「無相，畢竟空中」，才能廣見「一切的真理」！

　　但是，沒有人「去真正的研究，這個道理」？所以，「每個人都應該要，「無明相應其中的？回皈自覺的，分明」。研究自在？自己「累劫生命」的。「真理事實」！

　　誰是「我的老師」？回皈「真正真理的，自覺中」！才發現「真正的老師。是我的，自在自性佛的展現」！你改天也是？能夠「因此回皈，廣大真理的，自覺」！「找到你自己真正真理的，老師」？

　　「什麼事情，沒有人能教你」？但是，你卻能「自在真理中？自然的知道」？而且「自己應

驗」的，「自覺覺悟中」！「知道這些？不是在，無明的，相應世間？你能夠，因此。迷失迷縛，無明的相應其中！怎樣的究竟。深入，不相應法的應用」？而是「你的心」。因此。能夠「真正的光明正大，安定中」！

而且「真正的深入，究竟的真理」。「停止輪迴」？因此「自覺」的，明白？如是。「無相應法」其中？「累劫的無無明輪迴，其中」？就是你的「無明累劫，而今生的，無無明盡的，空中」？

自然相應「無明的感受、觀念、和現象」等！所「造成的，無無明。受用的，不再相應迷失中」？

雖然，有「無明其中？自然相應的感受、觀念、和現象」等？但是，你「不跟它走？不迷失其中」！深入「完全的，無相應法」其中？

然後，「你在不迷失的，受用裡面」？自然

  生活的大智慧：進入自性佛【真理學，輔助深入版 2】

找到「緣起遍照，湧現出來的，無相真理」？那個「真理緣起照明的，展現。就是你「真正的自性佛內涵」！

當「自性佛展現出來時，自然不斷的，緣起照明其中，與受用中」？你要「真實智慧的，涵養祂」！你「不是無明迷縛，注意。諸相迷失的因緣」？而是，「注意到真正無相」的，內涵？

那個「沒有相的？完全無相應法的。深入，畢竟空的精神中」！如是，「不是思想」的諸相？卻是「廣大突破？沒有思想的，究竟無相的，迷失中」！那個是，「當下」。「究竟無相其中的。真理精神」！

你現在「認識大覺悟」。是要「從外而內的，了解」？更深入當下。「無相。絕對」裡面？緣起。「回到你究竟平等的心中」。「自覺，與自印中」！找到「廣大自在，真正的自性佛」？「成就

無相，究竟真理的，自己」！

要「分分明明、明明白白」的？而且「不迷縛其中，修法以為的。深入，完全不相應法的，廣大無相中」？只有當下。「究竟的自覺」？「研修，與無相其中」？如是，「分明自覺的，覺悟」！

陳B先生，「當有一天，你成就自己的，自覺」時？「見到你自己的，當下無相自性佛」內涵！你就能夠「自在其中」，「永恆不死」的。絕對中！

所謂的，「不生」？就是你的「一切精神」其中！當下「緣起，生出來」的？「阿賴耶識，十一法界」的緣起菩提造化等？變化諸相菩提？「都不迷失」？與「究竟無所得。其中」？

「不滅」！就是「自在其中，雖然不生」？但是，「在一切畢竟空裡面」。有一個「不滅究竟的，真實的精神」！就像你本來的「自性佛」？祂

生活的大智慧：進入自性佛【真理學，輔助深入版 2】

「永遠常在」！

　　但是，你卻「從來，當下中。見不到祂」？只「見到你的，知見觀念」而已？

　　所以，「回皈你自己的不生不滅，自在本質」？就是「當下。真正的佛」！「佛」在哪裡？就在「當下」？「所有十一法界」的，「完全不相應法」的，其中？

　　「所有的眾生，向外相應無明追求的，一切」？全部「回過來。不相應法的自覺其中」？「當下其中。你什麼都不要」？當下。「全部，都不迷」？叫做「真正自在其中。自覺的。覺悟」？如是「無相其中的，究竟絕對精神」！

　　當你「達到，這個覺悟」時？「當下的，無相精神」。「那個，就是佛」！那個佛？你要「二十四小時中。皆恆常，去回皈」？這叫「回皈，究竟無所得的自性佛」？「真理究竟的，無相

自覺」！

　　「大智慧」是什麼？就是「在一切現象、一切法、與所有的無常」其中？你都能夠，「緣起遍照，菩提造化的現象中」？「緣起自覺的，分明」！

　　「見到當下的自然法爾，任運其中的，同體的智慧」？與「自性佛的，內涵」！

　　陳B先生，「你有很多往昔的經驗，和故事」？這些都要「自覺，迷失其中的？放開」！完全「都不要。迷失相應」其中！因為，這些「受用的無明相應」？那是「向外的，無明迷失」！應深入究竟。「無相應法」的，其中！

　　你現在「自覺分明的，覺悟」了！那個「覺悟的當下，深入其中」？什麼「都不要的，迷失相應中」！「當下的自在，無相，精神其中」？你就是當下究竟。「無相自性佛的內涵」！「當下，其

中」？「無量宇宙、三世一切諸佛、你、與眾生」
等？皆是「究竟平等。絕對無相，真實一體」的內
涵！

（陳B先生：某位「自稱成道者，講如來明
妃」？「真正的如來，不是深入。究竟無相其
中」。真正的「如如不動」嗎？）

不錯！「真正的如來，是深入其中。真正不相
應法中？如如不動」的內涵。祂「已經沒有累劫六
根」？與「欲望迷縛的，一切相應受用的種子」！
所以，真正「需要雙修」示現的，表達？「只有六
道中、欲界等。與迷縛的動物」。方才「需要」！
如是。「陰陽男女」的，必須交往？

（陳B先生：「某位大師，跟他的信眾講，你
們如果把票投給某人。將來就會血流成河」！如是
自稱大師者？怎麼能「無明的詛咒」？「血流成
河」現象的發生呢？）如是「無明我執的，自大狂

妄者」？怎能「自稱正法」呢？

這個叫做「自縛？無明迷失。我與法的，詛咒法」？「詛咒的意思，就是恐嚇」？這個叫「用念」的，「識想」以為的放光！如是。「相應迷失的無明，成就」！

像「昔日邪師，他是用心識，相應的。祕念」？他「不用表達」，卻在「思想中，祕密的？下咒的，想中」！他的確「有這個祕密的想相，本領」？

他可以「下種識念，祕藏的。詛咒人」？因此，而「改變現象」！與「各人心念中。莫明思想其中的，轉變」？

（陳B先生：很多人「大學一畢業，就跑到中部某寺廟出家」？）真是「奇怪」？

他們是「被袈裟與光頭的，六根清淨的外相？與莊嚴的外表」！所迷惑了？「被那個寺廟的，宣

  生活的大智慧：進入自性佛【真理學，輔助深入版2】

傳師？產生很大的，迷失」！

「真正修道的人，不是看宗派，與多少信眾。與寺廟大小」等？是看能否深入？「其中真理」的內涵？能否有「如同釋佛」般？「究竟真理」的。大智慧！

陳B先生，你有「累劫慧根的，展現？你要跟著慧根走」？你要「跟著慧根自覺的，覺悟」走？讓自己「找到真正行持真理的，自覺」！

「慧根的本源。是什麼」？「本來無一物的，相應與緣起」！你要「回皈究竟無相，其中的。真理自己」？我們今天見面了。但，到「最後」？終皈，死之！「你走你的路，我走我的路」！

「當下，其中」？你自覺究竟的，「覺悟」了！當下「整個三世諸佛，跟你，與眾生」等。「本來，平等」？因此，要「進入這個，究竟無相。生命的真理」？「究竟自覺的，真正覺悟」啊！

你如果「沒有辦法進入」？真正「無我、無法、無無常」的，究竟「真實」實踐！這個「究竟工夫的，覺悟」？表示你「還在無明相應的，迷失中」！如是「無明的，迷縛其中」？如是，「累劫無明的我，與法」的迷失。與廣大「不相應法的。究竟真實不迷失中」？

　　所以，「往事，如夢幻泡影」。「不應執迷」？「現在，想到過去？就好像一場夢」！「未來，也好像如夢幻泡影」般的？「現在，也是如夢幻泡影」般？「豈非」！

　　當下其中。要在「夢幻泡影的，我法」相應其中？自覺「無相其中的。究竟無相應其中的，自覺覺悟」！

　　「見到當下」，「自覺」什麼？是「究竟的真實」？「真實，就是當下」。深入「無相」的。「無相應法的，究竟精神體中」！廣大的「絕對自

在」？

　　「布袋戲是一個相？運轉這個相的，是人」？
「而一般人的心，卻是無明」？「若能覺悟到，世
間所有一切的相應相」？就是「如同布袋戲的，
相」？「迷縛相應」無明中！

　　包括大師們，「自迷縛其中的無明相應」？
「所講的這一些」。叫做「相」？但是，「操控這
個相的，是誰」？是一個「自他仍在，無明相應迷
縛中」？「自我迷惑，相應」的心？豈能「導引眾
生」？深入真正「完全的不相應法中，與真正入道
的，真理」！

　　陳B先生，「你也能知見迷失的，騙人」啊！
你「也會，迷縛有相的相應受用」啊！但是，「你
卻在相」裡面？在「無明的自迷，相應受騙裡
面」？你被「自己長期迷失受用」的相？所迷失
的，相應「騙中」！

「你用你的心，去相應接受。外面的相」？所以，「你會因此，迷失相應」其中的？自受用的，「被騙中」！很不容易「由知見的，唯識相應中」？自見「累劫種子，相應受用中。完全深入，不相應法的。分明中」！

　　「所以，你會被騙」？是因為，「你有一個相應，累劫無明，迷失的心」？就會發現，「原來自覺的，覺悟」。在「自己」？

　　「自己會被騙」？是自己「迷縛阿賴耶用識，相應」的？「無明，活該中」？

　　所以，因此。「自我以為的。受邪師的騙」？「借支三千萬生活費」的。迷失？「自己會迷失？是自己迷縛相應其中？我法無明其中的。相應活該」？

　　大覺悟過去「被昔日邪師借支。騙了三千萬」？「十年借貸，資養？昔日邪師三千萬」！因

為，「那個時候，他很窮困潦倒」？所以，「十年來。一直跟大覺悟借錢」？

大覺悟就「莫明其中相應的，尊師重道般」的？借給他「三千萬」！

他「一直說，要還大覺悟錢」？但是，「借支十年後」？再「經過二十五年」來？就是「三十五年來，皆不還錢？一直推拖拉」！「藉口，很多」？

卻在沒有「借據、欠條」下？一切「自我無明用識的？相應迷在其中」！皆是「無明其中」相應的受用。「自己的活該」！

（陳B先生：就是「大覺悟書本所寫的，那很嚴重」？）共計「十年，三千萬」的借支？總共三十五年來，一直推拖拉的。「不還錢」？

（陳B先生：到現在，來算。那就是「上億」了！「通貨膨脹以前的三千萬，不得了！那是一大

筆錢」！

　　我以前「剛買房子，是一百八十萬，透天店面的，在台中。第一次買房子，傻傻的。訂金二十萬，是由我老婆拿出來」的！

　　「買了以後，卻繳不起房貸，結果有人要買」？因為，「我沒有錢，他說多出一百萬」，跟我買房子！）這個叫做「本來，自然」的命運！那是「本有的福報內涵」？「自然的相應」？

　　「你那個心」。在「累劫無明知見的，輪迴中」！那個就是「累劫繼續的，思想體」？若能「深入真理其中」？「沒有那個思想體的使用」？當下，「就能進入究竟無相的，精神體」？

　　「幾億萬劫來，你就是被它。無明其中相應的，思想體。玩弄了」？就是「一直找不到，答案」？一直找不到「究竟不相應法中。無相其中」？「真實真理的，堅固」！

「大覺悟真實真理的道。是愈久愈旺」？「旺是吉祥」！「吉祥什麼？眾生的無明。有救了」！因為，大覺悟「已經覺悟了，一場空」的事實啊！「成，也一場空！敗，也一場空」！如是「變化現象，其中」？「我法，皆是一場空」的。真實真諦！

　　如是。覺悟到「一場空的，真實的本質」啊！如是「要做到」。要「進去當下」？無明「當下。真理的，裡面」？所有「一切今生現象的好壞、是非善惡、利害得失」等？都是「一場空」！

　　都是「累劫如夢幻，帶不走的迷失」！都是「自他互迷縛」的。迷失其中？那些「都是如夢幻，假的現象變化」？皆是「無明其中，迷失的。相應」！回皈「皆是累劫，思想體」輪迴繼續的，相應？

　　如是。「所謂的神通，也是相」？也是「無明

其中，如夢幻其中，假的現象變化」？連這個「世間的人部現象？本身就是如夢幻，現象變化。假的」？因此，「百年人生，仍是如夢幻，現象變化的，一場空」。「假的迷失」？

　　因為，如同「十一法界的相應當下」？皆是「如夢如幻的，一場空」啊！當下，即是「無相的真理」！

　　陳B先生，「來空空」？「來的時候，是你累劫無明輪迴的相應思想體」？「進入，出生這個世間」？「思想體不斷相應，迷失無明輪迴的運轉」？如是「開花結果的，展現今生」！

　　到「死後，離開這個世間」。「來的思想體，跟死後的思想體」？卻仍是「相同種子相應的，一樣」？「完全。沒有改變」！就是「來空空，去空空」的，現象變幻！繼續回眅，「無明輪迴，繼續其中」？「繼續思想體」的，繼續輪迴！

你現在「把眼睛閉起來」?「回看大覺悟,所講過的話」?「現象其中?來空空,去空空」!「世間的一切變化等,都是回皈自己」?本來「累劫思想體的。相應繼續受用的輪迴」!

　　你要「見到的」是?「自己無明相應思想體的,回皈種子的相應」?在「種子的相應裡面,深入完全不要迷中」?就「進入到識空」,就是「阿羅漢」?如是。回皈。「識空的體」?就是「阿羅漢」!

　　「再深然進入?連阿羅漢的不思議境界,也不要」?那叫做「識空空的體中」!如是「類佛」的心境!

　　「阿羅漢的光,叫識空的光」?達到「識空空體的光,叫做類佛的光」!

　　陳B先生,你看到「自稱大師們,以為的光」。那個幾乎,就是「識分明,不同階段的

光」？

　　他們「比較能夠明白」？他們「也能夠，些微識分明的。放光」？但是，「他們的光？是微弱的識光」！

　　而我們世間的人，就被他們「所謂，能放光」的言語？騙得「團團轉」？

　　他們就是，如同「布袋戲的幕後，操控的主演者」？他們因此「深入心中」？「用兵法，玩弄所有的人」？

　　而世人「卻渾然，無知其中」的！接受「所謂神通」的。「玩弄」迷失？

　　陳B先生，你說「某大師的信徒，好像有很多」？他們很久以前「曾說」？「天安門，會顯大師的分身相」？但是，「他所說的話，卻從來沒有一件，實現過」！

　　因為，連「他自己。都被自己。所看到」的？

「迷惑」以為啊！

（陳B先生：所以，「眾生深陷其中的無明知見？是很悲哀」的！）

陳B先生，也就是「因為，眾生的無明」？所以，大覺悟「告訴信入者」？你們「不要去勸別人」？「來相信，大覺悟」？

為什麼？如果「那個人有根器」。自然「能夠看得懂」？「深入真實真相的人」。他自然「會想辦法。來找大覺悟」？

想辦法「請教大覺悟？如何讓他找到。究竟真理的，自性佛」！大覺悟「會因此，無條件」的？「願意幫忙，那個人」！大覺悟「會因此，直接講？究竟的真理」！而且，「不藏私」？

「不怕徒弟，比大覺悟更厲害」？大覺悟「會鼓勵信入者。儘量自在的，作佛」？成就「今生自性佛」的，真理，真實的內涵！

大覺悟「已經達到？來空空，去空空」的自覺心境！「沒必要，為了回畈畢竟空的，真理內涵。而在那邊「爭」？

如果，「還在那邊爭，這個人就是還沒有，覺悟」？還在「執相」？你「若深入自他平等？究竟的，不執相中」？真正無相其中。你才是「深入其中。完全不相應法中？真正的空」！

陳B先生本身，「就具有奔波尋找，真道的因緣與努力」？但是，「累劫所有相應的一切相。皆是迷失的，一場空」？只有當下，「無相應法中。究竟的覺悟」？才是「真相」？

陳B先生「曾去幾個大師的道場，聽法」？可是「只要講出不同的，意見」？「馬上，就有一堆所謂的護法，攻擊他」？這個，就是「所謂護法般」的。「鬥爭」？

（陳B先生：謝謝大覺悟！）「不要這樣

講」？這是你「本有，求道的因緣際會」？大覺悟只是「提醒你」？讓你「不斷的，自覺覺悟」？

改天，你才能「自覺」。「本來自在的，受用」其中？成就「自己的自性佛」！這樣，不是很好嗎？而且，改天「當下，你就能自在真理的，作佛」？

現在很多「世間的大師、上師、無上師」等，都「巧妙應用，經典的用詞？自騙迷失的，來騙人」！大覺悟「希望每個人，都能因此，自覺分明無相真理的。深入無相應法中？恢復本來面目」！不要「被累劫，我法的無明相應」？「迷失」！

像有些「大企業家他們，一直努力賺錢」？在世間而言，是「成功者」！可惜！「百年人生」而已？那是「沒有用」的！回皈「現象變化的，一場空」！仍是「累劫輪迴種子的，無明相應」！如是「死後空間」的相應？

因為，還是「繼續那個富貴的種子，相應繼續的輪迴」？「死後，還是累劫思想體？繼續一樣的，輪迴」！

　　像黃小姐，也是經常被大覺悟「緣起的照明」？剛開始「她還會，跟大覺悟對立」？但是，「每個人都不一樣」？等到她「找到真正自己的無明相應，與自覺以後」！她「突然發現到，沒有自己相應受用的，堅持」？「好輕鬆」！「莫明其中，完全無相應法」的。「好快樂」！

　　大覺悟的文章，表達的「內容，都很白話」？但是，「內容中，有奧妙，完全無相應法的，真理」。藏在裡面！（陳B先生：有啊！「大覺悟的文章，有些段落內容。會一直在重複表達」？是要「讓讀者，再進入其中」的，自覺？）

　　一直「在重複表達，是為了把它講清楚」？如果「沒有講清楚」。讀者「會當下現象其中。進不

去」？如是。「無相應法中，真理的真實內涵」！

今天，陳B先生來跟大覺悟見面，還「有沒有，什麼遺憾之處」？（陳B先生：「當然是很快樂？這個心境，是很快樂的」！最起碼是，「當下的念頭相應出來。馬上察覺，不跟隨」？「訓練這個，馬上就能自覺的，覺知」！）

「當下自覺」？馬上「不跟隨」？這就是「完全無相應法中。真實工夫的，涵養」！

（陳B先生：「這點，就是今天。最重要的」！「這一層，沒有自覺突破」？「沒有辦法，由知見。而行持真正的深入」？）

陳B先生，你的「關鍵答案」找到了？這樣就「很好」！你才發現到「自己一生，到現在這個年齡」？「能夠找到，真理當下的，無相精神」？與「行持其中的，無相真理的答案」？非常的好！

（陳B先生：剛才大覺悟有提到「包括佛

經」……）你是「用阿賴耶識的相應，去看」故！就像世間的大師，都是「用阿賴耶識的相應。去看，佛經」？以致深陷，「知見無明」相應的，迷失中！

釋迦佛的弟子，「也是用阿賴耶識，去相應看釋迦佛所講的話」？所以，祂的弟子們，把「聽到的話，寫下來」？變成「阿賴耶識的無明相應，與執著」的以為！

所以，「凡是阿賴耶識的相應活動等。都還在尚未究竟的，十法界中」？如是「深入當下」。「究竟無相應法中」！即是「緣起」，「廣大放光中」！

（陳Ｂ先生：「當初釋迦佛的弟子，結集。寫了那麼多的佛經」。有《法華經》、《阿含經》、《華嚴經》等，很多的經書。）那是「對象，不一樣」故？

（陳B先生：佛經有些表達。「必須要懂。然後，才會看懂佛經」？不然，當你「一直深入，你會迷失在裡面」？就像你去看平劇時，你不知道那個內容？「你在看他們的表演，也不知道他們在做什麼」？「我就在想，那麼多的佛經，真的是不好懂」？）

　　陳B先生，「不是不好懂？你會發現到，有點浪費時間」！「三藏十二部經典」，都是在「不同的描述，眾生的心」！為什麼「你不從自己的心，回皈著手」呢？「自覺的，自見自心的，體悟」呢？

　　（陳B先生：我朋友也是講這個意思，「要去了解自己的心」？再去「看佛經，就會懂了」！）但是，「三藏十二部經典，你花一輩子」。都「沒有辦法了解」？

　　（陳B先生：對啊！應該要像大覺悟所講的，

你了解了，明白了？不如去「涵養它？然後去實踐它」！）如是。「了解了，明白了」！要「回皈自己心中」？

因為，當下。「自己裡面的，自性佛」？「自然緣起。展現」出來時？你會「讚嘆不已」！你「什麼書，都不用看」啊！（陳B先生：對啊！「看三藏十二部經典，都障礙」了？緣起的造化！）

大覺悟「準備出十四本書，就是要讓大家看明白」！以後。就會「發現到，自己就是佛」！因此，開始？「回皈，自心中」？「本來無一物」的！「無相。精神體中」！

（陳B先生：對啊！我除了「《心經》、《金剛經》，這兩部經」會看以外。「其它的經書，我都不看」！可是，不看了以後，我是「用識習慣」的人？卻因此，找不到書可以看了！

「世間的作家，所寫的書，我一看就知道」。這都是「阿賴耶識知見」的書？「看了以後，只會增加我用識無明的，麻煩」？所以，我「都不看」！）

對啊！你「不看」了！就深入「完全的，不相應中」？就能回畈「自心中」？「回畈本質」的內涵！究竟的。「當下的自在」？其中！

陳B先生，當你「不看的時候？你的心，跑到哪裡」？（陳B先生：「我的心，就像《金剛經》所講的，應無所住」。而「生其心」。）「應無所住，要住哪裡」？

（陳B先生：「當下其中，住在無相自覺」！「如來的心」。喔！應該是「究竟絕對的，清淨心」？）「清淨心，在哪裡」？（陳B先生：現在「還不知道」？）

陳B先生，「真正的住，是什麼」？「住，而

無住」！「你若有所住？就是執著了」？應該「無所住」啊！

　　無所住。就是「深入，不迷一切相中」！包括你的「感受、觀念、現象」等。都「當下其中，不迷失。與完全不相應中」！這叫「應無所住」的，內涵！

　　「《金剛經》的金，叫智慧」。「剛，就是你要堅固」！「經，代表永恆的真理」！請問「陳B先生，你找到自己的，清淨本質」了嗎？（陳B先生：沒有辦法分明，現在「還很混濁中」！）當下，即是。「畢竟空的無相」！

　　「不要混濁的，思辨」？就是「當下覺悟？一切相都不迷」？「感受、觀念、現象等，都不迷」！當下其中？完全不相應法中。究竟「無相」其中？即是！

　　（陳B先生：我今天「來大覺悟這裡」之後，

回去「開始訓練」？當「相應受用的念頭來了，就不迷失的自覺」，擋著？）「不是擋著」！是回皈「究竟的，完全不相應中」！

　　（陳B先生：「不要迷，不要跟隨受用的，進入」！）就是當下其中？「看得懂它。然後，不要跟著它，走」？即是「究竟的無相」真理！

　　陳B先生，「你是你，我是我」？那我「是誰」？（陳B先生：「我，就是還沒出來的，本質」？）

　　「也不是本質？那還是，不迷的第一步」！你要是，能「達到不迷的本質中」？「自在，不迷」的，「完全不相應」其中裡面？自然其中，當下。「究竟其中的，本質」？

　　（陳B先生：對！「慢慢來」？「一個階段，一個階段的，慢慢來」？「像霧一樣」。一層一層「撥開」？）

「撥開，不是撥開」？「不要跟著它，走」？
（陳B先生：也「不要跟隨它」？）當下。「自覺
的分明」其中！

　　因為，「當下的本身，就是真理的自性佛」
啊！「當下的本身？就是究竟的。無相清淨心」！
如是「清淨的本身。就是完全的不執著」！「完
全，不相應受用」的？「究竟無住」啊！

　　陳B先生，你心中還有什麼「不明白的地
方」。把它儘量講出來？大覺悟「盡量符合你的程
度？改變你。所有認知的想法」？

　　這樣子才能讓你，「很容易直接的，進入大
智慧的內涵裡面」？在「生活的，當下中」。直
接「進入自性佛」的內涵！這個才是真正的「主
題」？

　　陳B先生，你隨時把「疑惑，與所有看到的現
象」，有什麼「不明白的，都隨時相應的表達」？

你變成是「無明相應的病人般」，「迷失，在無明中」！

大覺悟就「不斷的告訴你」？你這個是。「無明相應的病」？你這個是「無明其中」？如何「當下。深入，達到無無明盡的，究竟」？

陳B先生，你有沒有「因此，覺悟分明」？（陳B先生：是「知見的知道」？卻還沒有「深入覺悟其中」？）還「沒有自心中，真正自覺的做到」？若能「自在自覺的，知道」了？你「就去做」？然後，「你在那個自在的，無相應法。無相的精神空間中」？就是「你分明的自覺」？

（陳B先生：「24小時，都保持這個覺醒狀態」？）對！「去做，自己相應的受用？完全不要迷中」！還有什麼問題？（陳B先生：目前還不能「講太多的問題」？因為，「第一個，觀」的深入。都還「沒有通過」？再「有問題」，都是「迷

縛知見的，假」！）

　你的「相應問題」？代表你「本來無明的？相應糾纏」？你的「無明唯識相應的，迷失糾纏」？因為，你「不懂得那個相應的知見」？就是「無明其中」的！必須當下。「無相應法」其中！

　所以，會因此「行持其中的，自覺發現到」？再「回看」？那些「大師所教的一切法」？與「一切作為」等？都是「唯識知見相應的，如夢幻泡影」！「不應該，執著」？《金剛經》。就是「講這樣」！

　陳B先生，「突然之間，大覺悟讓你因此，深然進入」？「《金剛頂經》所敘述的。究竟清淨」的？「內涵裡面」？如是。「如夢幻泡影，不應該執著」的，真正內涵！即是「無相應法中」？無相的自在！

　如是。「世間相、眾生相、壽者相、我相」

 生活的大智慧：進入自性佛【真理學，輔助深入版 2】

等。這一些相，「都不迷」？即是「無相應法」。其中！你「有沒有，深入的做到」？

那個是「相」。還有一個，你的「我見」？「我見世間相，我見我相。我見眾生相，我見壽者相」等？「相的本身」。跟「相應的唯識無明？與唯識知見的，本身」？

你要「如何超越」？更「如何深入」？自在，「究竟見中」！「如是其中。當下」。「緣起照明」的，內涵？

（陳B先生：「相，如果能深入。當下，無明其中的，不跟隨」？「如是知見的相應，就沒有了」？）

可是，你還有一個。「無明相應的，漸次知見」？你不可能一下子，「進入完全，不相應法中。沒有見」啊！

若深入其中，「沒有見」？「你在哪裡」？

「那個見，叫做自覺」！還有「過程其中的，無相」？要「突破的進入」？深入「完全當下。無相應法中」！完全「究竟的精神」？

因此，「深入無相其中」！如是廣大的「放光」？它「放光深入，廣大遍照的過程」？你才能「見到什麼相」？如是「菩提造化」現象的，緣起！

你現在發現到，某些大師。都是「胡說八道」？你從這句話，可以「看到」！「凡所有相，皆是虛妄，不應執著」？釋迦佛「講所有相。大覺悟目前講的是，見相」！

「釋迦佛是講外面，而大覺悟是講裡面」？其實「內外諸相的，不思議相應的平等內涵」！皆是「絕對平等，其中」深入的！如是平等「一體」。其中！

陳B先生，「所有你的心境，與見」等。你要

「回皈無見」？「無見」的意思，就是完全無相應法中，當下。「無相其中，完全沒有見」！

因為，「以究竟的，無所得來看」？「一切見與相。都是無所得。與虛妄」的！都是「迷失相應其中？無明的過程」？

（陳B先生：以前，我一直在「追尋」？也知道說「色即是空」。在「現象界中的一切，不應該執著」！雖然，「知道」？但是「不能夠，真實的實踐」？深入其中。）

你「沒有實踐」？是因為，「你沒有在，自己的心中。真實的落實」？你只是「懂，是一個知見」？你還是「活在知見以為中」？

你沒有深入「當下其中，行無相應知見」？與「行持其中」無相應法中！「廣大的大智慧」緣起！

希望你來「大覺悟工作室」？從此。能夠「心

開。眼明」？你的「見」，就是「能真正當下見到。究竟的真理」？你的「每一個自覺的段落？都是「究竟無相見」的，「真理」！

「所有的一切見，不是別人」。都是「自己的，顯發」？釋迦佛「講外面的相」，大覺悟是「講裡面的見」？這是「不一樣的內涵」？其實「內外見相。究竟平等」故？即是「究竟真理的放光照明」！

（陳B先生：嗯！「一個講表相，一個講裡面的見」。）當這「兩個。相與見」統一時？就是「無二分」了！如是「絕對其中。無內無外」的平等！（陳B先生：不簡單。）就因此「當下深入，究竟真理」其中。「真正的融合」了！

（陳B先生：《彌勒經》有講到，一個外院，一個內院。內院就是講我們裡面的……）

不是！它的「外院，是講阿賴耶識的迷失」。

「內院，是超過阿賴耶識的迷失」，當下「無相應法中」。「進入到如來心境」！

所以，「某大師自稱以為」的？講什麼「如來宗」的，深入？仍是「唯識相應的以為？很可笑」的！

「真正的，如來宗？要講自性佛」？他說「自己，是什麼禪宗」？「有什麼樣的，加持」？那個皆是，「無明思想相應。導引術」的使用！

那個都是「仍在唯識知見相應中」？「騙人的」？所以。「諸世間，當下的大師」等？皆是迷縛「無明唯識知見的以為」？「相應累劫種子的，展現」？仍是「無明其中。迷失之諸相」？如是。「迷縛相應一樣」的！只有深入「完全的，無相應法」？才是「真理」！

（陳B先生：「自性佛，還沒有到如的……」？）「如的深入，已經是一真法界」。

「如如。如是。如，再如中」？那個，「才是當下其中，真正的自性佛」！

所以，「先研究究竟知見的理論」？然後，再「究竟無相精神的，實踐在心中」！

（陳B先生：「實踐，就是工夫」！所謂的「工夫，就是每天的察覺」？）

「不迷其中？就是當下進入到。完全無相應法的。無相其中」！「究竟絕對其中的。不迷」？
（陳B先生：這個。要自覺其中的，「工夫」啦！）

你的「自覺，就是察覺」？你剛剛講說，「從此以後，不知道要去哪裡」？錯！

一切，皆在廣大緣起？「任運無礙」的，緣起菩提造化！如是。「任自然的，變化中」？你「自在其中，要去哪裡」？就是「你的心，能夠保持真正的，安定」！

那個「安定的心，就是深入自在自性佛的。真實準備」！「當下，即是」！

所以說，「再怎麼樣，你都不能發脾氣」？再怎麼樣，「你都不能生出疑惑心」？「雖然不懂？仍然處在，安定其中」！如是「沒有關係的？自在其中」！「答案，就在其中？它會自己自然的展現出來」！

（陳B先生：我好幾年都沒有發過脾氣，我的孩子都可以感覺得到，我已經不一樣了！）你「不發脾氣到什麼程度。見相，皆是虛幻的自覺」？「什麼事情，不是用發脾氣」？能夠「解決」的？

「什麼事情，不是用糾纏、分析、衡量、判斷等。對立，能解決」的！所以，「完全不相應法中」？「不值得，發脾氣」！

（陳B先生：「像我現在，在某個單位當保全」，我們的「直屬長官，每天皆要求，一些工

作？讓你覺得很奇怪？以前都沒有這樣做」啊！但是，我現在是把它當做，「長官自己認為是對的，是他自己的事」！「我察覺了，我就跟自己講，沒關係」。「長官要求怎麼樣做，就怎麼樣做」！因為，「畢竟他是長官」嘛！）

陳B先生，你這個「做法，是有一個思想？去對治它」？「用對治的方法，還不是究竟」！

「真正的究竟」是什麼？「任運無礙」？要達到真正「無我、無法、無無常」的究竟心境？就是「深入。畢竟空的內涵」！

當你「達到畢竟空」的時候，碰到「任何現象的緣起」？這叫做「圓融的緣起」？「不是相應」喔！應該「圓融隨順的。緣起圓滿」！

它自己會「主動的緣起」？你都要「以同體清淨心的，究竟智慧」。配合！你「有任何反對的看法？都不要有」？（陳B先生：無礙啦！）

  生活的大智慧：進入自性佛【真理學，輔助深入版2】

要「任運無礙」?「無礙,不是現象無礙」?是「你的心境,自在其中」?「不會被它,影響」?而且,「你的,圓融隨順的,想法。不能跟現象,產生衝突」!

(陳B先生:心無罣礙!)「真正做到」!你剛剛講的,《心經》講的,「心無罣礙」?無罣礙故!你要做到「無罣礙故」?所以,《心經》講的,「菩提薩埵」的內涵?「菩提薩埵,是怎麼樣」?「心無罣礙,無有恐怖,遠離顛倒夢想」!

所有一切,都「不要相應想相」?如是。「究竟涅槃中」!你就是「保持,如來涅槃的心境」?深入「其中的,自在」!叫做「究竟的清淨心」!其實,那個叫做「究竟,涅槃心」!即是「無餘的涅槃」?

「如是。涅槃。有兩個」?一個是「阿羅漢的有餘涅槃」。沒有「阿賴耶識的糾纏,與沒有種子

的迷失」!「這個心境的進入,叫做有餘涅槃」!「有餘涅槃」。還有「如,與如如的內涵」,還沒有「超越與突破」?

　　達到了「究竟的涅槃」時,空間中「處處,都是廣大照明的分身?與遍照的放光」!那個「自然其中的,廣大光明遍照」!才叫做「真正的分身」!

　　「自性佛在空中放光」?大覺悟不稱為「分身」?而是稱為「放光身」!整個。都是「廣大造化的緣起」?「廣大遍照的放光」?自然變成「光體的,主體」其中!「整個空間,都是廣大放光」的內涵?

　　自然其中。變成如同「在太陽裡面」?「太陽的光」。是「你所看到的,廣大放光」!

　　某位自稱大師者,就是「利用這個,來講所謂分身」?他自稱,在「發明分身」?其實,分身

「不是他發明的」？

　　《地藏經》中，經常「記載」！本來的「內容真實相」？就是這樣「廣大其中，緣起千百億，自然的分化身」啊！

　　卻有大師者，「自稱能分身千百億」，則是「邪師」？

　　「真正的佛，平等三世一切諸佛」？皆「不稱，我能分化」！皆是「廣大自然。緣起放光其中的。自然分化」？

　　（陳B先生：另外一個大師也很厲害？他「自稱說，祖先的超渡，他可以超渡一兩萬人」？）他就是「利用自我無明知見相應的，迷失」？來「騙取渡眾生的供養」啦！

　　（陳B先生：我說「他很厲害，是在講世間的無明」？他「居然能夠運用，這麼無明迷信的，厲害」？）

其實，「無明相應的運用」？就是「騙」！他說「能夠超渡祖先」？他「自己都不能渡？怎麼能夠渡別人」！他「自己都無法，分明真理？怎能有辦法渡」呢？「怪」乎！

　　還用「阿賴耶識的以為」？如是「無明其中的，以為來渡」？

　　「相信他的人，就因此進入了。他的無明迷失中」？以為「他可以渡，死去的人」！「真正的渡，不是那樣渡」？

　　「真正的渡」？是「真正能渡進自性佛」的，「最高佛地境界」？所謂「無餘的涅槃？而滅度之」！

　　（陳B先生：還有最厲害的是，「台灣的某大師？他說他能夠看到如來的腿」？「盤腿。所有相」等？《金剛經》中。「一切諸相，不是虛妄的」嗎？他卻說：「他是蓮花童子」出生？）

  生活的大智慧：進入自性佛【真理學，輔助深入版 2】

這一些「都是自它迷失，無明的自受用中？皆是騙」！「真正的佛，是無形無相的光體」？整個「都是光明體」！什麼是「光明體？祂都是光，都是無相」？祂「自在其中」！「沒有一切相。那個空間，都是究竟安靜」的！

（陳B先生：反正「這些大師，都是很厲害啦！都把眾生弄得，一楞一楞」的！）所以，大覺悟經常，跟信入者講。

真正的，「大覺悟，不厲害」？你們「要回皈自己的自性佛」！等到「自在回皈自心中的，見到？自己的自性佛內涵」時？就會發現到，「大覺悟，真實的厲害」？

但是，大覺悟「從來不講，自己厲害」！為什麼？「就是深入究竟無相的，不厲害中」？才是，「真正究竟其中。真實的真理」！「才厲害」！

自以為。真正的「厲害？就不厲害了」！因

為，「有無明執著」啊！當《金剛經》、《心經》讀透了，就會知道能「深入無一切相」的。「無相自在中」？才是真屬害！

如果「有一切相，有所執著」？是「其人，說邪法」！豈非？

只要「能真正實踐」？「真正找到，自覺」？「愈來愈分明的，自覺」時！你能真正的，「見到大覺悟時？就會大嘆不得了」？

「你說不得了」？是因為，你「見到自己的，真正不得了」？

「當你真正自覺的。見到自己的，不得了」？就會「真正其中」的。「不得了」！

像「其他的大師，不是」啊！他們說：「我有多了不起，我能夠分身？我能夠超渡什麼」？「不是自己講了算」？一切，皆是「自然緣起的，展現造化」！

如是。「真正緣起，自然中」。就「展現」？而且，他們「展現相應以為的，天眼」？可以「看得到」的？那個「相應的見到？沒有什麼」！大覺悟的信入者。也都能「看得到」啊！而「真正的佛眼」。卻恆在。「三昧自在的無相中」！

只要「自性佛能夠，真正廣大的放光」？「眼耳鼻舌身意」等，如同「觀音菩薩的六字大明咒」？都有「廣大自然緣起的，神通」啊！這個「究竟緣起的神通」。才是「真正的神通」！

「不是阿賴耶識的天部、阿修羅部。以為用識，以為識變的。神通」！這個是「廣大放光緣起，真實自在的，廣大任運神通」展現！那是「不一樣」的？

所以，「大家都不懂」啊！「無明，不懂其中。就被騙」啊！以為「真是神通」啊？其實，「鬼也有，鬼通」啊！

像有些大師的信徒們常說：「讚嘆師父！感恩師父」！但是「講得一大堆！那只是口號」啊！「他們真正得到什麼？他們看到如夢幻的什麼」？什麼「都沒有」啊！只有「團體意識，輸入」的觀念法！只有「思想的灌輸，與建立崇拜的迷信」？

　　都是因緣，「累劫空種」裡面，所產生「自然相應」！「累劫不思議，如夢幻涵藏種子相應的受用」。起作用？

　　他們「本來，就可以看得到」！只是透過「那位所謂的大師」。展現「恢復，無明相應的見」？「如是。自然其中」！其實，「他們本來就可以，看到的」？

　　這也就是「無明其中？莫明的挖出信徒們，本來無明相應的根」？但是「每個人都不知道」啊！以為是「自稱大師如來者，給他們的加持」？其實「一切法，皆是自然相應，平等心境」的。不思議

產物？豈非？

像陳B先生，「你也有啊！你有根器」啊！你說「大師們都是騙」的？因為，自然中。你的「累劫根器裡面。就會告訴你」？你「自己，自然其中。就會自覺分明的，覺悟」啊！

「那是誰」？那個就是「真正自覺的，心通」！叫「智慧」的明覺！其實，「每個人都有的內涵，沒有什麼了不起」？如果「你把這個當成了不起。就是迷失相應其中」啊！如是。「其中的內涵」？皆是「尚未究竟」！因此其中。「真實覺悟的，真理」啊！

陳B先生，你有一個「缺點」。就是「你的疑惑心，很強。你的知見，很強。變化的心，很強」？也就是「唯識相應」的，這樣？

所以，自然「相應。不堅固中」？這是「你最大的遺憾，無明致命處」！這是「你生生世世，內

心中涵藏無明相應的種子」！

你「因此迷失，無明相應。有這個種子」？所以，你一直「漂移不定中」？最後，「你相信誰」？還是「無明相應其中。累劫迷失受用」的？「相信你自己」？

「那個自己，是誰」？就是「累劫的無明相應」？你因此。無明相應其中？「無法真正見到，累劫無明相應。明明白白」的？「關鍵障礙」！

所以「你的毛病？還是無明相應以為的自己」？你「沒有辦法，真正的突破」？「一切相無明相應的，不迷」？

縱使「見到真理的佛」？也「沒有用」！大覺悟「講你的缺點，也講你的優點」？目的，「能真正分明的，幫助你？回皈自覺的分明」？

因此「容易深入。無明迷縛套牢知見的，相應中」？障礙。「緣起真理的，真正行持」！

（陳B先生：「第一關」的知見自覺，還沒有突破？）從未。因此，「自覺分明的，做」啊！所以，當下「要做，自覺其中」？「分明自在。自覺的工夫」？

葉女士，為什麼「大覺悟不希望你們，去勸別人」？別人「聽不下去」啊！

要他們自己「自覺」？「從書中，大覺悟的話裡面」。「有所真正的體悟」？他們「才會真正自心中，自覺想要？跟進」！否則，你「再怎麼講，都沒有用」！

所以，人世間的一切，要「自知、自覺、自明」！等到他，自心中？「真正成就了他自己」以後？他才會自心中發現？「感恩大覺悟的慈悲」？

因為，「大覺悟能夠無私的，把內心的祕密」。整個都「脫胎換骨的，講出來」！

讓他們真正了解「《心經》、《金剛經》的最

高奧妙」?了解到自心中?「最高的真理」。在哪裡?

　　陳B先生，累生累世「會繼續輪迴，就是被自己的疑惑心、徬徨心、和自我無明相應的迷失心」?「這三點」，就是「讓你今生」。還在「唯識無明相應受用?繼續相應輪迴的。主因」！

　　大覺悟「無私的，把真正障礙的無明相應祕密」。講出來?也「緣起照明，給陳B先生看」?陳B先生的「內心世界中，還有很多唯識無明相應的毛病」?所以「要把自己，究竟無相應法的。挖空」！

　　你「最大的敵人，和無明相應的障礙」?是「你自己」！如果你「自覺，突破」了?到最後，就會「找到自己的，真正老師」！就是「自在其中，無相絕對的自性佛」！

　　所以說，「一切相，皆是虛妄的」?但是，你

能夠「在虛妄相裡面」？「無怨無悔的，去無相應法中的。面對」？去「任運無礙」其中？才是「緣起放光」的真實真理！

你的心「不能夠，有任何無明相應的看法」？「要實際的，無相應法中。真實。無相的做到」啊！

大覺悟就是「做到」了？所以「自己自覺，真理的內心」，就叫大覺悟！因此，「離開昔日的邪師」？

大覺悟「開始自覺的，緣起照明發現」？「跟昔日邪師過去的交往」真相？他除了「胡說八道，使用兵法。愛女色、騙錢」以外？都是在「利用大覺悟的因緣際會？來玩弄所有的人」！

大覺悟「被昔日邪師騙了錢，沒有寫借據」？所以，自在其中的自覺？「就靜靜的，自己走自己無相真理的路」！

這是因為，如是緣起照明？「律師告訴大覺悟」！「沒有寫借據？太過於尊師重道」了！不要「再為昔日邪師」，浪費時間的，煩惱了？（陳B先生：「看破」了！）

　　（陳B先生：目前，沒有太多問題。「先安靜下來」？）究竟。「當下。本來無一物」！如是無相應法中。自見「感受、觀念、現象」等。「一切所有相，皆是虛妄」的自覺！在「不應執迷中」？大覺悟以《金剛經》的用語，「來告訴你」？你並沒有因此，「深入的。真理的自在真實中」。「實踐，自覺」這個？

　　大覺悟要「講解《心經》、《金剛經》」。絕對是「平白的，很簡單。與深契究竟真理的，無相內涵」？

　　所以，大覺悟常常跟「信入者」講。你們「要自相信的？深入自己自覺的心」？好好的，看「大

覺悟的書」！再「回皈自己自在的，真理覺悟」！
當你「真正覺悟分明」時。你就會「自在心中。深
入，大覺悟的。去做」？

　　如是。「人活在世間，沒有自己」，「怎麼
行為？做事怎麼做」？比如講，陳B先生「懂了大
覺悟的緣起佛法了。也懂了所有一切真理的知見」
了？

　　但是，「叫你自在畢竟空？深入空中，怎麼
做」？「空，不是現象空」？而是「你的觀念、
受用等？無相應法中！要破相究竟的，自在畢竟空
中」啊！如是「自然緣起？廣大遍照的放光」！

　　如是。觀念空了？會「生出什麼作用」？觀念
空？會從「你的自在裡面」。生出「廣大光明的，
照明」啊！緣起「照明」？就是「碰到任何現象？
觸緣皆是，緣起菩提造化的，法」？

　　它「會生出，菩提造化任運法」！會自然生

出？「緣起的菩提造化。自然法爾的任運」！它會「回啟」？萬化的一切緣起。「來跟你智慧圓融的，交往」！

（陳B先生：那個就是「不離開現象其中！但是，卻知道現象，是怎樣的緣起」！）

它「自己會在現象中。主動的緣起」！而且「緣起，是廣大遍照的，照明」？所以「畢竟空的，放光究竟」？這個叫做「真空妙有」！

「真正的空，不是空」。它會「在現象界裡面，產生自然法爾的，遍照照明」！「緣起的，照明造化」？到最後，現象法爾其中？「處處都是，吉祥如意的，自然法爾」的展現！

（陳B先生：但是「你明白，不會跟隨它」？「不會執著」！）不是「如此的，無明知見」？如是自然。「同體智慧」！隨順圓融的，「自然法爾」現象的任運！

你今天講，「不要跟隨」的迷失，是第一段「無明相應，破相」的工夫？等到你「真正的明白，你就會發現到」？原來，「我不跟隨緣起的法」，自在的精神內涵？卻是「能隨順圓融其中」？如是「菩提造化的，緣起」！「妙」啊？

　　所以，「不跟隨其中的，自覺。也要去緣起的面對」？「要圓融隨順的，自然法爾，圓滿」！這「又是另外一層，廣大智慧圓滿的，工夫」啊！最終「回畍，究竟無所得」其中！

（四）完全「破相種子的相應」，自然深
　　　入「無種子受用的，有餘涅槃」。
　　　更究竟「畢竟空的受用，無餘涅
　　　槃」，緣起「廣大的放光」！當
　　　下。究竟「佛法的展現」？

　　陳B先生，你現在「發現，很奧妙」啊！這
個，就是「難以分辨處」？你「不要去分辨它，就
當下其中？傻傻地進入其中」？也「不要想取得什
麼功能」！你就是「什麼都不要的，無相應法」其
中！

　　「它自然，會放光照明，緣起的。展現一
切」？這是「很高的智慧」！「沒有人會告訴你這
一些」？也沒有人「能體會到緣起造化的。這一
些」？

　　（陳B先生：這個「體會很深」啊！比如說我

們人都有七情六慾嘛！而且你明白「這個是，無明相應的感應」。

就像「你的老婆過世」，那個就是「她前世到幾歲時，就要走了」？它就自然因緣際會的展現，「什麼樣的疾病，帶她走」？這叫「無明的相應自然。但是，我們人都不知道」？

所以，「一直跟著自然走。卻是無明其中」？「不知其中。但是，卻活在其中」！

（陳B先生：改變的唯一方法，就是「跳出其中」。）對！「跳出其中」！比如，大覺悟最近「不小心左手扭到了」。這是誰？這是「自然」啊！在「不胡思亂想中」？「一切自然，就去找推拿師，推拿幾次。就好了」！當你「氣血不通，就讓它氣血通暢」啊！「不動。就給它動一動」啊！這就是緣起造化？「自然之道」啊！

（陳B先生：像書中講的「那個癌症的人，只

要不落入無明的，相應裡面」？她就「自然的，好了」？）

陳B先生，像我們這邊就有「兩個癌症的人」。一個癌症的人，她把乳癌切掉，然後她「還是迷失累劫種子的相應」？那個「相應的種子？就會繼續相應，生長癌症的病因」！

大覺悟就「叫她不斷的，不要相應迷失」感受、觀念、現象等受用！「直接深入無相其中的，無相應法的行持」。她現在因此。「變得很漂亮，很健康」啊！

另外一個人，就是「大覺悟緣起照明的，幫忙她了」，她是「子宮頸癌，與乳癌」！「經過兩年」好了！後來，她「先生出車禍了，她陪著她先生去醫院」？就因此，「充滿著想相以為，煩惱又起來」了？

結果「癌症又復發」了。這是因為，「種子，

迷縛相應的復發」啊！

（陳B先生：所以，「非常不簡單」啊！）不是不簡單？是「要去真正破相自覺的。實踐」！結果呢？最近她又「復發」了？她到醫院，今天下午就回來了！她目前有一個「最大的問題」？就是「前世吃不下飯」？「一直沒有胃口」？

大覺悟就跟她的小孩講，「癌症，不是決定你媽媽生死的主因」！她現在「生死的主因，是吃不下飯」！是「她的累劫前世，會相應生出噁心？讓她吃不下飯」！

大覺悟叫這位女士，「思想，要跟自己的前世。累劫的種子，溝通」？然後「要進入自性佛」的，「緣起放光中」！把「想法跟前世」溝通？讓「胃口，能夠變好」！因為，「吃不下飯，三天就會死」啊！

大覺悟告訴這位女士，如果「要活下去」？

就是「要做大覺悟的工夫」！做，是想法要「緣起放光的，去破相的轉動」啊！「不容易」啊！（葉女士：「否定」自己！）要完全「否定自己」！要「轉動，深入無相應法中。進入自己的，自性佛中」？如是「廣大的光明」緣起！

大覺悟告訴陳小姐，「你的媽媽，能夠活下去」？也能夠「死掉」？但是，「死掉的原因，絕對不是癌症」！是她「前世，莫名其妙餓鬼道的噁心？令她吃不下飯」！

陳B先生，「你現在能來，就是你的前世」相應？你的「前世，在這個時候」？就是「有修道，和向道之心」？但是，「你並不知道原因」？你「沒有，回看的。看到你自己」？

大覺悟的學生，「一個癌症好了，已經七、八年。身體很健康」。一個是「四年了，前兩年多，還能夠去高爾夫球場。工作賺錢」？但是，「她現

生活的大智慧：進入自性佛【真理學，輔助深入版 2】

在體力不行了，因為，她沒有辦法吃飯」？怎麼「會有體力」？

所以，一切「事在人為」？是你「怎麼處理，自己的心」！

「處理自己的肉體。肉體等於是車子」？而「思想在開車」？「思想不願意開車了，不願意吃飯？等於沒有油」？

「沒有油，那車子怎麼開」？就「死亡」了。「沒有體力」故？

所以，「生死有命」？「有命，就是那個累劫的前世，在主控」！陳B先生，「你的命，也是由你的思想。在主控」？（陳B先生：「萬法唯心」？）「萬法唯心。仍是識的執著」？並非「真理」的，內涵？

有很多「佛教語言，是後人添加」？很多人都「還沒有究竟」。「他寫的文字，傳下去。似乎很

有道理」？後來的人，都因此「莫明以為的，朗朗上口」？

　　實際上，要以釋迦佛的「《金剛經》、《心經》來當標準」？其它的經典都「沒有必要看」！因為，「有很多經典，會講到神通萬法」？皆是「萬法迷執的，迷失諸相」？而非「究竟緣起的，菩提造化的，任運」？

　　（陳B先生：所有的經典，只有「《金剛經》跟《心經》，我想看而已」！包括「《阿彌陀經》，我也看不下去」？）

　　陳B先生，「阿彌陀，是無量光」？無量光是什麼意思？就是「在放光中」？如是其中！

　　「廣大的放光中」！「那一個空間，叫阿彌陀佛」？「真正的主題」？他們講「原始佛」的，放光緣起？

　　如是。什麼是「原始佛」？「究竟無相，涅槃

寂靜」的那一個空間。那是究竟「整個光體」？大覺悟書上所講的「光體」。就是這個意思？

「光體和放光，是不一樣」的？就好像「太陽體，就等於是光體」？「太陽體，能夠放太陽光」？

跑到「太陽體裡面，看三世諸佛。就是成就這個」？緣起的放光？就是四身佛「法身、報身、化身、應身」？（陳B先生：「祂的作用」。）對！「祂的緣起遍照，放光的作用」！

所以，「真正的佛法，是緣起廣大菩提造化，四身佛的作用」？「釋迦佛時代的佛法，叫緣起三藏十二部經典」？「釋迦佛的佛法，卻沒有放光，到現在」！祂「沒有放光現在」？也因此，沒有緣起啊！

現在是「誰在放光？誰都不知道」啊！「誰也不敢講」啊！「為什麼」？「跟著你的自性佛走。

自然就會明白」？如是。「緣起遍照」的，「放光，菩提造化」？

所以，「三世諸佛，都以自性佛的出世。為主」？但是，「誰知道哪一個佛出世？所以，誰都不講」？「到最後，祂自然會緣起的展現」？就是「那一個」！自然展現的，緣起？「廣大的放光」菩提造化！

所以，「一切不講而講」？那一個，叫做「緣起自然現象的，自然法爾」？「自然，法的緣起就出來？就是祂」！那個時候「再來講」！所以，「一切的講，都是迷失的虛幻」？最後，回皈「究竟的，無所得」其中！

台灣已有「三位大師自稱說。他已經成佛」了？「成佛不是自以為，這個樣子」？「成佛的緣起。很自然」？（陳B先生：「本來就是佛」了，還成佛？）就是你「成就了那個，究竟覺悟的心

境」！

「成佛，確實有」？「成佛」。就是你成了「能夠緣起，菩提造化的，放光」？你能「緣起同體三世諸佛」？「緣起廣大的，放光」？

（陳B先生：我有一個朋友去南投水里，他「跟著那位法師，學佛」？一個早上就不斷的繞著講堂，不斷的唸阿彌陀佛。繞了一個早上以後，就吃飯？「他請教法師，跟你們這樣子學習佛法。萬一這輩子學不起來，怎麼辦」？法師就跟他講：「這輩子學不起來，下輩子再學」？我朋友就跟那位法師說：「我不跟你學了，我要走了」？

我問我的朋友，你怎麼那麼大膽，有很多人崇拜那位法師啊！「我朋友說，還有下輩子」啊！這輩子就學不成了。）

陳B先生，「你的朋友，這句話」。就是「最高的智慧」？像「某位功德會的大師」，都「直稱

信徒，為大菩薩」。宣稱？「這輩子做不成，下輩子繼續修福報」？這是「偉大的釋迦佛，真正所追尋的。真理」嗎？

我們的「自性佛自覺」？就是「當下，見到自己的佛性」？產生「究竟的自覺」！自然因此能成就？「聖人以上的身份」了！甚至「真正的成佛」？

「像大覺悟現在跟陳B先生講，這個究竟自覺知見的種子」。不斷的告訴。涵藏？「究竟自覺的種子」！就會「涵藏其中的，一直記得」？

陳B先生「一直問問題，大覺悟一直給你答案」？這個才是「究竟」？而大覺悟講的，就是「究竟自性佛。如是成佛的要義」？「真正是佛，就能緣起廣大遍照的放光」！如是緣起「菩提造化任運」的佛法！

（陳B先生：「大覺悟講的，是很真實的一

面」！我見過功德會大師的場面。「她一講話，信眾全部跪成，五體投地，趴在地上」？）因為，「信徒把她，當成不是人」了！「比人還上等」？

（葉女士：她自己在「自我以為中」？）這個叫做「迷失自我以為的，催眠」？（葉女士：她說「她自己是佛，來轉世」？在「渡化眾生」？）那「都是在自我無明迷失的，催眠」？豈非真正釋佛「無我、無法」，「究竟的實踐」乎？

（陳B先生：有一次，我有一個朋友「到某功德會大師的道場，捐一百萬」！就「換到一件黃色的背心」？「一百萬是坐到最後面」喔？我的朋友就「看前面，最前面是穿紅色的」？）如是自然其中。有「階級之分」？她這個做法，會造成「人家的虛榮心、比較心」？

（陳B先生：我朋友「回去就跟他的兒子講？他很想從最後面，跳到最前面去坐」？）這個叫做

「虛榮心」。是「無明阿賴耶識，迷失輪迴的相應」？

　　功德會的大師，「從來沒有告訴人家，什麼是作佛」？她「無法講」？而且她是「講菩提」？宣稱「菩提，是用積極想的」？

　　但，真正的菩提？卻是「真正能夠進入光體的內涵，能夠放光。在空間中，產生緣起的造化」？

　　那一個，才是「真正的菩提」？「菩提」，是能夠「緣起廣大的放光」？能夠「緣起廣大造化的，自然法爾」？來跟你交往！

　　像某功德會的大師。因此能夠用「袈裟和光頭」，假藉「釋佛的教義」？「賺了那麼多錢」？信眾「看到袈裟，就好像看到佛一樣」，皆要下跪？要「禮敬」？「事實上，釋迦佛時代」？沒有「這樣的規定」？

　　很多都是「佛教的禮儀」？造成「很多出家

  生活的大智慧：進入自性佛【真理學，輔助深入版2】

眾，都因此無明的，自以為了不起」？認為「自己是佛」？

「真正的佛，不是自己認為」！是要「真正做到」？「內心究竟真理」的覺悟？豈非乎！如同「釋佛」？「最深而究竟的禪定」！

就像以前，「昔日邪師，一直騙大覺悟。一直要大覺悟為他招收信徒，要大覺悟去渡眾生」？但是，大覺悟「心知肚明，自己還沒有達到，究竟的覺悟」？還不能「去渡眾生」啊？

現在，「已經達到究竟的覺悟」？才發現到，「包括所有的法王、大師、上師等，都是用識自迷相應的騙子」？

因為，「他們都還在用識其中」，講「阿賴耶識」的相應心境？如果他們「不再迷失，阿賴耶識其中」？能「引導每個人，進入回皈心中的自覺」？他們才是「真正的覺悟者」？

（陳B先生：所以，「我看到大覺悟所寫的書，毫不猶豫，就來了」！這個是我「經過長期的摸索，後來發現大覺悟這個思想的真理」？「就對了」！

　　現在「藏傳佛教所寫的書，我都不看」了。因為，他們講「下輩子，還要投胎去哪裡」？這還不是「自迷無明相應其中的。輪迴」嗎？）

（五）真正「廣大放光照明，緣起菩提造化的，自然法爾任運」？才是真正「成佛之道」！

比如講，陳B先生「你現在已經自覺的，達到覺悟」了！在「死的剎那，你若要再來做人」？你可用「積極的思想？與自覺深入的工夫。就可以深入，轉動中」？你「可以思想，轉動相應」？自己「積極的理想」，就能因此，出生？「再來做人」的，相應？

當達到「深入。真正究竟覺悟」真理時？才發現到西藏許多，所謂「活佛再來的，轉世」？其實是「自我迷失賴耶，積極的相應」應用？如是「無明相應。迷縛的唯識」！「自我迷失以為」的。投入者！

如是。「迷失在人部中」？「沒有辦法到，天

部」？「天部，要達到善報的相應」？甚至要「超越欲界天、色界天」等，才能「深然，進入非想非非想天」？如是。「非想非非想天，還要再空中的超越」？才是「類佛以上的，內涵」？

「非想非非想的想，還是無明相應用識」其中？連「種子相應都沒有的，沒有」？才到「沒有種子相應的，空間」？那個才是「識空的空間，那才是阿羅漢」？

（陳B先生：「離欲，阿羅漢」。）「不只是離欲」？「離一切相，離一切種子的相應」？能「究竟。達到阿羅漢，就不簡單」了！

「阿羅漢就有廣大無相，用識的。神通萬法」？所以，「阿賴耶識」。「無明業報相應的，識力神通」。「非常強大」？

許多大師說「菩提心的，發心」！要「用想」的？這個「就彰顯了他們的程度」？台灣「就被這

些無明相應。唯識的大師」害了？讓台灣人「以為
這個，就是所謂釋佛的，真正佛法」？

其實是「佛教知見以為」？「教育學習的。唯
識相應」而已？仍是「迷識無明相應」的，迷失程
度？

大覺悟願意「把真理的深入」。平白的，提
供出來？讓那些「真正想，覺悟的人」？「願意在
自心裡面，深入。找到自己」？而「不要，向外崇
拜」的。迷信！

（陳B先生：我曾經跟「自稱已成道大師的信
徒」講話。稍微「一句不中聽的話，馬上就被一群
人圍攻」？他們就叫我「跟大師道歉」？我說「為
什麼，要道歉」？

「大師可以講，我也可以表達意見」啊！只
是說「觀念不一樣的！我有所發表意見？卻不行」
啊！）

這位大師，懂得「思想輸入法」？他「會讓他的信眾裡面，內涵輸入。有不同觀念種子的人」？都因此「攻擊他」？他「輸入如是思想」？「護法的種子」！這個叫做「輸入法」！叫做「識變，輸入法」！又叫「詛咒識變」法！

　　（黃小姐：我「曾經看某宗教電視台，某位大師，告訴她的信眾，要跪下來發願，今生跟著師父行菩薩道」？來生，「還要再來繼續跟著師父」？就用這樣「催眠信眾」！）（陳B先生：「這樣不好」？應該「要教導信眾？如何才是究竟真理的。大智慧」啊！）

　　釋迦佛就是「真正解脫。停止輪迴」？「作佛」！找到「生命的真理」！真正「研究經典，研究通達」的人？就能在自心覺悟中？「見到真理」的，機緣？

　　當「死的時候，一般自然思想體的空間」？離

開「肉體」？然後「會進入到，累劫阿賴耶識相應的，昔性空間中」？

「不是說你做了多少好事」？那是「自我以為」！「阿賴耶識會，自然相應」？「一個空間」！所以說，「真正死後，如是累劫種子的，思想體。自然繼續輪迴的，相應」？大覺悟目前，是在「講真理事實，相應輪迴的，真相」？

大覺悟的道，是要「否定自己，無明相應輪迴受用的，一切」？如同《金剛經》、《心經》所講的一樣！「一切相如夢幻泡影，不應執著」？

「若以色見我，以音聲求我」？是其人「行邪道」？「若有所執相？就是其人行邪道」！

所以陳B先生。「應該好好，為自己緣起的，自覺慧根」？「好好的超越」實踐！行持「無相其中」的工夫。「進入真理」的，放光內涵中？

（陳B先生：「看本書的人，他有一個自

覺」？只要他累世的慧根「能相應的看到，他就會來」！但是，「這種人，幾乎很少」？真的「一切因緣際會中？很困難」！因為，「現象界相應的迷惑」？是「累世而今生」啊！

第一個，是「無明相應的障礙？讓人不容易來」！

第二個，是「生活在很有福報的人，他不會來」！因為，他在「享受，這個福報」？

第三個，「生活很困頓的人，他也不會來？因為，他沒有能力來」！

所以，「有這個機緣，能夠來的人」？會變成「過江之鯽」？能夠因此，「逆流而上的人，能夠來的人不多」！）

陳B先生，「人不多，沒有關係」？「這個道，是要給真正追尋真理。要進入自性佛的人」！

自然，「會有累劫的慧根者、大善知識與大

護法者」，前來！這才是真正今生中「再生佛」？
「今生的意義」？

　　（陳B先生：從唐朝佛經，三千年了。「到現
在，得道的高僧。都仍只是在，阿賴耶識相應中，
證道」？包括「六祖，他那麼出名的人。都還是沒
有到，究竟」？）

　　他只到「究竟阿羅漢」而已！（陳B先生：
三千年，能夠出一個「大覺悟的人」，是多麼困難
啊！）

　　就是「因為，困難」？所以，「大覺悟準備
寫，十四本書」？「由大覺悟，親自寫」？然後，
「將書本翻譯成，各國文字」！

　　大覺悟真正「要把真理，留在世間」？「不只
是今生，包括大覺悟的死後」？希望。「這一些真
理？都要長遠的，留給後世的世間」！

　　大覺悟的「願」，就是「希望廣大真理的布

施？能真實的，供養眾生」？希望「眾生不要花那麼多的心血」？「努力的向道」？卻「被外面的迷失，所障礙」？因此。「找不到真理的真相」？（陳B先生：這個也是「因緣際會」啊！）

陳B先生，「在自我，阿賴耶識的相應空間中。思維很久了」？自然，有一個「理性思維，自覺的種子」？自然。「累生累世。就形成一個，理性自覺的種子。相應」！但是，陳B先生「尚未進入，行持工夫的，真實實踐」？只能夠「知見，因此，能夠了解」而已？卻尚未進入「真理真實」的。心境！

就像「黃小姐，聽大覺悟的話」。都有「知見」的種子。相應？「碰到現象？她都能相應的表達？真理的知見」！但是，「她卻沒有辦法。行入」？

她「行入的工夫，尚未分明的堅固」？若「行

入的堅固」？與「真正真理的，堅固其中」？「自然其中。就能真正的，緣起放光了」！就會「緣起菩提的造化」？這是「緣起放光造化，真實工夫」的。內涵展現！

陳B先生，你現在是「相應種子知見的，俱足」？但，你裡面，還有一個「尚未分明，行入的工夫。還沒有俱全」？

當你「行入以後，能堅固的分明」？「堅固以後，它自然會緣起的放光」？「放光以後。自然它會，緣起菩提的造化」？自然其中，「同體大智慧，圓融任運作佛」的內涵？因此俱足！

（陳B先生：所以《心經》說：「觀自在菩薩」行深……）什麼是「自在」？一個是「光體的自在」！一個是「放光的自在」！一個是「緣起菩提造化的自在」！還有一個是「十一法界，當下」。「自覺的，自在」！

你都能「自覺其中？非常的分明」！「行深，就是真實其中。行持的工夫」很深！

　　（陳B先生：才能「照見五蘊皆空」。）「照見，就是你能自覺的放光」？你「真正的看得到？你能自見分明」啊！

　　「五蘊，眼耳鼻舌身的受用，都是蘊相」啊！「一切諸相，都是相應諸相虛幻」的？「不應該執迷」啊！皆如是。緣起「放光照明」的，見到菩提造化的，自然法爾！

　　如果你「執相，就會被相所迷」？所以，陳B先生「你不要執上師、大師等。也不要執大覺悟」？而是「要自在其中。你自己的自性佛，緣起的放光？才是主題」！要「無執，而執」的行持！如是「畢竟空受用中」？究竟「無相其中」的。「廣大放光」！

　　陳B先生，你今天「已經自在的找到。從來沒

 生活的大智慧：進入自性佛【真理學，輔助深入版 2】

有找到的，答案」！剎那間，「大覺悟給你的自覺？即是大覺悟供養你的，自性佛」內涵？大覺悟「完全。不藏私」？而你因此，「從知見裡面，昇華到究竟知見的覺悟」？再到達「實踐自心，自在的知見中」？變成「真正大智慧的，自覺」展現！

所謂「正等正覺」，就是「放光」其中？放光以後，能因此，「產生自然的，菩提造化」？如是。「三菩提」？就是「三種菩提，不同種類諸相造化」的緣起？

「菩提在哪裡」？在「阿賴耶識中緣起，表達」？在「沒有阿賴耶識中緣起，表達」？在「如部一真法界中緣起，表達」？這叫「三個菩提，展現表達的內涵」？仍是回畈，「究竟無所得」真理真實堅固的內涵！

它的「三個菩提的類別？無上正等的變化諸相展現」！就是說「你是阿賴耶識的緣起。我就用阿

賴耶識的表達方式」？「你是阿羅漢，自然就用無種子的空間現象。表達」？如果是「一真法界的自然緣起。就用如部的緣起造化，表達」？

也就是緣起照明，「不同心境的，菩提造化」？祂「隨時能放光進入」的，自然法爾。叫做「無上阿耨多羅三藐三菩提」自然造化的，展現！

所以《心經》講：「三世諸佛，依般若波羅蜜多故」。就是「依照剛剛所講的大智慧」？「得到了，看到了」現象界的，「三個空間的緣起」？祂都能產生「無中生有的，菩提造化」？叫「菩提造化的，自然法爾」！在「現象界、在受用中、在心中」？廣大諸相，任運的表達！

「揭諦，揭諦」。就是你現在「要打開自己阿賴耶識無明相應的迷失。這是第一個打開」？「打開以後，再第二個打開。連阿羅漢以後的，不思議，你也要打開」？

揭諦，揭諦。「波羅僧揭諦」？就是「如部的不思議，也要打開」？「菩提薩婆訶？到最後，就是「放光照明的，不思議造化」？如是回眅，「究竟的無所得」真理其中？

陳B先生，「你今天問我很多問題，我一一為你解惑」？你因此「剎那，開朗自覺的，覺悟」了！但是，這個還是「知見的覺悟」？還「沒有真正堅固的行入」？

「行入。是要能真正心中的，做到」！就是「自然其中。碰到什麼事情，剎那間，都能明白」？如是「真正的法喜」！和「真正的法智」？就在「你的心中」，光明的，展現！

所以「這個你，叫做知見的你」？還要「突破」！「知見的你，要變成行持其中。進入的你」？然後，「進入到真正的突破」。而「自在究竟的，你」！

你「了解了？還是阿賴耶識的，相應知見」！還是「如夢如幻的知見」。還不是自覺的「真理」！你要「進入到當下如夢如幻其中」。「究竟的超越，和突破」？才能「找到無相其中」？「究竟的真理」！

　　釋迦佛，就是「達到究竟的。真理」？祂自然講的話？叫做「緣起放光照明的，菩提造化真理」？祂「照明緣起」的諸相自然法爾？就是「真正的佛法」！它是「因緣所有的現象緣起。表達的，一切照明的造化」？「照明的展現，就是廣大緣起佛法。菩提造化」的遍照！

　　陳B先生，「圓滿俱足，知見行持之深入。與真實實踐之工夫故」。能完全行入無相的畢竟空。就是「能夠真正進入。你的自性佛」！祂能「緣起，所展現的。就是究竟光體，和廣大的放光」？這才是「圓滿俱足的，廣大功德。任運的內涵」！

陳B先生，你現在是「知見種子俱足」？接下來「要去做，識空工夫涵養的，突破」？與「識空空實踐工夫的，突破」？再「空中其中的，無相突破」？與「畢竟空的，究竟突破」！如是當下其中。「廣大照明，同體智慧」的流露？

　　像「大覺悟所講的，是當下十一法界中」。「一切法，無相的不迷」？「直接跳過，當下直接進入？自性佛的內涵」！這樣「不是省很多時間」嗎？「不要浪費那些，中間過程」研習時間，浪費的超越！

　　大覺悟是講「最究竟的方法」？這樣，你才能夠「節省今生的，有限時間」？「直入究竟當下的，自性佛中」？

　　（陳B先生：這個要「磨練」。）「也不是磨練」？要「深入當下自覺。無所磨練」其中！「當你覺悟時，無所磨練」？「當下，其中的自覺。即

是究竟」！

　　所有「一切法，皆如夢幻泡影」？「不應執迷」！直入「當下究竟，真實之真理」！

　　（陳B先生：「不要再從現象界，去找答案」嗎？）你又「有所分別？這樣是錯誤」的！一切「無內外的分別」？當下其中。「諸相，菩提造化」的緣起。皆是！

　　「當下，就是自在自覺的。自性佛」！「自性佛的緣起放光照明？就是三菩提」的，自然法爾任運！「三菩提，就是當下遍十一法界的緣起諸相」？「當下，就是無上正等正覺」的？「廣大緣起」展現！

所以，「會有三菩提的方向」？與內外「不限制的，展現」！「從內外」平等？包括「識的空間，識空與識空空的空間」等？到「空中」的空間？祂自然「深入畢竟空中」，當下平等其中。會「自然展現，三菩提」的，廣大造化！

（六）廣大「畢竟空的內涵」？「無相精
　　　神體的絕對」？即是「廣大緣起，
　　　放光的菩提造化」！究竟「回皈無
　　　所得」，無相真理的堅固！

　　（陳B先生：第一階段「要識空」，但是，
「識還沒有空」？就要訓練「排毒」啦！）真正
「達到最高的超越，是什麼」？「一切菩提造化的
受用。都回皈於，畢竟空。與究竟無所得」的內
涵？

　　剎那間，「你的感受、觀念」？與「所有的世
界萬物、所有的感受等。包括你的肉身」。當下，
都是「究竟無相的一場空」？深入「畢竟空」。究
竟「無相精神體」，與究竟無所得的，覺悟！

　　你能「覺悟到」的話？恆常。住在你的「自
性佛的，自在精神裡面」？就「直接當下，究竟

平等的。住在其中」！剎那間「深入，究竟一切空中」！剎那間「自性佛，最究竟無相真理的，內涵」？亦就是釋迦佛所深研的。「究竟。最深的禪定」的那裡？

當下，「內外現象，跟你的心境」。變成究竟「平等。當下的空中」！如果「能做得到。這樣」？「一段時間，堅固絕對以後。自在其中。就會嚐到，其中緣起，菩提造化。妙有的味道」？

嚐到什麼「味道」呢？你整個人。都是「自在的空中」！「看什麼事情，同體其中」！「一覽無遺」？自己都會自在其中？「緣起自在的，廣大放光」！如是「自在菩提造化，自然法爾的看中」！

然後你看「那些大師、上師、無上師」等。都一直，還在。「迷失，無明相應的。阿賴耶識中」？包括那些「無明唯識相應，法王的程度」！你「一看。就自然分明的知道」！廣大「自覺的。

分明其中」？

（陳B先生：就等於把他們「緣起的放光，照明其中」？）對！「放光」有兩種？一種是「智慧同體的，光」？一種是「照明色相的，光」？即是。所謂「色相菩提造化的，光」！

（陳B先生：就是「現象界三菩提造化，緣起的一切」？）就是整個「心眼、天眼、法眼、慧眼、佛眼」等內涵？「所看到的一切，同體智慧其中。都明白」？

包括「一看到這個人？當下同體其中。就自然知道他的過去世，跟未來世」？（陳B先生：「還看得到」喔？）「就會自然明白」其中？諸相「累劫思想體，無明輪迴」的廣大一切！

比如說，陳B先生你上一次說，「希望大覺悟能夠渡你的老婆」？你「想到她目前的，那個感受」。就是「她現在的，空間」？

如是。「莫明的悶，莫明的痛苦。那個，就是她本來無明迷失的空間」？那個空間，就是「無明輪迴相應，繼續的空間」？就像「陰間，如是灰濛濛的，空間」？（陳B先生：我老婆「在世的時候，她一直找答案，找不到」？所以，我自然知道「她的心境，她就很悶」啊！）

　　陳B先生，連「知見？你都沒有辦法自覺分明」的話？連「知見自覺智慧的相。都自見的，不能懂」的話？你怎麼「當下其中」？深然的「畢竟空中。進入自性佛」？

　　你會發現到「今生以來，就是生生世世輪迴的？無明的相應」。沒有辦法「覺悟」啊！（陳B先生：「幾千年才出現一個釋迦摩尼佛」。像「明朝的憨山大師，他們也只是還在阿賴耶識」的……）

　　「還在阿羅漢的境界？不過那個已經有廣大的

神通」了？而且「神通力、智慧力都很大」！「阿
賴耶識本身，內涵業報分明的，相」？就是「很強
的識空，光明。業力報應的相」？

　　現在「世間有錢的人，都一直努力在賺錢」？
「有權力的人，一直在爭權力」？要「出來選舉的
人，就一直在拜訪很多人」？每天都在為了「世間
虛幻的相」？還有「自己以為的相」？在那邊「茫
然的迷失」！「累劫種子相應的。富貴因緣」？

　　這些人「到死的時候」。他的「累劫而今生，
輪迴繼續的種子」？就是「輪迴種子。相應迷失的
相」？一直「在種子相應。展現受用的相中」！
「迷失」著？

　　（陳B先生：「我們知道這樣。但是，自己無
法突破」啊！還是「在輪迴之中」？）如是相應？
「無明其中相應的識。與受用中」？「感受就是這
樣？無明相應的，以為。就是這樣」！

「感受，與無明相應」其中？很多人「都迷失無明相應其中的，看不破」？包括「很多大師，都是無明相應，自我以為的。用識」！「無明其中」！「很多因此無明相應的，不思議」？也都是在「無明唯識相應，自我以為」其中？「不能分明」？

　　（陳B先生：有關於六道輪迴的眾生？如果「過世」了，還是「會繼續輪迴，仍會在無明中」嗎？）

　　比如說，「昨天，等於是死掉了。今生，等於是出生了」？但是，「思想，還是跟昨天的一樣」？「習慣，還是一樣」啊！這叫「無明其中，繼續輪迴」的。累劫無明「思想體」其中？

　　（陳B先生：「是否可以，用我們的力量，把這一切改變」？比如說「他在人世間時，非常的無明，非常的執著，意識心很強？他也沒有慧根，去

覺悟」？然後他「忽然之間過世了」？我們「是否有這個力量，去改變他死時，無明的現狀」？）

「對生命的，究竟者」而言。「當然可以」啊！

問題是，「你能否，自我改變」？你「能否進入到生命的覺悟」？你能否「進入到平等究竟」的，「放光其中」？如是「自在，緣起的放光」？

對「一般眾生而言」？仍是「無明其中」？繼續無明其中，「自受用迷失」的輪迴中？

怎能有究竟解脫的，「分明力」。與展現！

（陳B先生：比如說「大覺悟要渡一個人，他是車禍死掉」的？）「死掉的人，最好渡」！（陳B先生：這樣子，「是否會，違反自然」？）沒有所謂「自不自然」的問題！

「大覺悟能夠渡那個人，就是大覺悟的魅力」啊！俱足「違反自然」的，「廣大放光。緣起

力」！

我們用世間的譬喻。就好像「陳B先生在樓下，大覺悟去把你帶上樓」？這個是「因緣際會」啊！如果「沒有大覺悟去把你帶上樓。你如何上樓」？

你看，那些「相信大師、上師、無上師的人，你只要提出問題？旁邊的人就攻擊你」！那些人「以為你充滿著惡意」？

但是，「相對比較」？像「釋迦佛旁邊的弟子們。卻都很安定的旁聽」啊？

（陳B先生：「你提出來的問題或想法？一定要符合那些大師、上師、無上師等，所表達的教義」？如果沒有？「就會被他旁邊的信徒所排斥」？他們「不讓你講」？）

這個叫做「自我無明執著的，迷失」啊！是誰在迷失？是「受迷失灌注」的，觀念！就有一群

人「堅持無明的，組織一個觀念」？他們「認為這個，叫做護法」？

　　我們人「連這個自我觀念，都無法突破」？就「無法見到，離識的內涵」？現在「卻一直在，迷縛其中」？在「無明用識其中的。迷失其中」？

　　大覺悟跟陳B先生講話，是「直接了當，不囉嗦」？（陳B先生：對！「有跟沒有，一聽就很分明」？有些大師「沒有辦法，去圓滿他所講的」？例如，「要信徒去放生啊！去渡祖先」啊！）

　　「放生，是慈悲心，沒有錯！但是，釋迦佛卻沒有叫人去放生」啊！

　　「一切都是自然？放生，是大師自己的觀念」？是「他以為的，慈悲」？

　　真正的「慈悲」？卻是「緣起照明的，廣大同體智慧」。「圓融自然法爾的，任運」？妙乎？

　　「渡人？對大覺悟來講，是很簡單的事」！陳

  生活的大智慧：進入自性佛【真理學，輔助深入版 2】

B先生現在的程度，就是「現在無明其中的，你自己」？

　　現在的陳B先生，「對於一切的法，知見是有的」？但是，「只有知見的，知」？卻還沒有「真正真相的，見」？

　　就像黃小姐，「她有知，也有見」？她現在「所見到的。還是自己本來的無明」？

　　但是，「昔日」其中？她「不知不覺中」，「無明的相應。也會出來」！所以，「知、見？她還要再。捨離中」！「能夠知，能夠見」？還要「能夠行」才是？再來還要。「再行持其中」！最後，還要「自在其中」？

　　如是。「自在其中，就是已經在真理裡面」了？

　　（陳B先生：就是「涵養的工夫」！）就是你「真正自覺其中？已經「做到深入畢竟空中。真理

其中」了！（陳B先生：「大覺悟的書中有提到，文章所講的文字般若。還是屬於識的知見作用」？

　　你在這個「相應識的作用」裡面？「去分析、判斷、推理等。還是屬於識」啊！）

　　那還是「累劫無明其中，輪迴今生的種子」無明的相應？因為它是「累劫種子，相應出來」的？所以「最後，現象其中」？還是「回皈累劫，無明種子相應的，內涵」！

　　（陳B先生：對啊！「幾千年來，還是在累劫而今生的，相應無明其中，累劫種子。上面繞」？）還是「無明其中受用的，累劫而今生」。無明「受用生活其中」相應的。在繞？

　　陳B先生，你對於「世間很多無明相應的法，還是很感興趣」？「以為其中的。對於到底是什麼」？都「一直用識相應的，在那邊活動」？這個叫做，「無明相應的，用識」其中！

其實，這一些「用識無明，相應的活動」？「好奇迷失，其中」？都是「浪費時間」的迷失！為什麼？

「根本都不需要，了解」其中！否則仍在「唯識無明」，「相應的其中」？

你要了解的是。「現在的我，之所以無明」？是因為，累劫而今生，「現在的知見，現在的以為」？

包括「碰到了很多的大師等」？「你的心，相應無明其中」？有沒有因此。「自覺的分明」？

「他們講了很多的法。你的心安定了」嗎？

這個「自覺」？是能夠「捨離一切法，捨離一切糾纏」？如是「捨離，它的無明根本」？就是超越其中？「累劫無明，相應今生的種子」！

你若「能夠捨離，變成沒有種子的，相應受用」？那才是「真正深入，識空心境的，阿羅漢」啊！

「阿羅漢那個心境，是真正無種子，相應受用的。安定」？但是，「他還沒有超越識空空」，和「空中的如」？阿羅漢還是「有餘涅槃」？

　　「無餘，則是已經究竟圓滿」了？「所有一切法，都不迷失了」？一切，都「不迷其中」！「一切無常的變化，內外諸法。都完全不迷」了！深入「究竟絕對的，畢竟空」！

　　「大覺悟寫的書，不是亂寫的」？是「直接在放光中，用看」的！直接「自覺覺悟」的？「達到真正覺悟的人」。會覺得「百年人生，沒有必要。再來這一趟」？為什麼呢？

　　如是。「來這一趟，沒有留下一些東西」故？（陳B先生：「因緣際會，既然來了，一定會有作用」？）就「把它真實的真理，寫出來」？「流傳長遠的？讓很多人因此覺悟」？

　　大覺悟講的內容，若能讓「你在心中。見到

　　生活的大智慧：進入自性佛【真理學，輔助深入版 2】

了」，「做到了」？你的心，因此「安定」了？如是。「真正安定」了！

你會覺得，「人生其中的，無明迷失的奇怪」？「對人世間，都不再迷失」？「有錢沒錢，都不重要」了！

重要的是，「三餐能溫飽」。就夠了。就跟釋迦佛一樣，祂「只吃一餐」，就夠了！

其他的時間，「祂都進入到，最深的禪定」！要「學習釋迦佛，是要學習這個」？而「不是學習，祂所留下來，弟子們寫的經典」？

「祂的弟子們結集的經典。是祂對很多不同的學生。講不同的話」？（陳B先生：「次第」？）

如是佛法的緣起。廣大緣起「自然法爾，隨順」的，自然法爾現象。「圓滿的任運」！

「次第，實際上是屬於，世第」？還有一個是，「究竟第」？「究竟第，只有釋迦佛自己能

深入」？所以，在《涅槃經》中，釋迦佛講：實際
上，「我以前講的那些大乘、中乘、小乘」等，都
是「一時圓滿安定，權巧安慰的，圓融你們」的，
道理？如是。「一時的，安定你們」的？

其實，「沒有所謂，三次第裡面的。分別」？
只有「究竟第」！如是「畢竟空受用，究竟自性佛
的，真理」！

（陳B先生：對啊！「講這個現象，都是一場
空」的？但是，為了要讓你們「了解本質」的時
候？就利用這個世界上。「如夢幻現實的作用」？
來讓你們「當下」。「了解本質」？所以，設了
「很多的比喻、善巧、方便」等。都「不是究竟」
的嘛！）

就是「一時的引用」？所以說，這一些「都是
為了，讓對方了解」？「方便、程序」的。「深入
其中」的究竟？

大覺悟跟陳B先生講的,是「專門針對,陳B先生」?但是,陳B先生「回去以後,會經常在想中」?大覺悟因此,「都感受得到」?

陳B先生經常「迷失其中」?「想很多。有的,沒有的」!這個就是「陳B先生的,疑惑」?你「在世間,本來命運的,不平衡」?因此,「心境經常因此無明其中。都會自然展現」?大覺悟「都知道」?這一些,「都是陳B先生要,當下自覺分明。突破」的?

凡是,「有所以為的相應?都要突破」!深入「無相的實踐」?「究竟其中」?

大覺悟就是「不想知道,什麼」?但是,「整個空間,就會緣起自然菩提造化現象的,來」!

你「並不快樂,還在徬徨迷失中」?「從以前到現在。都一直為了生計?在努力」。因此。都在「分析、衡量、判斷。都在計畫安排」?因為,

「你的資源」，本來，就是「不多」嘛！

　　所以，你「不要為了這個生活。而一直在分析、衡量、判斷」！這個就是你，「無明用識相應的，執著」？「生生世世之所以，為你」的原因？所以，你「今生再來做人的原因。就在這裡」？

　　你是「用無明阿賴耶識的。用識」。去「相應現象」？而不是「用究竟照明緣起的，佛智慧」？去「面對」！這有「兩個空間」？因為你「用阿賴耶識去相應。所以你很苦」。而且「無法快樂」？如是。「使用阿賴耶識，絕對無明相應其中」？所以，「不會快樂」！

　　包括「那些大師等。幾乎都是跟著，自己的思想」？而「唯識無明相應的，麻醉其中」！所以，「世間的痛苦來臨」時，他們「就去找受用的，避風港」？找那個「思想的無明受用。空間」？去「迷失的，麻醉自己」？

所以「很多人，去相信那些大師、上師們」？這個「不是真正。真理的相信」？而是「逃避，深入自我無明相應的以為」？就像陳B先生「你一直在想」？「想到不行的時候」，就想，「不要去想」了？這也是「逃避」！

　　真正「達到覺悟的人。自覺本來。是一場空」？會問自己，「為什麼這樣，無明相應的，痛苦糾纏」？「這個無明相應的痛苦。是從哪裡來的」？所以應該深入。「無相應法中」！自在。「無相的，精神體」其中。

　　「現象不好，今天面對解決」了？自己「是用什麼態度，面對」？還是用「相應無明。莫名其妙的想法、計畫、與安排」？但是，自己「有快樂」嗎？這一個「就是我莫明相應的，無明」？我「無明相應的，用識其中」？

　　「自己無明相應的，以為」受用。怎麼樣，

就「跟著它走」？這個就是「無明相應的，累劫輪迴」！幾乎，「永遠無法，分明」其中？

　　假如「進入佛心境，究竟的禪定」。像「釋迦佛一樣」？「所有的這些。緣起的，照明出來。都不會迷失我」！這個就是「已經活在，自在其中」？如是「究竟其中。自己就能緣起放光的照明？跟三世一切諸佛一樣，跟釋迦佛一樣」？

　　「再怎麼樣。明天要吃什麼？要在哪裡吃？他都不打算」？他「靜靜的，進入到最深的禪定」！

　　去「面對所有的現象」？一切「都在廣大放光，緣起照明的，自然中」。大覺悟「教自己的，信入者」，都是這樣的。「行持」！生活自在的。「任運圓融中」？「吉祥如意」圓滿中！回皈「無所得」的，「究竟無相。真理中」！

（七）「究竟真理」的，追尋？能「深信當下」。「絕對，緣起無相」的內涵！

　　古先生曾經告訴大覺悟？「希望大覺悟能學習其他大師一樣」，「利用各種世間行銷方式，去勸別人來修道」？大覺悟告訴他，「這個，因緣的信眾」。是「一時的無明，相應來」的？就會是「一時的迷失，權巧應化而來的眾生」？

　　大覺悟「真理的書出來，不斷的影響很多人」？「真正有心真理向道，與有慧根的人」。他「就會來」？因此，能真正捨離世間。「突破世間的迷失」？如同「釋迦佛追求真理」而來！重要的是他的。「累劫。那一份的真心」？

　　大覺悟告訴「信入者」，「走自己生命。真理的路」？就是「如如自在，無相真理自性佛」。

「緣起照明，安定自在菩提造化的路」！「不被一切唯識相應相。所迷、所動、所搖」？「不被累生累世的無明種子」，與「相應無明的，思想體」。所「迷惑輪迴」？深入「真正無相放光，絕對的真理中」！

陳B先生「每次一講話，就會被大覺悟打斷」？為什麼？這個「關鍵處」的因緣。為了無法「自覺分明」的。「說明清楚」故！必須「自覺。說明清楚」？才是「真理真相的過程」！

（陳B先生：我會「換工作，就是說已經不會為了生活愁苦」？所以，找到「做一天休一天的，保全工作」！不要讓「所有的時間，都被工作綁死了」？自己能有「更多的時間，去自覺的修道」！因為，覺得自己的年紀「已經六十幾歲了？要趕快「自覺分明的真理，修道」！）

所以，為什麼說「對於六十五歲的人來上課，

會打七折」？就是「鼓勵那些年齡大的人，趕快
覺悟」？「抓住餘生機會，向道真理。自覺的修
道」？因此，大覺悟「鼓勵他們」！掌握「最後今
生歲月的，生命自覺機會」？

　　陳B先生，每次「都要從這麼遠的地方，坐
車來上課」。「這一份心，就是有一個累劫的慧
根」？就是「累劫沒有修成。而今生再來」？但在
「追尋真道的，過程中」？仍然「找不到究竟真理
的，真相」！這是「遺憾」處？

　　陳B先生，「誰是」你？其實今生中，「累劫
迷失，感受相應的無明。就是你」？「感受的明，
也是你」？「帶動的，也是你」？「讓你迷失的，
也是你」？這是累劫而今生中？「混雜無明相應受
用」的你！亦是「茫然生活」的你！

　　所以，「你的內涵相應無明受用」？很複雜。
「眾生都是這樣，無明昔性受用的，相應著」？所

以，「百分之九十九點九九九的，人部眾生」？幾乎，都是「活在無明其中的，相應迷失受用的今生」？「如是自然無明？相應受用中」！

如是。因此？世間的人，「因為，無明生命真相的不懂」？才給「大師們，有機會騙」啊！大師們的「講經說法」，都仍然是。「相應無明其中。阿賴耶識的無明以為」？

還在「無明迷失相應受用」的，以為中？不要以為「累劫眾生。無明其中」？「很好騙」啊！有一天，終究會「覺醒」的？

每個人，他有一個「累生累劫的，無明相應種子」？那個「空種的，無明相應涵藏」？他「攝受了，他涵養了累劫不思議的，思想體種子內涵」！因此「自然今生因緣中」，「不思議」的無明相應境相。展現？

那些大師們「所講的大周天、小周天、明點，

密宗的禪定」等？那些「都是無明相應，種子思想體」其中？「阿賴耶識相應的，不思議活動」！而眾生「卻無明」其中？深入「迷信的迷失，信仰中」？

「每個人今生，無明相應唯識的以為」？造成每個人的人生」！每個人的「無明相應的，自以為」？因此，造成「共聚相應。無明團體的，共聚迷信的迷失」？亦是「廣大各自信徒」的。「無明因緣」？

真正達到「像釋迦佛，最深的禪定」時？就會發現到，「今生，像做一場夢」？不管你「再有錢、再沒錢」。或者「你再有名，世間人多麼崇拜你」？這一些，都是「一場空」的，「現象變化」！

最後，仍回畈「累劫思想體」。各自種子，無明相應。繼續輪迴的「本因」？繼續「無明相應」

的，茫然輪迴中！

　　（陳B先生：奇怪！台灣研究經典的人很多，就像許多人在看《金剛經》。但，為什麼會「看不懂」呢？）因為，我們人類，「皆習慣用人的，無明相應思想」？去看《金剛經》」？「唯識。相應其中」？怎麼「無明相應其中。看得懂」呢！

　　《金剛經》的真實內涵？是「用真理廣大照明的，緣起智慧」！如是。「緣起放光的照明」？講出「究竟真理的真實內涵」！

　　什麼是「真理的內涵」？「我相、眾生相、人相、壽者相」等，「都完全深入，不迷失中」？「一切相，都深入究竟無相其中的。不迷失中」！

　　「相，有什麼相」？有「地獄相、餓鬼相、畜生相、人相、阿修羅相、天部的天子相、福報相、非想非非想天的相、無相的相」等。這一些諸相，「完全，都不迷失中」？

才是真正深入「阿羅漢」的內涵？如是。「識空」其中。「有餘涅槃」的心境？

如是。「凡所有相，都是虛妄」？是在講「識種」？「你的識、你的種」。產生了「無明相應的，糾纏和相應」？那個空間，叫做「無明受用，相應的相」？

「阿賴耶識，無明其中」？都是「分析、衡量、判斷」等。來「取相」？比如說，「陳B先生，現在眼睛，看大覺悟」？心中馬上就「相應剎那，取相」的。「生出相」？

這個。就是「自然無明其中，相應相的，受用」！如是「無明受用其中」的。「迷失作為」！再深入「無相應法的，無相中」？自然廣大「放光照明」的。緣起造化！

所以「種子剎那，相應迷失糾纏」？可以「迸放，很多無量無邊的相」？你都要「把它。完全無

相應法的不迷」！

　　釋迦佛把它稱為，「十一法界。六道」等。再深入「空中」的內涵？「六個道，如是。六條不同的路上」？如是。再「四聖道」等，超越「這個六道」？再深入「究竟無相的，畢竟空中」。「廣大放光的，造化緣起」？

　　深入「究竟無相」，完全無相應法。「不迷的其中」？再「進入到，無餘涅槃」究竟以後的。「廣大放光」緣起的，「究竟真理」的道？

　　這一些「都是諸相受用的，迷失」，與「不相應法中」？「如是。整個諸相」的內涵展現？皆取決於「每一個人的相應，與不相應。空中，與畢竟空中。緣起菩提造化，圓融任運的。心靈境界」？

（八）人部「無明相應受用」的迷失？死
　　　後「無明思想體。繼續的輪迴」！
　　　「當下，自覺」其中。「深入精神
　　　體，永恆中」？如是當下。究竟
　　　「平等其中」！即是自在。「絕對
　　　無相真理」的，「廣大放光」！

　　所以「大覺悟告訴信入者」。「不用讓別人，
在茫然中，相信大覺悟」。為什麼？「真正的真理
追尋者，真正會求道的人」？會很「珍惜大覺悟所
講」的。每一句「真理的。進入內涵」！

　　因為「前無古人，後無來者」。大覺悟「所講
的真實道理」！都是別人「聽不下去的。真理」？
但是，「聽久了，見久了」？他就能做到「深入其
中，當下。真實的受用」？深入。究竟？「無相
的，廣大放光。精神體中」！

比如說，陳B先生。你有「感受相、觀念相、想相、現象、以為相、今生相、肉體相」等。「你都有，如此的相應」？當下「皈滅，其中」。「深入，無相應法的，無一切相中」？進入到「究竟無相，畢竟空廣大放光的，精神體中」！

　　你就會「著重」在。「究竟的精神」？你「不會著重」，在「相」？如是。「體、性、相。這三種相中」？你「都不相應法中。無相的。不迷失其中」？深入「諸相？當下，幻如平等的。究竟平等中」！

　　所謂「當下的平等」？就是「世間即是，廣大的非世間」？你的「心境，自覺。做到其中」？這樣子的「見」？空間「就會相應平等中。自然的改變」？「你的現象，亦會改變」？「你的心境，亦會相應平等的，改變」！

　　如是「相應，而不相應法中」。「空中，而

畢竟空中」？「廣大光明體，與緣起廣大的放光造
化」！

　　陳B先生，你之所以「長久無明相應受用中。
不會改變」？是因為，「你在迷縛痛苦中，你在無
明中，你在糾纏中，你在迷失中。你在阿賴耶識，
如是相應種子，迷縛長久無明受用的，變化中」？

　　種子的相應變化。有一個是「有變化」，另一
個是「沒有變化」？「有變化的，叫做六道」！而
「沒有種子，相應變化的，受用迷失」。就是「阿
羅漢」的內涵！

　　（陳B先生：就是說「我的識有分別，還沒有
達到不分別」？）不要「迷失其中，無明相應受
用」的，使用！「一切好壞、疑惑、分析、衡量、
判斷」等。都把它「皈於阿賴耶識的無明相應作
用」？

　　如是。「無明的相應作用」？就是深入「迷

失，無明其中受用的。使用」？就是因此自覺。進入到，不迷失其中。「究竟無無明盡」的。內涵！

（陳B先生：「第一個階段，就是要練這個工夫」？這個工夫，是「要深入其中的，不迷失受用相應的，行持」啊！）對啊！你要這樣子行持其中？「無無明的覺悟」！

「修？其實不用修」？你只要「自覺分明其中」的？覺悟啊！「來這個人部投胎的空間。是百年的人生」？是「一場空」的，現象空間？

皆在「現實現象」的。變化中？終皈「死後，一場空」的結局！與回皈「累劫思想體，輪迴種子」的。繼續相應輪迴中！

死的時候，「必定死中」？「累劫思想體」因此，必定離開！「再怎麼樣，都會離開」。「肉體與世間的變化」啊！

為什麼「思想體」，能「輪迴繼續的，無明其

中」？不離開？為什麼「不能當下其中，進入到自覺」？當下深入。「精神體中」？就是「永恆，當下其中」啊！

跟「無相真理。如是究竟的平等中」！跟「三世一切諸佛，進入究竟的平等中」！如是。「絕對真理的，心境中」？

所以，「大覺悟說你是自在的自性佛」？但是，「你沒有辦法跟佛交往」？你還是「深縛其中。無明受用相應，你的自以為」啊！

你「回去」後？經常「無明其中」？一直在「往事知多少，回憶知多少中」？一直「在分析、衡量、判斷中」？這個就是「累劫而今生？繼續輪迴其中。唯識迷縛無明相應的，你」啊！

陳B先生，你「要把自己出離」的？「拉起來」看。確實你「做不到」啊！因為，大覺悟講的是「捨離用識」？「自見的，真工夫」啊！卻不是

「知見的，以為」其中？

　　陳B先生，你的「心中充滿著過去相，一直活在莫明相應，回憶迷失的糾纏中」？

　　「當下相。你跟大覺悟講話」！若能當下。「遠離相應無明的一切」！「自覺的，無相覺悟一切」？深入。完全「無未來相」？若「有所未來相，就有所糾纏」！你「希望怎麼樣」？這一些「都是相應想相的，迷失」！

　　「當下其中。任自然」？就是「永恆其中」啊！無「過去、現在、未來」？「當下，即是未來」的。「同體平等」？當你「自覺做到？就是絕對其中」了！

　　大覺悟「緣起遍照」的，「把自己過去的無明，緣起照明出來」？如何「被昔日邪師所騙之事。一一分明的。平白的寫出來」？豈有「我與法」的。執迷相乎？一切「無我法」的自然表達！

既然「緣起照明自覺？是自己累劫，而今生的無明」？就不能「再無明了」！大覺悟「就要深入無無明的，工夫中」？所以，經由「當下無無明盡的，究竟的過程。與究竟的自覺？是必要」的超越！

　　陳B先生，「你的過去，是自覺必要破相的過程」？你要「無無明」？「不要再無明迷失受用的，做人」了？

　　你「超越了這一層？就是入聖」！「入聖，再超越。就是佛」！（陳B先生：「畢竟來當人，都是自己無明相應的種子受用，都是無明」？也「沒有什麼，好丟臉的」！說白一點，「就是要真正自覺的？捨離無明的相應，拋棄了」？有什麼好丟臉的。）誰「在乎其中」？即是「其人，行邪道」！

　　媒體、報紙、雜誌等，「一天到晚，都在宣揚影歌星，有多少人在努力賺錢」？「企業強人併

購，有多厲害」？那是屬於「玩一場遊戲」般？很會玩遊戲而已。他們還是活在累劫而今生，「無明相應，自受用的。迷失種子中」？

「這些人如果認識大覺悟，大覺悟會叫他們進入佛道」？就是「由無明種子的相應」？當下深入「自覺」的，切割分明？

因此「無明的人道，而緣起佛道的。放光造化。圓融的隨順」？如是「一舉二得」的大智慧任運！

「一樣面對，世間的變化。但是，是任運無礙」？是「緣起的變化圓融」？「不用無明相應，迷縛的道」？即是「真正的佛道」！

（陳B先生：我「在現象界，也是遇到很多的事情」？這個是。無明的「相應」嘛！）這個就是，「累劫而今生」？「相應的，無明受用種子」？你「不要迷失，追尋的使用」？

「什麼都不要管」？「利害得失、是非善惡」
等。「一切，都不要糾纏，不要迷失」？然後「深
入。任自然」！「任你畢竟空」的緣起放光？照明
這個「緣起如夢如幻的，菩提造化」自然！

　　如是「大智慧，圓融隨順的，任運圓滿」。
「究竟無所得」的真理其中！

　　然後你「在當下，不使用相應種子的受用」？
不使用「輪迴」？但是你「卻使用，自在佛緣起大
智慧，任運圓融隨順的心境」？

　　「現在的你，當下。就是佛的心境」？「處
理事情，就是這樣的？任自然」！「當下，永恆
其中。一天過著一天的，任運」？「真實圓融隨順
的，面對」？但是，「心境卻是因此，由人道。進
入到？真實佛道。究竟佛的心境」！

　　那就是「緣起菩提造化，任自然」？你「若
能夠在人部中。做到「無相應法中」。就是「緣起

自在的，放光造化」。隨順圓融的任運！即是「佛道」的進入！

「緣起，跟相應」？是非常大的「不同」？「相應，是六道的輪迴」？「緣起，是當下的佛道」！這是「大智慧的隨順圓融，任運之圓滿」？

（陳B先生：喔！「相應無明種子，就是輪迴」！）對啊！你現在「一直回憶，懷念你的過去」？那些都是，「糾纏迷失無明相應的，輪迴」？

（陳B先生：我把「無明相應的意識講出來，就是準備要拋棄」！）對！你就是要「做到無無明」？更要「進入到無無明盡」的。「究竟空中的放光覺悟」！

（陳B先生：「出家眾早上四點起床，刷牙洗臉之後，就準備誦經！早上誦早課，將近要一兩個小時」？「下午的晚課，還要再誦經，也是一兩個

小時」？我就告訴他們，「其實，直接進入自性佛」就好了？你們「怎麼這樣浪費生命，在這裡」呢？）

對啊！陳B先生，你「看了大覺悟的，兩本書」？就已經達到自覺的，覺悟」了？你的「時間與精神。不要浪費」在外相莊嚴的，形式迷縛中！

直接「當下，進入你無相自在的。莊嚴佛地」？你的「心境，深入無一切相的迷縛，自在中。就是真正無相莊嚴，廣大放光的佛地」！要「深入自覺其中。無相的？做到」！

陳B先生，你的老婆「生前沒有覺悟」。你想到她，自然「心中相應。感覺很沉悶，負擔很重」？就是她「現在處在的空間」？「並不好」！誰是「她的重擔」？就是她「累劫沒有覺悟」的，無明相應受用？這是「累生的輪迴種子，在那邊無明相應的，束縛著、受用著」？

（陳B先生：我「感覺到很失望、很無助」？）你「內心的感受？就是真實她。目前處在的無明相應空間」？

　　有時候「你不知道，你是誰」？「當你想到她」？你就「相應其中。變成她」了！

　　「你的老婆，還不會那麼快。輪迴出生」？她「還在那個空間中」！迷縛沉淪，「繼續輪迴受用」。相應的空間？

　　「等到你，真正的覺悟」？我要「渡她，是非常簡單的事」！我「已經渡了很多人？問題是你內心的，真實價值感」？

　　你連自己真理的內涵？「都不在乎」了！你怎麼會「當下無明，相應其中」？「在乎自己，自在當下的自性佛」呢？甚至「自覺」。真正「得渡的，可貴」！

　　你「現在還會想念她？這個就是相應迷失的，

糾纏」！當下「你的一切無明迷失」的，相應？都
要「捨離」！因為「這個相應」？就是你「本來的
無明迷縛」？

　　這就是我在「書上寫的」？超越「無明相應
的。必要」！為什麼「必要」？因為，「你有無明
的迷失，才有今生」？你因此要進入「無無明」，
「不相應法中」。「自覺的覺悟中」！你才能「真
正行入」？「無無明盡」的工夫中。與「自在究竟
無相的，佛地心境中」！

　　《心經》講：「空中，無色香味觸法，無眼
耳鼻舌身意，無色受想行識，無眼界，乃至無意識
界」！是什麼意思？連你「看到的，和想相」的諸
相受用？都是究竟的，「一場空」啊！「無相應
法」究竟中？「乃至無無明，亦無無明盡」？

　　所有的「感受，都要完全破相的，不相應的，
沒有中」？就是「當下的你」！都要「進入到無相

的自在，精神體中」！如是。只有「精神」而已？連「十一法界」諸相？「當下」其中？都「不要執著」！只有「自在的無相」？

《金剛經》講：「若見諸相非相，即見如來」。「非相」就是「當下其中」。「如是十一法界？所有的一切相。你都不要糾纏」？那是「如夢如幻的相？連佛菩薩，也會迷失其中」的？

「要達到究竟無形無相的？究竟光明體」！包括「法報應化四身佛」等。皆能「圓融隨順的，圓滿任運無礙」！完全「究竟無所得」的，「絕對真理」的堅固！

釋迦佛「講經說法」。叫做「應化佛的，智慧流露」？所有的「一切應用」？皆是「權巧，和譬喻」的展現！因為，要「進入到畢竟空」？所以釋迦佛說：「我實無說法」？這是「因為，所說的一切？都如夢幻其中，實無所得。不要糾纏」！如

是「才是究竟光明體」？「究竟的真實，絕對真理」！

陳B先生，大家都會講「若見諸相非相，即見如來」！那麼「如來」是什麼？就是「真理的，真實」！

就是「所有一切相不迷的，那個無相的絕對？與究竟真實，安定的心境」？就是真正絕對的，「真理真實」！

那個是「整個，絕對無相。法報應化四身佛的，光體」？「如來」。是一種「真實無相真理的，內涵與心境」。「如」是不動。「來」是有變化！「不動」的部份，就是「究竟光明體」！「來」的部份，就是「緣起廣大的，放光照明」？如是。菩提造化任運的，自然法爾！

所以，當你活在當下的，「永恆真實」？就「不會無明輪迴在，十一法界的迷失中」？原

來？「一切萬法諸相的變化，都是迷失」啊！「真實」，哪有什麼法？就是「究竟，實無所得」！堅固的，真理真實！

（陳B先生：無智亦無得？）「連智和得，都沒有」？「智，就是放光照明」？所以「光明，有識空、識空空、空中、和畢竟空」的。不同「內涵」？它們「都能放光」！但是，「放的光，不一樣」！

像釋迦佛就講，「用什麼相，去看祂」？都不對！祂「實際的相」？是「究竟無相的，真實」！所以「真正的佛」，不是「法報應化四身佛」？而是「究竟無相的。真實光明體」！

「四身佛，是放光照明的？緣起十一法界的菩提變化」？所產生的「緣起造化相，還在變化中」？為「菩提造化」的。任運「自然法爾」？

「真正的佛，是究竟光明體」？祂「不說一

句。也不說一法」！你「自在其中，絕對同體。看到祂，就看到真實」。如是「見相」。一「體性中」！（陳B先生：就像「釋迦佛向迦葉尊者的，拈花微笑」？）不是！這個，拈花微笑。即是「法的緣起」？因為，絕對其中。「本來無一物」的。真理！

「現在變成，有」？講出來。叫做「真理知見」的，相應！「如是。受用的回皈」？「你有知見的明白」。改天你「會懂」？「懂，才能真正進入實踐自在無相。其中」！比如講，「你不知道美國在哪裡，你怎麼去」！（陳B先生：「要明白，才能去」？）

如是。在「自在其中」。即是「體性相」的，絕對！「當下」，即是「自在」。即是「真理」？

人世間，「到頭，是一場空」！但是，你「帶走的仍是，你今生多會賺錢的，今生現象相應種子

的，迷縛」？到最後，都是「回皈繼續輪迴的，無
明相應種子」？

　　那個才是真正。「自因果報應」的回皈？「即
因，即果」變化諸相中！即「法報應化」四身佛。
為「同體。如相中」！「任運。無礙」！

　　你「擁有的一切現象界，卻帶不走」？但是，
「那個無明相應受用的報應？卻存在你的心中」！
那個是累劫「無明輪迴的種子」？「不用別人，
詛咒你？你的種子，會自己無明相應的。回皈自
己」！

　　像那些「大企業家的成功」。都是「種子相
的，相應的展現」！他的「種子，是世間所謂富貴
的種子」？

　　但是。「真正的富貴，不是種子所產生的？
真正的佛富貴，是放光照明」！祂「緣起任運？所
有的一切，都是放光照明，同體平等。諸相造化」

的展現？祂「因緣一切，緣起照明」。可以「任運的。轉動一切時間和空間」？祂也可以「轉動十一法界的造化」？「轉化的任運」？「無礙其中」的！「吉祥如意」的圓滿！

你現在「還沒有嚐到什麼叫做，吉祥如意」？就是在你的「絕對空間中」？不好的，皆會「究竟體性相平等」的？自然「法爾任運」的！「變成好的造化」！隨時「自在堅固」其中的？「好壞，無二分」的平等？如是「妙有」的，「造化」！

（九）菩提薩埵「無所得」故。「心無罣
　　　礙，無有恐怖，遠離顛倒夢想。究
　　　竟涅槃」！緣起。「得，無上阿耨
　　　多羅三藐三菩提」的造化！

　　所謂「六地震動，就是眼耳鼻舌身意」緣起
放光照明，體性相的變動？「六地本身，是絕對心
地」的內涵？有時候「心地震動，相應空間？也會
山河大地的，震動」？達到「最深禪定時，它無相
精神體。自然放光」？

　　所以「每個看到，緣起照明他的人」！他「本
身。都能顯發不思議的造化」？他的「心地，就會
震動」！然後「現象界」也會震動？如是「不思議
造化，全體平等其中」的，變化？

　　所以，「真正菩提造化的緣起厲害」者。他
「可以緣起，廣大宇宙，十一法界等。與世間的造

化」？因此，「世間不知不覺」。被他「緣起的造化影響」？但是，「沒有人知道」？只有「佛，與佛」。才能「見相的平等中」！

所以，只要「深入真實」的內涵？自然而然，「在空間中。它會緣起轉化」出？「真實真理的，本源」？你「不用求人家，認識你」？它自然緣起，「廣大造化的放光」？「任運的，造化」？就會來！

（陳B先生：「在進入真理的過程中」。雖然，會覺得很孤獨？但是，不會很寂寞！）

他「不會寂寞」？但「真實絕對的心。恆常遍一切處」！到「真正佛地時，自然平等」。三世「一切諸佛」？你「看到」的，都是「廣大的佛地」？都是「佛的心境」？都是「自在的，平等的。究竟涅槃」的心境！

所以，如果你「還會孤獨」？就是「因緣相

應。累劫空虛孤獨種子。無明產生的相應」？那是「無明的迷失」！當「看到孤獨時，就是你的阿賴耶識」相應展現？當「達到真正究竟的覺悟」時。你的「本身」？就是「自在究竟涅槃」的。「自在，光明體」？

孔子講：「德不孤，必有鄰」！就是說，「你能緣起放光自在其中」？一定「會有同類平等，相同的人」。來「找你」？但，亦「不一定」！一切緣起。「三世諸佛平等，絕對的放光」。菩提造化的。任運？「決定」！

陳B先生，「你很在乎你的看法，你很在乎你的過去」？這些都是你的「魔障」？就是「無明其中受用的，迷失」！這個就是你「再來繼續輪迴的，原因」啊！

像「菩提薩埵」，不是用嘴巴講的？菩提薩埵，就是「達到這個完全無所得，心境」時。你就

能「看到放光照明」？就會「緣起菩提的造化」？達到「這種心境工夫」的人。叫做菩提薩埵！

「心無罣礙」。心對所有一切現象，好壞是非等？都「沒有糾纏」的迷失？

「無有恐怖，遠離顛倒夢想」？就是「所有一切好壞、利害、得失等，自在心中」？不會有「恐怖諸相的，迷失」？與「有所糾纏」？

「究竟涅槃」。就是「祂的心，永遠在安定中」。如是「常淨我樂」的，真實內涵？

所以，「三世一切諸佛，依般若波羅蜜多故」？就是「依這個大智慧的緣起照明，和覺悟」？「得」無上阿耨多羅三藐三菩提？為什麼講「得」？在「十一法界中。都是「有中的，緣起」？就必須，講「得」的造化！

所以，能緣起「照明這十一法界」？即有「三菩提的造化」？故說「般若波羅蜜多咒」，就是

「般若波羅蜜多，這個大智慧的內涵」？「咒，相應緣起的照明」？

「是大明咒，是大神咒」？這個「緣起的放光照明，祂可以產生廣大的明白」？「大神咒。一切都能緣起照明的，神變」？「無上咒。沒有比這個還高造化的，放光」？「無上等等咒。如是再高再高的，放光照明」？也沒有「跟祂一樣平等究竟」的。就是「如是究竟無上真實的，內涵」？

「真正的覺悟」是什麼？是「進入無相絕對」的？是「進入究竟平等」的？是「進入能夠放光照明的，緣起菩提的造化」？

「不是你要放光？祂自然緣起。廣大的放光」！自然如是。「真實的，祂會廣大的緣起」？「如是十一法界」？都是祂「緣起照明的，廣大對象的造化」？

「本來無一物」？就是「本來十一法界的，

所有一切法。一切性相」等。「生起的變化，好壞的變化」等！都「完全無相的，究竟真實的，不迷失」！

所以，你要「為自己的自在自性佛」？「當下其中。即是無相深入」。最「究竟的無相佛」？跟「三世一切諸佛。都是平等」的？

深入「自覺」。「百年人生，是一場夢」？「在作夢裡面，不要再作夢」？如是。「離開夢中」？當下。就「自覺」緣起的。究竟無相放光的，「真實。醒來了」！

陳B先生，希望你「今生就能夠做到」？「真正自覺，究竟的佛自在」？什麼是「佛自在」？就是「絕對其中」。「一切相不迷！一切。任自然」？

能夠「覺悟到，無無明中」？行入「無無明盡」。就是「自在的，畢竟空中」？廣大「絕對無

相」的，精神體！

所以「無明的人，專講無明受用的相應」？「無明的人。是活在其中，迷失其中」？永久繼續的，無明繼續相應的。「輪迴其中」！

而「大覺悟的道」，是當下「進入覺悟自性佛」？進入「佛心境的，佛境界中」？如是。「真實真理的，內涵」？

「面對所有一切的變化，心都恆常不動」？都「任自然的，進入緣起」？「廣大菩提造化的照明。處理世間的一切！自然任運的變化」？皆能「用智慧的緣起？去面對」！

「畢竟空，不是呆板的」？祂是「無相真理其中，祂能放光」？這叫廣大的「緣起」！佛教開山長老們，幾乎都「迷失在唯識相應的，空」裡面？其實，釋迦佛是「究竟光明體，與廣大緣起的放光。如是。講空與不空」的？

  生活的大智慧：進入自性佛【真理學，輔助深入版 2】

在「不空裡面，講有十一法界放光照明的，緣起」！「在不空裡面，講回叛究竟無所得的覺悟」？如是。「無相。畢竟空」的，進入！

在「畢竟空的，深入空」裡面？講「放光照明的，緣起」？講「無上阿耨多羅三藐三菩提的，緣起造化的。三轉法輪的，緣起佛法」？「法輪，它是廣大緣起，照明」的？緣起「菩提造化」的任運？不是一般人。「能講的佛法」！而是「究竟緣起的，佛法造化」。如是「三輪緣起的，佛法」？

所以「真正的道，不是用知見的以為」？而是「完全沒有種子相應的。無相應法中，識空的進入」？甚至「識空空的進入」？如是。「深入，十法界不思議境界的破滅」？

如是。「再進入到空中，一真法界的突破」？再「進入到，畢竟空的內涵」！如是。究竟「真實其中」！

「畢竟空，就是整個宇宙，未生出前」？它都是「不動」的！如是「究竟絕對」的，「真實光明體」？

　　當「宇宙生出時的，爆炸？叫做緣起的放光」？因此「產生十一法界的，緣起照明」。它叫「緣起的造化」！如是。廣大「三菩提的任運」，佛法的展現！

　　「進入裡面。相應迷失的人，叫做相應」？「相應種子的，受用變化，叫做六惡道」？「相應，沒有種子變化的？叫做四聖道」？進入到「完全沒有，識空空其中。阿賴耶識的突破」，叫做深入。「空中與畢竟空中」。「究竟絕對無相」的，內涵？

（十）真實「隨順圓融」的，菩提造化？能「任運其中，自然法爾」的現象！「當下，其中」。即是「實無所得。絕對無相」的真理！

　　大覺悟的道，改天「能緣起破相。照明的打破？所有過去大師的，迷失」？所以改天，「那些大師們，會回皈自覺其中」的！「無地自容」！「騙了那麼多人？都是在講。唯識無明相應的諸相」？

　　講「識種的無明相應」？「他們的道」。仍在「無明迷縛中」？連「阿羅漢的內涵，都進不去」！一直「迷失在天部，和人部之間」？

　　有的大師還講：「要再來做人，要好好修福報」？這繼續無明相應的，輪迴。「有什麼用」！

　　「人生苦短，當下要進入佛地」？不要「再

輪迴」？才是？如是「真正的自覺，停止無明相應的，輪迴」？「當下，無相應法中。畢竟空中！即是佛」！這才是「無相真理的，內涵」！

釋迦佛「六年苦修，到非想非非想天」？祂連「想，都不想中」？後來，「肚子餓得半死，祂進入到無我、無法、無無常的內涵」裡面！祂「突然看到？緣起的放光」！

「誰放光」？祂「所進入的緣起空間」？跟「祂放光」！祂有一個「微細的我，在見」？祂「還有微細對立的。相對」？

祂就「經歷三天三夜的魔考」？把祂「累生累劫的無明相應的種子」？還沒有「究竟突破的地方，突破」！「剎那間，祂覺悟」了！深入「無相應法中」。「畢竟空中」？進入「絕對同體」的。平等？深入「究竟光明體中」！

「整個無量宇宙，整個法界」等。「都是我。

又不是我？又是我」！因為「祂做到了。絕對的真實！真正的做到」？「本來無一物的。覺悟」！是「跟三世一切諸佛，都究竟的平等中」！

所以，你問「大覺悟是什麼」？我，「什麼都不是」！如果有人問我：「你是佛」嗎？我說：「眾生都是佛」！但是，「眾生因為迷於，累劫無明相應的種子」？如是。「迷於十一法界的，無明輪迴中」？

如是。「迷於宗教的觀念」故？所以，「佛教的教育」？是「台灣傳統文化的，知見」？

「無明迷失相應的原因」？找不到「無相應法中？究竟的真理」！每個大師幾乎，「都自以為，自祕密的相應。無明的迷執」？「成就很大的不思議相應境界」？他讓「每個人，都因此。無明相應」的？「迷失在他的，自我成就」。「相應以為中」？

真正的佛，「是連地獄的極苦？和類佛的極清淨」。這「兩個的內涵，都超越其中。而不論」？「當下其中，自在其中的。超越其中，突破其中」！「究竟的平等」其中！

　　「無一切相應的，能迷失的？困擾祂」！祂「究竟無相其中。畢竟空中」？「真正做到，絕對」了！

　　所以，「好或壞的變化中。都任自然」？「沒有，好或壞」的分別！要隨順圓融的，達到這種「究竟覺悟。無所得的心境」？要「當下」？進入這個「絕對的。心境中」！

　　「不說？大師們是壞的。而大覺悟是好的」？如是。「沒有好壞其中。只有任自然」的，圓融無礙！看「自然其中，怎麼緣起的演」？

　　因為，「所有法界的自然」？「當下其中。都是絕對」的內涵？這個叫做「絕對，任運。平等其

中」？祂「自然會，緣起菩提的造化」？祂「一切處」？包含「變、不變、簡易」等。都是究竟「平等絕對」的，祂！即是「透明的，能量體」。究竟的光明體！

所以「諸法，一切的變化。都是祂的緣起」？又「不是祂」！如是的「絕對真實」！

「自在其中。不是祂的廣大緣起，裡面？就能見到。真正佛法造化現象的，祂」！

陳B先生，「你要當下，把知見的種子」。「自覺濃縮，成為沒有種子。無相應法的識空」，「如是不相應的。空間」？自覺再濃縮。成為「不思議的境界自縛」。也「突破」？

如是。「聖者的境界，也突破」！叫「識空空」？連「聖者的識，與非識」。和「如來境界」。也「突破」？叫究竟，「空中的實踐」！如是「自在其中」的，絕對中？如是。「畢竟空的受

用中」！

　　你看，「無智亦無得」？「有所智，就有所照明」？「有所得，就是有所法」？

　　「無一切得的，究竟」！包括你「今天自覺，看到什麼」。都「究竟其中的。無所得」！深入「堅固的絕對」真實！

　　你的「無明其中」？就是「無明相應，迷失的。六道輪迴的報應」！深入「無無明盡，就自在其中。畢竟的空中」！完全「絕對其中」。究竟「沒有報應」了！活在「完全不相應法中。沒有報應中」。究竟，「絕對的真實中」！叫做「究竟真理的。自在中」？

　　所以「沒有，詛咒或不詛咒」的迷縛？每個人「都是自己無明，因果相應的。報應身」？「無明其中」。就是自己。「無明相應的，報應身」？

　　誰是「癌症的受用者」？沒有啊！你有這個

592　生活的大智慧：進入自性佛【真理學，輔助深入版 2】

「累劫而今生的種子。才有這個癌症」？你若「沒有累劫迷縛，種子的涵藏」？「不相應法中」，「哪有，癌症」的。相應呢！

所以「達到，任自然」的人。就能夠「做到無我和無法」其中？因為「任自然」故？就完全沒有「我的立場」？「我的想法」？「我的相對」？即是「絕對」的。任自然實踐！

「如是。我和法。是一體的」！「我和自然，是一體的」！這個心境，叫做「廣大同體平等的，智慧心」？如是廣大的「大智慧」！「透過這個大智慧的進入。任運自在的自性佛緣起中」？叫做「行入其中的。無礙任運」！

「沒有內外，沒有是非，沒有善惡」？整個「空間，都是。絕對其中」！即是「任運的無礙」，絕對中！

你「若沒有過去？從小到大，活到現在的變

化」相應？「當下，就發現到」？本來「就沒有這個累劫而今生，因果無明的迷失」。相應！自然「絕對其中」？「任運」。無礙！

你都是「累劫帶著你無明相應的，種子。來出生」？死後。還是「帶著你的種子。走」？那就是「累劫本來無明種子的。相應」？「繼續無明的。輪迴」？

如果，你明白了。「無來亦無去」的空幻？那個就是，自在「永恆。在真理的真實中」？「沒有出生，也沒有死亡」的輪迴！這是「很高的，無相絕對。任運的智慧」？

「智慧，不是用嘴巴講的？是任運的做到」！「做到後，你自然其中」。「同體智慧」其中，任運的。會知道？這叫「同體智慧」的。絕對自在內涵。展現！

所以，多講無益？「任運無礙的行。最重

要」！「知見的迷失，還是種子的相應」？「會
講，不能做。還是無明種子的。相應」！

真正的，「行入其中」，就「不是種子的相
應」。這叫「智慧行」？能夠「看得懂其中的內
涵？叫圓融隨順的，任自然」？

陳B先生，你「費盡千辛萬苦找了那麼久？結
果發現到，真理。就在當下」！你的「當下其中。
就是無相真理的，內涵」！

（陳B先生：「身在此山中，雲深不知
處」！）大覺悟所講的，「不是雲深，不知處」？
是當下其中。「完全沒有雲的。無相內涵」！「當
下其中，究竟任運的自覺」？就是「真實絕對的真
理」！

（陳B先生：「光明遍照」！）整個真理的，
「光明遍照」？是「遍一切處，十一法界中」。它
都在「緣起的，廣大照明中」！「任運」的。「絕

對」真實中！

陳B先生，「改天當你真正做到」，「無相真理」其中了！你會非常的快樂！你走路「都會，有風」？因為，「你自在其中」的？活在「真理的，絕對真實中」？

「不是活在，想相」！「不是活在，無明種子的相應」！也「不是活在，十一法界的迷失中」！所以，我要每個人真正的「深入自覺」？「當下其中，任運隨順的。當自性佛」！

你現在「要練自在其中？不要想。不要種子的相應迷失」？「不要種子的相應，就是感受、觀念、和現象等。你都要深入，不相應法中。超越不迷」！

「不要迷失」其中？「一切不迷其中」？就在「自在，任運。究竟不迷中」！隨順「絕對」的，圓融！

陳B先生，你自己「已經慢慢自覺的，超越不迷失」？不用我「幫你加持」？「沒有所謂加持、與不加持的，問題」？只有「智慧絕對」緣起的。隨順「任運」！

要「自己自覺的。覺悟」？「自己的心，自己打開」！你「能夠進入到，完全不分析、不衡量、不判斷」的。自覺其中？你的「心，就會自然，自在其中」的？「無相真理的，打開」！如是「緣起的任運」？隨順，回皈。「絕對中」！

陳B先生，「現象的變化，不重要？過去怎麼樣，都不重要」？重要的是，你現在「回皈找到的真理。走真理的路」？如是「任運其中」。隨順的。「絕對」！

大覺悟經常跟「信入者」講？走「自性佛的路，不要走種子相應的路」？「不要走無明相應。輪迴的路」？這個「回皈無相真理的，無所得的真

實」。很重要！

所以，「修道，完全不用修？是自覺其中的，覺悟」！把「自己的自覺心，打開」？然後，當下其中。「本來自己的判斷、抉擇等。甚至相應，都不要有」？深入「不相應法中」！

「當下其中的自覺。就是真理」！「當下，就是只有無相絕對的，精神」！

完全沒有「受用」？沒有「觀念」？沒有「以為」？「沒有過去，沒有現在，也沒有未來」？只有「絕對」其中。「任運」的。隨順緣起！

當下，「生死都超越」！當下，「無生無死」。當下其中。就是「絕對的永恆」！當下，就是「無相的真理」！「任運」的。無礙！「絕對」。大智慧的隨順？

陳B先生，「要超越三藏十二部經典」的自覺。要找到，釋迦佛能夠「絕對畢竟空，其中」？

「緣起的放光,與廣大照明」?「任運」諸法的,無礙中?「絕對」,自在其中的。隨順!完全的「究竟無所得」中?

　　「講這三藏十二部經典,祂的緣起心境,到底是什麼」?就在「緣起照明」。「菩提造化」其中?「廣大佛法」的。「任運展現」!「無礙的絕對」?如是「結集以為的,論述」!

　　大師們,「研究佛經,要講的是這個緣起的,真相」!才是「真理照明,緣起」的任運進入?隨順「無礙」的,絕對!

　　(陳B先生:我每天在「看某位大師講《法華經》,看了三年,他不懂,我也不懂」!「愈來,愈不懂」!)

　　當你「真正深入緣起。照明其中」?達到「絕對。究竟」時!你「看什麼,自然同體智慧,都懂」!「不用看書,也不用研究」!當下「真理。

任運其中」？「自然隨順，皆看得懂」！

　　大覺悟跟「信入者」講。大覺悟「不要人家，盲從表相的。尊敬」？大覺悟要人家「從內心裡面，找到自印其中的。自性佛」？並且，「究竟。看到大覺悟講的話？實現在他心中的，自印」？

　　這樣子，「他心中的自性佛，緣起放光的任運啟動，這個絕對的隨順。才是有意義」？否則「一切的尊敬」。都是假的？都是世間信眾，「相應無明的種子展現」？都是「虛幻不實」的！

　　像那些大師的「弟子們會退」？為什麼？「假的！無明的！夢境」！像在「作夢一樣」的。迷失？終於的，「自覺，覺醒」！

　　陳B先生，我「講得太簡單，反而讓你感覺……」？（陳B先生：「不會，愈濃縮、愈簡單。它是精華」！只是回皈。「愈簡單，愈不容易做」！）「自然的無相真理」？會「絕對」其中

的。「提醒你」？就是那麼「簡單」！「不要再研究了。就直接當下其中的任運，去做」！隨順「絕對」其中！

（陳B先生：我會覺得，「愈是簡單，愈是難做」！必須努力的「去自覺、去體悟」？然後，「每天去涵養、去行持」？要「深入」其中？實在不簡單！）

你現在所講的，還是「毛病所在」！「迷失自我以為的。去感受、去觀念、去現象中」。這一個，「還是相應其中的，迷失」！當下，「在本來的迷失相應中」？進入完全的，「不要迷失的相應中」？

蔣女土，她「做不到自覺受用，分明的突破。就是做不到」？如是。「本來迷失三惡道其中。無明自然業報」的展現。

所以，「無明其中，就是無明的相應」？像

陳B先生，「你雖然無明。但是，你知道，該怎麼突破」？那個，叫做「明」！但是。卻缺乏「畢竟空」的，實踐？

因此，我所要講的「重點」。就是「不要強迫人家」！在「完全不相應法」其中。任運「自然」？

像蔣女士，「沒有辦法做到，怎麼辦」！只有「死後渡她」。就好了！或「漸次的，突破」？一切「任運」。「隨順」自然！

人「把死，看得很重要」！我卻「把死，看得不重要」！就好像「昨天晚上睡覺，和今天早上起床」？這個「不同空間轉換的過程，叫做死」？沒有「重要與否」。的迷失？

我們人「把死，看得很重要」？是因為「無明，充滿著恐怖」？任運「自然」。隨順「業報」。自然而然的？「繼續輪迴」。累劫的「相

應」？

「真正的死」？「昨天的你，和今天的你」，
輪迴的「思想體。無二分」？都是「一樣思想體的
個性」？「繼續的輪迴」？永遠「繼續的相應」？
「無明思想體」的繼續輪迴！

所以，我跟蔣女士講，「你安心啦！生和死一
樣」？「你的空間相應，與轉換問題？我幫忙你，
就好了」！你的空間「無明，就會自然被無明的相
應，拉著過去」？我幫忙你，「進入到究竟的光明
體中」！

你若是「真正的尊敬自性佛」？我就會「幫忙
你」？那是「你的福報」！

像「目犍蓮尊者求釋迦佛，渡他的母親」？釋
迦佛跟他講：「你去求諸佛」？

「求諸佛，就是求廣大三世諸佛。平等的，自
性佛」？其實，「還是釋迦佛」啊？

「釋迦佛，就是當下的諸佛」？你「進入到究竟的平等佛中」。「三世一切諸佛，都在自在。究竟絕對的平等中」！

當你，「達到佛」的自在時。你就會「知道什麼是絕對的佛」了？「達到佛」的究竟無所得？你就會發現到。「人世間的現象，擁有和不擁有的迷失？都是一場空的。現象變化」？

只有當下，回畈「真實的真理，究竟的光明體」！才是「究竟的。絕對內涵」！如是「任運無礙」的。隨順「絕對」的。大智慧！

陳B先生，像「大覺悟講你」？自然，你裡面「相應的種子。就會自然迷失相應的，起作用」？你「能夠把當下，這一切的受用。全部無相應法的突破」！「無一切相，無一切受用」！只有當下，絕對。「究竟的涅槃」？

「究竟涅槃，是什麼絕對的受用」？就是永恆

其中的，「常淨我樂」！

所謂「常。就是永恆不動」。所謂「淨，是絕對沒有迷失糾纏，汙染」的。「絕對不會，被一切相的迷失，所動搖」？

所謂「我。就是絕對沒有過去的我、現在的我、和未來的我」？「當下就是，永恆不動的，絕對我」？

「如是究竟平等廣大，絕對。山河大地、一切宇宙萬物萬象、和十一法界」等。「都是我，又不是我。又是我」？

所謂「樂，就是我恆常在，究竟覺悟生命的喜悅中？如是究竟光明體中」！「絕對的，圓融隨順」。任運中！

佛經中。「佛的語言，緣起」，「廣大照明的菩提造化」？「不是論。而已」？「任運」的。「無礙」皆是？隨順。「絕對」的。圓融！

「論絕對」。是「阿賴耶識的無無明盡」？所以《大智度論》，也是「阿賴耶識的糾纏和迷失」，相應。叫做「理性的論」？「理性知見」種子的，「展現相應」？

　　「理性的論，還是理性種子的作用？仍然在論中」？連「阿羅漢的心境。都還沒有辦法進入」？

　　若是你今生「繼續沒有修。但是，這個知見」。你「自覺」，同意自心中？就「涵藏，在自覺知見的種子。裡面」！

　　「來生，就靠這個種子的知見。重新覺悟」？再來「當下其中」。淬煉「實踐絕對」的。「任運」內涵？與「無礙」的展現！

　　如是。「重新再來，重新的突破」其中！由「知見，而行持其中」？當下，究竟其中。「無相真理」的。自在「絕對中」！

　　所以「到最後。你會發現到」。「所有外面

生活的大智慧：進入自性佛【真理學，輔助深入版2】

的一切，所有十一法界，都跟你沒有關係」？都是「客觀相應的環境」？只有「當下無相應法。自覺的心？才是究竟絕對的。真理」！

因此，「你會去哪一個空間？都是你的無明相應」！「你一切法不相應？當下的一切法，都是你的自覺」！你因此「可以在一切法的緣起中？自在的無相真理中。任運。逍遙中」！

陳B先生，你今天是「第二次上課」？希望你「能夠自覺其中的，自在的脫胎換骨」？不要再做，「無明輪迴相應」的，自己了！

（陳B先生：「第一次上課，用我的知見，問問題，是無明昔性，相應意識知見的表達」？「第二次來上課，告訴自己，不能再用意識相應的問題，來發問」？所以，「當我發問時，我也在回看」？我「所問的問題」？）

你的問題，「就是知見，就是識作用」？相應

「無明累劫種子的作用」？你現在是做「深入，完全沒有種子相應的受用」？「沒有種子相應其中，是無相應法中。一切受用的迷失，都不要」！（陳B先生：如是「無無明」？）

「種子的相應，就是無明」？所以，「無無明，就是深入完全沒有種子，相應的受用」？就是「阿羅漢」的心境，深入？再深入「無無明盡，達到阿賴耶識的識空空」？如是「無相應法」其中。「到識空空，還要再到，空中的內涵」！更而「畢竟空」的究竟？

「無眼界。就是你今生經歷了多少，你看過了十一法界的多少，不思議」？都是「不應糾纏、不應迷失」！如是深入。「畢竟空」的內涵！

「無意識界。就是你看了多少經典、多少書，讀了多少三藏十二部經典」？如是「無意識界」？所有的「意識思維作用，都要不迷失其中」的。

「究竟的無相。畢竟空思想中。不動究竟其中」？深入真實究竟，「畢竟空的。真實真理中」！

「無無明，亦無無明盡，無老死，亦無老死盡」！看過「累劫。生生世世的超越」。這個，究竟的破相，畢竟空中。「沒有什麼」？

還要靠「究竟當下」。「累劫的，生死突破等。都不算什麼」？一切「究竟無所得，畢竟空」其中！如是「堅固的，絕對」真實！

「剎那，當下中。醒來了？原來累劫的種子，當下。剎那間，變成沒有種子」？「完全沒有種子的相應。剎那間，沒有累劫的永恆」！「剎那間。只有究竟真實的當下」？

「把時空濃縮，深入完全沒有。當下的時空」！（陳B先生：「連過去、當下、未來等。都沒有了」！）即是「當下的無相」。真實真理！恆處「一切處」。皆是「一即，一切」的真實？

陳B先生，你問「大覺悟到底，成就多少」？大覺悟回答：「我什麼，也沒有成就」！一切都是自在當下，真實其中？「三世諸佛其中。平等任運的。自然無礙絕對」！

　　若已經「做到完全沒有罣礙？哪裡還會，再提到」呢？「不用再提了」！「自然。這個自然法爾」的任運。即是當下，自然隨順的圓融？這個結論。很重要！

　　陳B先生，「你是知見很多，經典看了很多」？你是「用知見，來聽我所講」的？「論來論去，論出一個知見以為的，真理」？

　　「不知覺其中，在知見的涵養」上？「深入無相其中。究竟真理的真實」？

　　你現在開始「要做？行入當下真理中」！「當下。遍一切處？都是見到無相真實，絕對的，真理」！

當「達到這個內涵」時？「整個一切處，當下。都是一點一點亮晶晶的，透明展現。即是諸佛」！你若達到「這個當下的佛心境？遍一切處。你都能看到諸佛」？

「即見即相」其中。即是真實其中。現象中！看到「緣起的菩提造化」？如是。「菩提造化。就是四身佛」等？「法身、報身、化身、應身」的展現？即是「究竟平等」其中的，流露自然的佛法！

所以，「說經典的，是誰」？是緣起「法身、報身、應身、化身？如是。四身智慧菩提的流露，結合」！故說「三藏十二部經典的緣起」！

但是，我們「都迷於身相」？迷於「這個經，在講什麼」？實際上，「究竟無相的真理。濃縮」了？回皈究竟。就是「《心經》和《金剛經》，實踐的內涵」！

你「現在不迷」其中，無明的「知見相應」？

如是「無相應法」其中！知道「究竟真理」的深入？「與其浪費工夫？不如直入，當下」。「究竟自性佛」的涵養！

　　所以，「我不論十一法界」的內涵？當下。「在十一法界」其中？「當下，自在」其中！進入「無相自性佛的覺悟中」？如是究竟。真實其中！整個「絕對真理」的其中！

　生活的大智慧：進入自性佛【真理學‧輔助深入版 2】

結論

　　本結論，「面對」。「所有人類本來，無明相應。六道輪迴」的？「根本內涵」？就是「累劫六道種子，無明相應的迷失」！因此，「今生相應，人部的出生」？「無明迷失，其中。做人的因緣」！而造成「每個人迷縛。自我無明相應的，迷失感受」命運？

　　從「出生到死亡。這個莫明相應的，感受過程」？而因此「莫明受用迷失的，相應自我」？然後「無明其中，今生相應受用」的，「這個世間」！

　　更「因緣相應，無明的變化」？「社會、經濟、文化」的累積？造成每個人，自然都在「回皈。無明相應的，累劫思想體」。「自我以為的，

迷失中」？這個「就是今生世間，無明相應」。
「各自種子，無明相應的受用」？與「無明命運其
中，各自種子迷縛的相應」？如是。「無明其中，
累劫生命」。而「今生的，結論」！

　　包括「宗教、信仰、大師們的言語」等。雖
然，有講到「佛教的精華」？也有講到「耶穌教、
天主教、回教等的內容」！如是「內涵其中，相應
各自」？「唯識相應，教育思想的。總結」？仍是
「人類，無明其中」？「相應各自」！「唯識以為
的，結論」？

　　就是我們人世間，「當下生活的，無明」？
「相應各自，累劫種子。迷失的感受」？和「無明
其中，迷失的，唯識相應」。「以為的信仰」！卻
仍是「當今世間」中。「無明究竟的真理」。卻
是「唯識」的迷失？「知見以為。相應的輪迴」？
「仍是，無明其中。唯識的觀念」！仍在「無明輪

迴相應」的，「繼續中」？

　　什麼叫做「無明」呢？如是。「無法真正明白，活在生命萬法」。「相應無明受用，其中」？「如是。諸法相應，迷失等，真相」？「當下，無明其中」？與「究竟真理的，內涵」！

　　如是。「究竟其中」？真正萬法的，「真理事實，在哪裡」？就在「十一法界的當下」？「無明相應其中，與以為中」！

　　究竟當下，「絕對的真理」其中，與「畢竟空的受用」內涵？如是。廣大「遍布。其中之緣起」？如是。「阿賴耶識無明廣大的，相應識種子」？「迷縛廣大照明，緣起相應」的。「菩提造化中」？

　　與「六道輪迴種子，相應受用的迷失」？和「完全沒有種子的，相應受用」？與沒有迷失其中。「不思議境界的，體會中」！深入「究竟的，

畢竟空」中？

　　「當下，究竟其中」？「如幻」平等中！見到「究竟真理，本來無一物的。無相精神體」？與「畢竟空受用」的內涵！回皈究竟「本來無所得」，「究竟無相光明體」的內涵？

　　這一些，就是當下「十一法界，無明的迷失處」！也就是「一真法界」。「空中突破以後。與不思議境界的畢竟空，迷失處」！

　　卻是「當下其中」。畢竟空中，「廣大真理」的內涵？與「當下的，究竟絕對的遍處」！如是。「究竟光明體」的，真理內涵？

　　什麼叫做「真理」？就是「真正無相其中，如幻平等的，畢竟空絕對」！而「十一法界，卻都在粗相對，到微細相對的，迷失中」！如是「相對其中。而絕對的，深入畢竟空，究竟」的平等！

　　所以，「愛因斯坦的相對論，與絕對論」？

生活的大智慧：進入自性佛【真理學，輔助深入版2】

都是在「彰顯著，整個無量世界。與無量宇宙變化的，畢竟空內容」？與「絕對全體」的，「真實真理，究竟的內涵」！

「當下的結論」？就是「在這個無明相應，當下全體的內涵中」？「如何絕對其中。光明體的，突破」？

找到「當下，涵藏在十一法界中」。「全體的，無量宇宙」絕對中？如是。「當下其中」。究竟絕對，「真實，真正的真理」？和「絕對其中的，真實」！

什麼是「真理」呢？就是「把無量無明相應的相對？全體遍布的十一法界。當下都，空中與畢竟空的突破」！「完全深入。究竟不迷失，不糾纏」的，「畢竟空的，絕對」其中！

就在「當下其中」。「不無明相應」。與完全「不迷失、不糾纏感受的。空中與畢竟空的，突破

中」！

　　見到整個，「都是究竟，無相其中」？「畢竟空中的，精神」？和「畢竟空的。究竟全體精神體的，內涵」！也就是，在「當下其中」？「十一法界思想體的，當下究竟無相的。突破中」？進入到「完全是，精神體的。究竟」！

　　也就是，究竟「心物合一」。當下，真實真理裡面？深入究竟「唯心論、與唯物論」的，「相對平等裡面」！如是。「究竟全體」的平等？「絕對的，廣大無相。平等其中」？皆是「究竟絕對的，真理」！

　　那個就是「心物合一的，當下」？就是「唯心，也是唯物」其中。全體的平等！

　　「當下，這兩個內涵」？「無相究竟，融合到。絕對的內涵中」！這個「過程當下的畢竟空，全部的突破」？就是「絕對其中」？「真正絕對的

  生活的大智慧：進入自性佛【真理學，輔助深入版 2】

真理」所在！

「進入到真理。廣大放光的，內涵中」！就是「自然其中的緣起」？整個「自在的，光明體中」！祂能「廣大的放光」緣起！如是，究竟。「廣大放光的感受、內涵、觀念、和現象」等。與緣起的「菩提造化」，無礙其中。自然的法爾等！

這個，就是「究竟真實」的內涵！這個叫「放光破暗」？「破相轉化」的。究竟「無相的真理」造化！亦是，自然「任運其中」？廣大，「吉祥如意」的現象！如是。「究竟平等」的，圓滿！

所以，大覺悟把這個「究竟真理的內涵」？如是「真相的實踐披露」。與表達出來！因為緣起「大覺悟。究竟破相的，畢竟空絕對思想」？和「廣大遍照放光，緣起的照明」？

都是「絕對真實真理的？放光緣起。自然十一法界的，菩提造化的表達」？與「自然法爾其中，

任運菩提造化現象的，流行」！所以，每個「信入者」？皆能因此。「回皈，進入自己。絕對無相真理的，自心中」！

如同「釋迦佛般，自然信入」其中？「見到毘盧遮那佛，自然廣大遍照的，放光」！如是其中，「絕對平等」的。找到「究竟的，絕對真理」？與「廣大光明體」其中！

「如是。三世諸佛」都是這樣的。「絕對平等的，進入中」？都是「這樣的，究竟無相其中？覺悟著」！所以當下，「沒有十一法界？相應與不相應。無明諸相的迷失」！如是「畢竟空」究竟中？

也沒有「當下」，今生人類？「人部的，本來無明相應」？「受用的，迷失」！因此其中，「完全不相應」其中？「無相真實工夫」的。空中實踐！永遠能「究竟見到，畢竟空其中的」？完全「自在的，永恆中」？如是。深入「空中，與畢竟

空」的？如是。「究竟真理的，內涵」！

　　如是的「描述，希望這本書」。帶給每個信入者？「究竟真理，真實的覺悟」！能因此「完成深入。自性佛的。真理」？因此。緣起「廣大放光的內涵」！這才是，「真正回皈究竟絕對」。「永恆的真理」！

國家圖書館出版品預行編目資料

生活的大智慧：進入自性佛【真理學，輔助深入
版2】／大覺悟 著. --初版. --新竹縣竹東鎮：大
覺悟工作室, 2018.7
　　面：　公分
　ISBN 978-986-95204-3-0（平裝）

1.生命哲學

191.91　　　　　　　　　　　　　107008825

生活的大智慧：進入自性佛
【真理學，輔助深入版2】

作　　者　大覺悟

編　　輯　古錦清、黃靜如

校　　對　黃靜如、劉瑞桃

支　　助　馮梅妹、葉惠玉、蔣淑美、陳盈潔、陳進國

法律顧問　李保祿律師

出　　版　大覺悟工作室
　　　　　地址：新竹縣竹東鎮中正里15鄰中山路38號10樓
　　　　　黃靜如：(03)5940600、0968-200098
　　　　　聯絡處：新竹縣竹東鎮榮樂里惠昌街44巷7號
　　　　　葉惠玉：0965-662677
　　　　　電子信箱：ruru0963902577@gmail.com

書款存入　（第一銀行）竹東分行31110050897 戶名：大覺悟工作室

上課費用　（華南銀行）竹東分行30110009706-1 戶名：大覺悟工作室

設計編印　白象文化事業有限公司
　　　　　專案主編：陳逸儒　經紀人：張輝潭

經銷代理　白象文化事業有限公司
　　　　　402台中市南區美村路二段392號
　　　　　出版、購書專線：（04）2265-2939
　　　　　傳真：（04）2265-1171

印　　刷　基盛印刷工場

初版一刷　2018年7月

定　　價　680元

缺頁或破損請寄回更換

版權歸作者所有，內容權責由作者自負

白象文化　印書小舖　出版 · 經銷 · 宣傳 · 設計
PressStore
www.ElephantWhite.com.tw　f 自費出版的領導者　購書 白象文化生活館